一学就会的 财报分析

全图解

侯江玲◎主编

YIXUEJIUHUI DE CAIBAO FENXI
QUAN TUJIE

中国纺织出版社有限公司 | 国家一级出版社
全国百佳图书出版单位

内 容 提 要

本书从财务报表的基础与分析入手，通过图解的形式，充分挖掘财务报表的各项信息，紧密结合企业财务报表的特点，将理论与实践相结合。全书共十三章，主要内容包括财务报表基础知识，解读资产负债表、利润表、现金流量表、所有者权益变动表、财务报表附表与附注，财务报表分析的基础知识、资产负债表掘金分析、利润表掘金分析、现金流量表掘金分析、所有者权益变动表掘金分析、财务报表综合分析以及财务报表的造假与甄别。

本书适合企事业单位的财会、内审人员、管理层人士，持证会计和注册会计师，也适用于财会、经济管理等专业的大中专院校学生作为入门教程。

图书在版编目（CIP）数据

一学就会的财报分析全图解 / 侯江玲主编. --北京：中国纺织出版社有限公司，2020.10

ISBN 978-7-5180-7131-9

Ⅰ.①— … Ⅱ.①侯… Ⅲ.①会计报表—会计分析—图解 Ⅳ.①F231.5-64

中国版本图书馆CIP数据核字（2020）第004098号

策划编辑：陈 芳　　责任校对：高 涵　　责任印制：储志伟

中国纺织出版社有限公司出版发行

地址：北京市朝阳区百子湾东里 A407 号楼　邮政编码：100124

销售电话：010—67004422　传真：010—87155801

http://www.c-textilep.com

中国纺织出版社天猫旗舰店

官方微博 http://weibo.com/2119887771

三河市宏盛印务有限公司印刷　各地新华书店经销

2020 年 10 月第 1 版第 1 次印刷

开本：787×1092　1/16　印张：15.5

字数：221 千字　定价：68.00 元

凡购本书，如有缺页、倒页、脱页，由本社图书营销中心调换

　　财务报表最初来自一些由企业自行设计的财务账簿和分类账簿，它们反映了会计报表的最初目的——为企业的业主记录和反映每天的业务活动情况。这些财务记录随意地、断断续续地进行着，在当时的银行看来，这些无标准、散乱的财务记录和分类毫无信任可言。当税收出现以后，早期的财务记录和分类账簿才呈现出财务报表的模样。然而，许多人看不懂财务报表，觉得上面的数字非常复杂，一看就头痛。殊不知，这一串串的数字背后代表着重要的信息。

　　本书从财务报表的基础与分析入手，通过图解的形式，充分挖掘财务报表的各项信息，紧密结合企业财务报表的特点，将理论与实践充分相结合。之所以进行财务报表分析，目的就是通过财务报表提供的会计信息揭示数字背后的信息，了解企业的生产经营状况和未来的发展趋势，为信息使用者进行经济决策提供依据。不同的报表分析主体进行报表分析的目的是不同的。

　　财务报表分析的主体是指"谁"进行财务分析，实际上就是与企业存在直接或间接利益关系的组织或者个人，即利益相关者。由于财务报表使用者与企业利益关系的程度不同，实现自身财务利益的具体途径和方式不同，所关心的重点是不同的。企业开展财务报表分析时主要依据是在财务报表所披露信息的基础上，进一步提供和利用财务信息。财务报表分析是一个判断过程，科学的评价标准和适用的分析方法是财务报表分析的手段。

　　本书共十三章，主要内容包括财务报表基础知识，解读资产负债表、利润表、现金流量表、所有者权益变动表、财务报表附表与附注，财务报表分析的基础知识、资产负债表掘金分析、利润表掘金分析、现金流量表掘金分析、所有者权益变动表掘金分析、财务报表综合分析以及财务报表的造假与甄别。

本书适合企事业单位的财会、内审人员、管理层人士，持证会计和注册会计师，也适用于财会、经济管理等专业的大中专院校学生作为入门教程。

由于编者学识和经验有限，虽经编者尽心尽力，书中难免有不足之处，恳请广大读者热心指点。

编 者

2018 年 2 月

目录 / contents

第一章　财务报表基础知识

本章导读

财务报表又称为财务会计报告，是指对外提供的反映某一会计期间经营成果、现金流量和某一特定日期财务状况等会计信息的文件，它是整个会计核算过程的最终结果，是企业提供财务信息的重要工具和进行财务分析的基础。

一般来讲，一套完整的财务报表至少应该包括资产负债表、利润表、现金流量表、所有者权益变动表及附注。

资产负债表、利润表及现金流量表分别从不同角度反映企业的财务状况、经营成果和现金流量。所有者权益变动表及附注反映的是企业的净利润及其分配情况，所以，企业不需要再单独编制利润分配表。

财务报表的作用不言而喻，例如，通过分析资产负债表可以了解企业的财务状况，对企业的偿债能力、资本结构、流动资金的充足性等做出判断；通过分析利润表，可以了解分析企业的盈利能力、盈利状况、经营效率，对企业在行业中的竞争地位、持续发展能力做出判断；通过分析现金流量表，可以了解和评价企业获取现金和现金等价物的能力，并据以预测企业未来的现金流量。

看懂财务报表也是十分重要的一项工作，它可以让管理人员正确地把握企业目前的各方面状况，从而做出正确的决策，对于投资、理财人员，可以引导他们走上正确的投资道路，从而减少投资风险。

想要了解上述这些知识，需要从财务报表的基础知识说起。

第一节　这些人需要懂财务报表

财务报表信息的需求者包括：

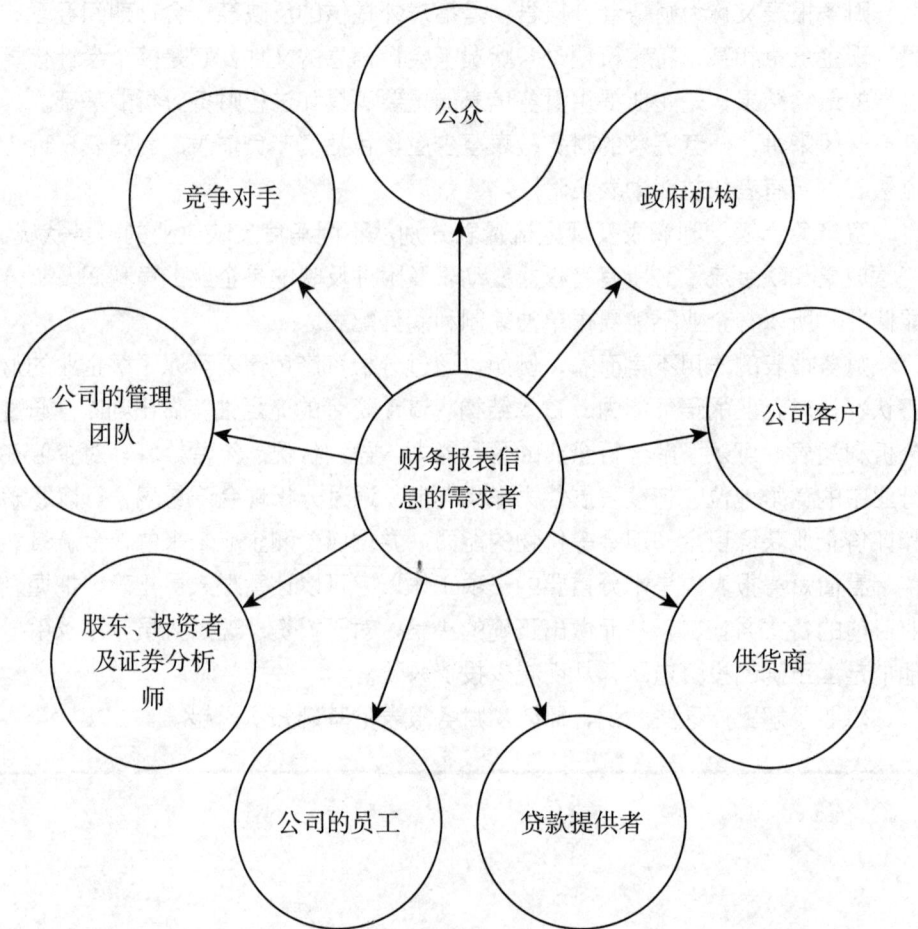

一、股东、投资者及证券分析师

股东、投资者及证券分析师对财务报表的需求体现在如下过程中。

```
分析财务报表  →  获取财务信息  →  选择自己能够接受的风
                                险、报酬、股利水平和流
股东和投资者  →  证券分析师      动性偏好的投资组合

          分析财务报表    评价公司高层    当盈利过少或股价下跌到
          体现的盈利   →  管理人员的   →  一定程度时,股东就会向管
          情况          业绩           理层和外部董事表示不满

          管理层在承认公司在        持不同意见的股东则指
          一些方面确实需要进        出管理失败,应该更换新
          一步改进的同时,对过      的高层领导班子
          去的业绩进行辩护
```

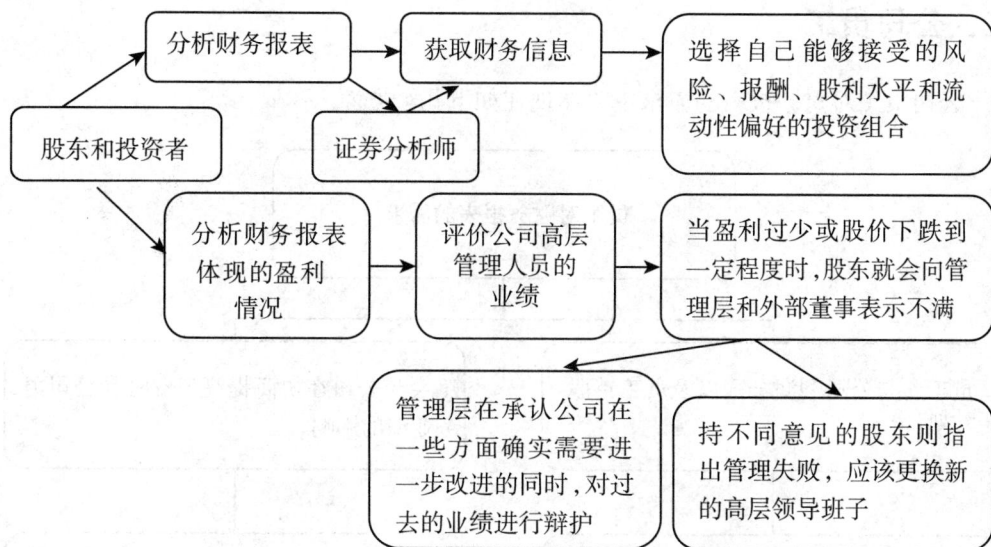

二、公司管理团队

公司管理团队虽然在日常经营和财务决策中所使用的信息比财务报表所提供的信息更为详细和及时,但他们仍然需要财务报表数据,因为利用财务信息做出正确决策是其职能所在。管理团队利用财务报表提供的信息可以做出如下决策:

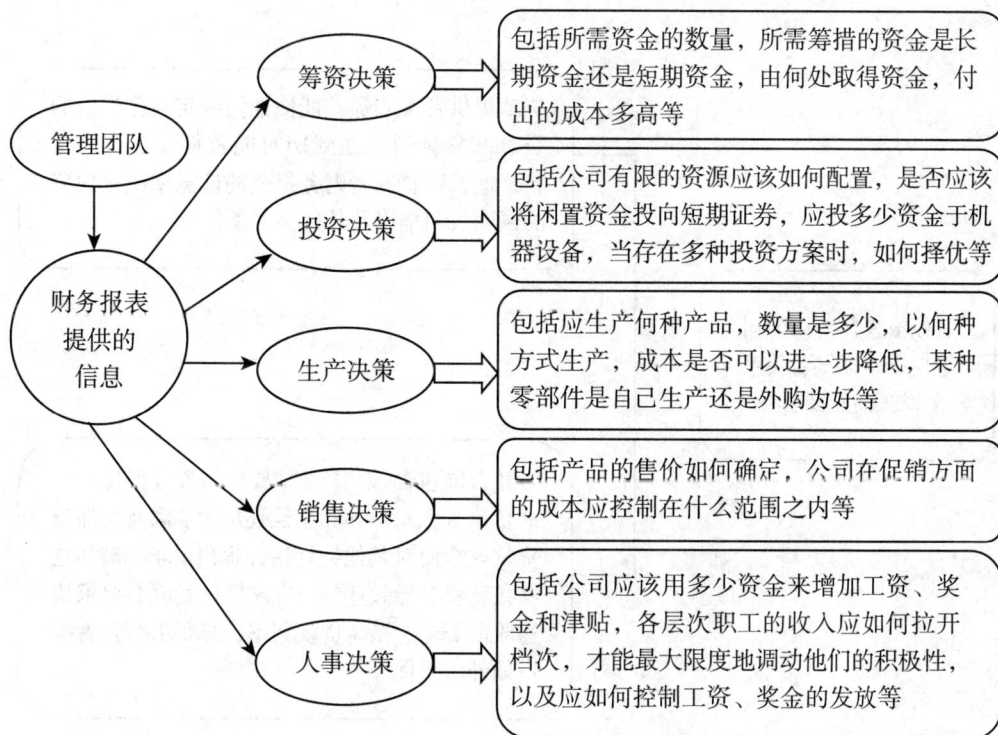

```
                筹资决策  →  包括所需资金的数量,所需筹措的资金是长
                            期资金还是短期资金,由何处取得资金,付
管理团队                     出的成本多高等

                投资决策  →  包括公司有限的资源应该如何配置,是否应该
                            将闲置资金投向短期证券,应投多少资金于机
财务报表                     器设备,当存在多种投资方案时,如何择优等
提供的
信息            生产决策  →  包括应生产何种产品,数量是多少,以何种
                            方式生产,成本是否可以进一步降低,某种
                            零部件是自己生产还是外购为好等

                销售决策  →  包括产品的售价如何确定,公司在促销方面
                            的成本应控制在什么范围之内等

                人事决策  →  包括公司应该用多少资金来增加工资、奖
                            金和津贴,各层次职工的收入应如何拉开
                            档次,才能最大限度地调动他们的积极性,
                            以及应如何控制工资、奖金的发放等
```

三、公司员工

公司员工对财务报表的需求主要体现在如下几个方面。

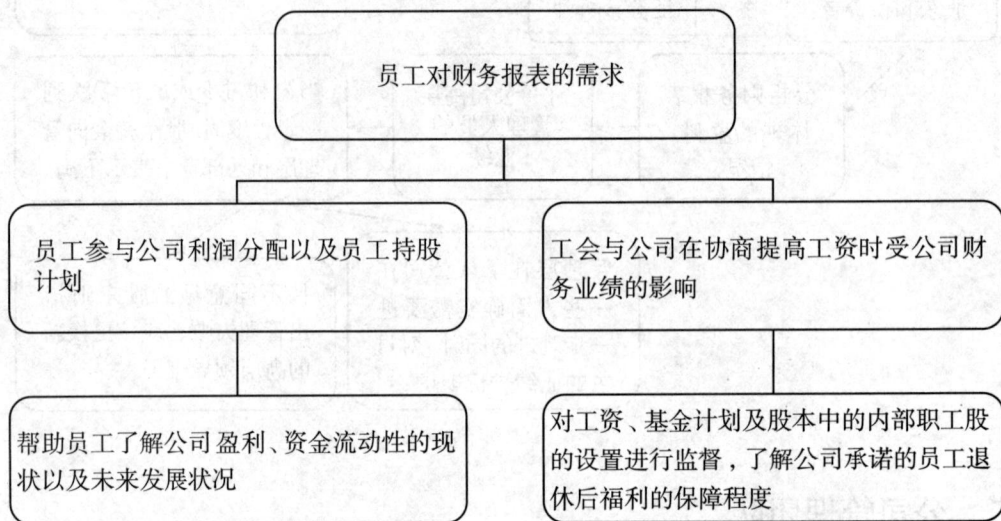

员工对财务报表的需求

员工参与公司利润分配以及员工持股计划

工会与公司在协商提高工资时受公司财务业绩的影响

帮助员工了解公司盈利、资金流动性的现状以及未来发展状况

对工资、基金计划及股本中的内部职工股的设置进行监督，了解公司承诺的员工退休后福利的保障程度

四、贷款提供者

贷款提供者应严密审视贷款者的财务报表数据，注意其是否有破坏贷款契约的现象。

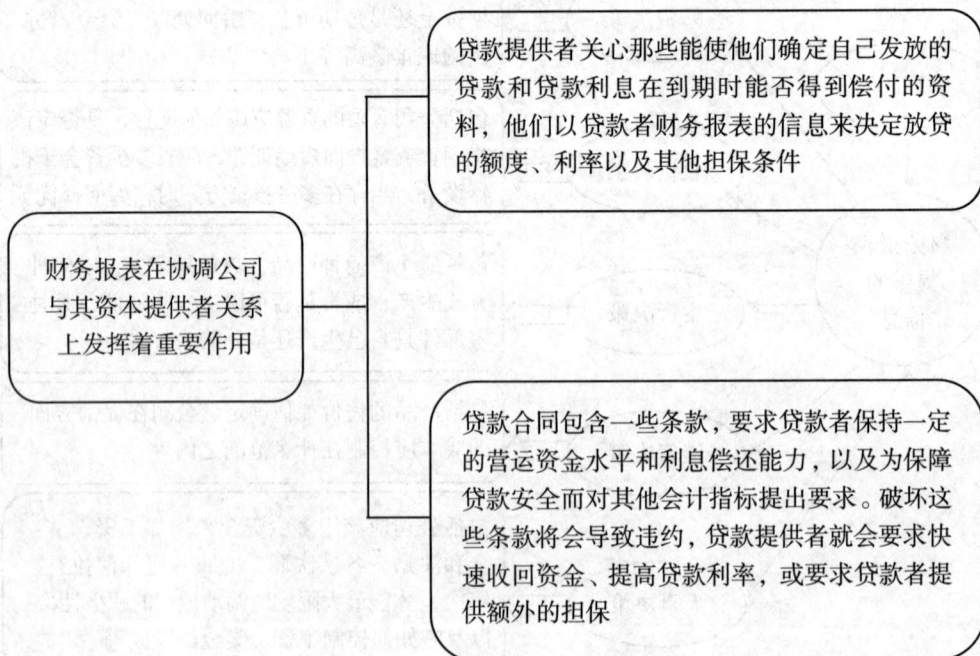

贷款提供者关心那些能使他们确定自己发放的贷款和贷款利息在到期时能否得到偿付的资料，他们以贷款者财务报表的信息来决定放贷的额度、利率以及其他担保条件

财务报表在协调公司与其资本提供者关系上发挥着重要作用

贷款合同包含一些条款，要求贷款者保持一定的营运资金水平和利息偿还能力，以及为保障贷款安全而对其他会计指标提出要求。破坏这些条款将会导致违约，贷款提供者就会要求快速收回资金、提高贷款利率，或要求贷款者提供额外的担保

五、供货商

供货商应持续关注那些主要客户的财务报表。

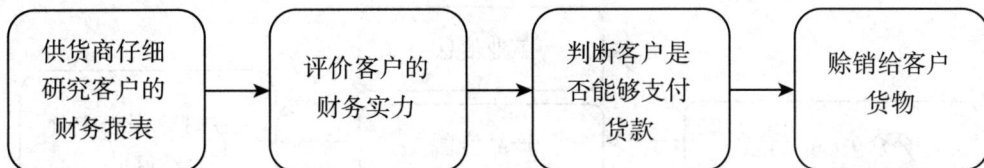

```
供货商仔细      →   评价客户的   →   判断客户是   →   赊销给客户
研究客户的          财务实力        否能够支付       货物
财务报表                           货款
```

六、公司客户

财务报表的信息可帮助现有或潜在客户了解供货商的财务实力，从而决定是否购买这种商品或服务。

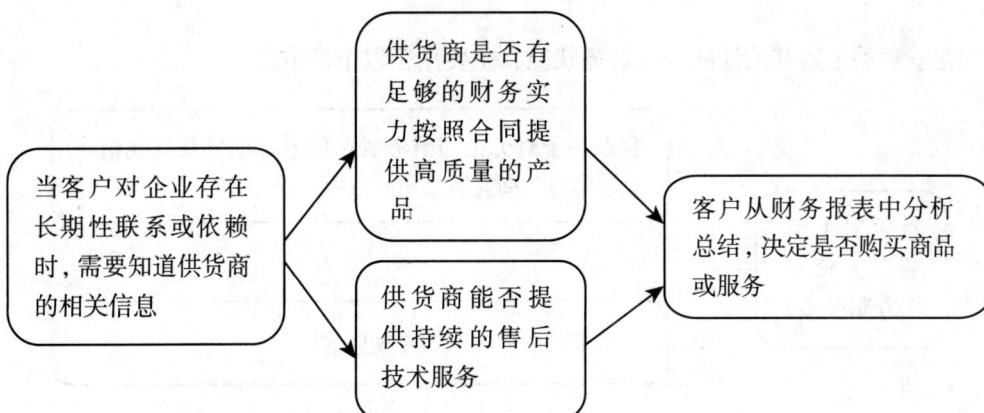

```
                    供货商是否有
                    足够的财务实
                    力按照合同提
                    供高质量的产
当客户对企业存在      品                客户从财务报表中分析
长期性联系或依赖   →                →   总结，决定是否购买商品
时，需要知道供货商    供货商能否提        或服务
的相关信息          供持续的售后
                    技术服务
```

七、政府机构

政府机构对财务报表有两大需求。

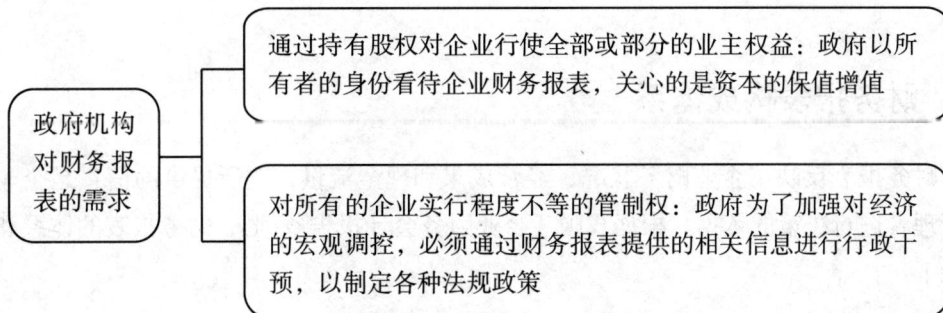

```
政府机构     ─  通过持有股权对企业行使全部或部分的业主权益：政府以所
对财务报        有者的身份看待企业财务报表，关心的是资本的保值增值
表的需求
            ─  对所有的企业实行程度不等的管制权：政府为了加强对经济
               的宏观调控，必须通过财务报表提供的相关信息进行行政干
               预，以制定各种法规政策
```

八、公众

公众对公司财务信息也会十分关注，原因如下。

```
┌─────────────┐        ┌─────────────┐
│             │───────▶│  就业信息    │────┐
│             │        └─────────────┘    │   ┌─────────────┐
│ 公众关心的信息 │───────▶│  产品信息    │────┼──▶│ 在财务报表中分 │
│             │        └─────────────┘    │   │ 析总结得出    │
│             │        ┌─────────────┐    │   └─────────────┘
│             │───────▶│ 其他与生活息息 │────┘
└─────────────┘        │ 相关的信息    │
                       └─────────────┘
```

九、竞争对手

竞争对手了解其关注的企业财务状况，主要用于以下两方面。

```
              ┌──────────────────────────────────────┐
              │ 获取关于对方公司财务状况的会计信息及其他信息，│
┌─────────┐   │ 借以判断对方公司的效率                  │
│ 竞争对手了 │   └──────────────────────────────────────┘
│ 解对方企业 │──┤
│ 财务状况  │   ┌──────────────────────────────────────┐
└─────────┘   │ 为未来可能的收购兼并收集信息             │
              └──────────────────────────────────────┘
```

第二节　揭秘财务报表的构成

一、财务报表构成体系

财务报表反映了企业财务状况、经营成果和现金流量，它所提供的信息是企业经营管理者进行决策的依据。根据我国《企业财务会计报告条例》，财务报表的体系和范围如下。

```
                        ┌──────────────┐
                        │  财务会计报告  │
                        └──────┬───────┘
              ┌────────────────┴────────────────────┐
    ┌──────────────────────┐            ┌──────────────────────┐
    │  数字部分（会计报表）  │            │  文字部分（文字报告）  │
    └──────────┬───────────┘            └──────────┬───────────┘
        ┌──────┴──────┐                      ┌─────────────────┐
   ┌────────┐    ┌────────┐                  │   会计报表附注   │
   │  主表  │    │  附表  │                  └─────────────────┘
   └───┬────┘    └───┬────┘                  ┌─────────────────┐
   ┌────────────┐  ┌────────────┐            │  财务情况说明书  │
   │  资产负债表 │  │  利润分配表 │            └─────────────────┘
   └────────────┘  └────────────┘
   ┌────────────┐  ┌──────────────────┐
   │   利润表   │  │  应收增值税明细表 │
   └────────────┘  └──────────────────┘
   ┌────────────┐  ┌────────────┐
   │ 现金流量表 │  │  分部报表  │
   └────────────┘  └────────────┘
                   ┌────────────────────┐
                   │ 所有者权益增减变动表 │
                   └────────────────────┘
                   ┌────────────┐
                   │    其他    │
                   └────────────┘
```

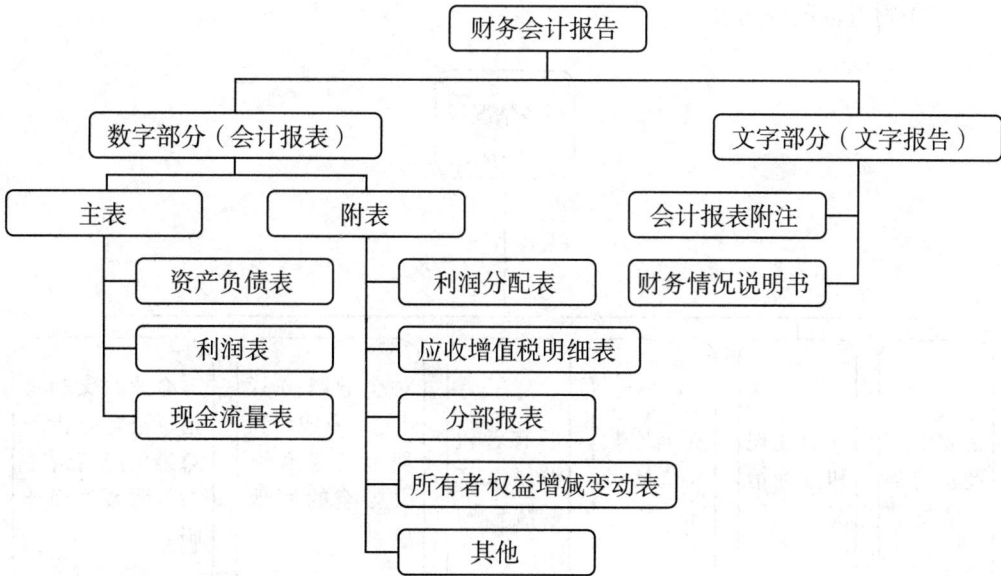

（一）会计报表附注

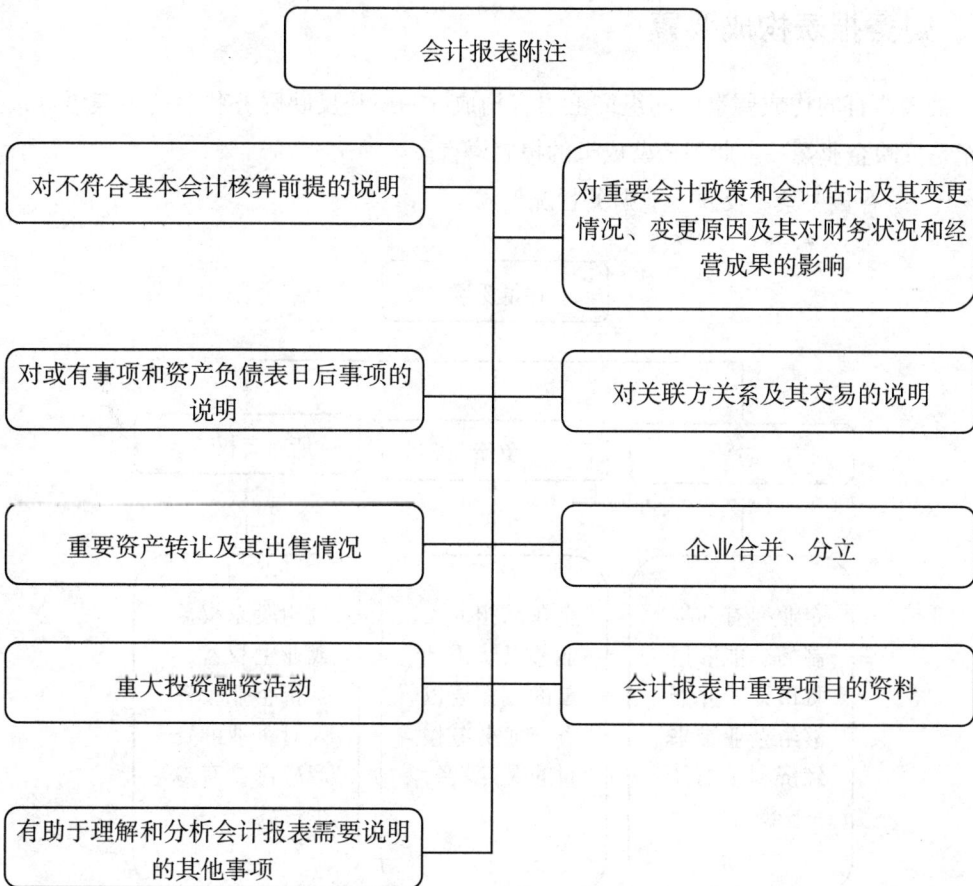

```
                        ┌──────────────┐
                        │  会计报表附注  │
                        └──────┬───────┘
     ┌──────────────────────────┴──────────────────────────┐
┌─────────────────────────┐              ┌─────────────────────────────┐
│ 对不符合基本会计核算前提的说明 │              │ 对重要会计政策和会计估计及其变更 │
└─────────────────────────┘              │ 情况、变更原因及其对财务状况和经 │
                                         │        营成果的影响          │
                                         └─────────────────────────────┘
┌───────────────────────────┐            ┌─────────────────────────────┐
│ 对或有事项和资产负债表日后事项的 │            │    对关联方关系及其交易的说明    │
│            说明            │            └─────────────────────────────┘
└───────────────────────────┘
┌───────────────────────────┐            ┌─────────────────────────────┐
│    重要资产转让及其出售情况    │            │       企业合并、分立         │
└───────────────────────────┘            └─────────────────────────────┘
┌───────────────────────────┐            ┌─────────────────────────────┐
│      重大投资融资活动        │            │   会计报表中重要项目的资料    │
└───────────────────────────┘            └─────────────────────────────┘
┌───────────────────────────┐
│ 有助于理解和分析会计报表需要说明 │
│          的其他事项         │
└───────────────────────────┘
```

（二）财务情况说明书

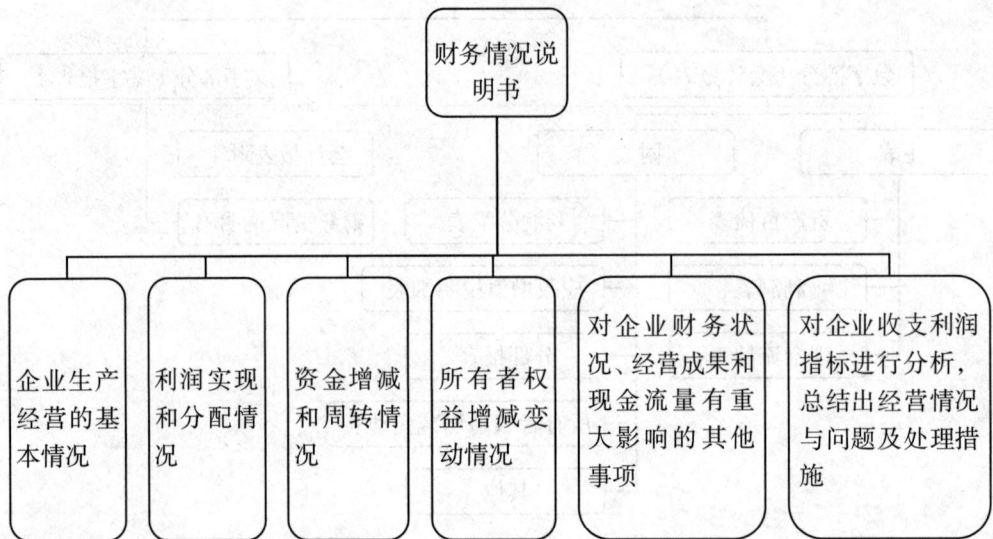

```
                    ┌──────────────┐
                    │ 财务情况说    │
                    │ 明书          │
                    └──────┬───────┘
  ┌──────┬──────┬──────┬──────┼──────────┬──────────┐
┌────┐┌────┐┌────┐┌────┐┌──────────┐┌──────────┐
```

| 企业生产经营的基本情况 | 利润实现和分配情况 | 资金增减和周转情况 | 所有者权益增减变动情况 | 对企业财务状况、经营成果和现金流量有重大影响的其他事项 | 对企业收支利润指标进行分析，总结出经营情况与问题及处理措施 |

二、财务报表构成要素

报表语言的构成要素由两组词汇语言构成：一组是反映财务状况的报表语言，另一组是反映企业在一定期间经营成果的报表语言。

（一）存量要素（反映企业财务状况）

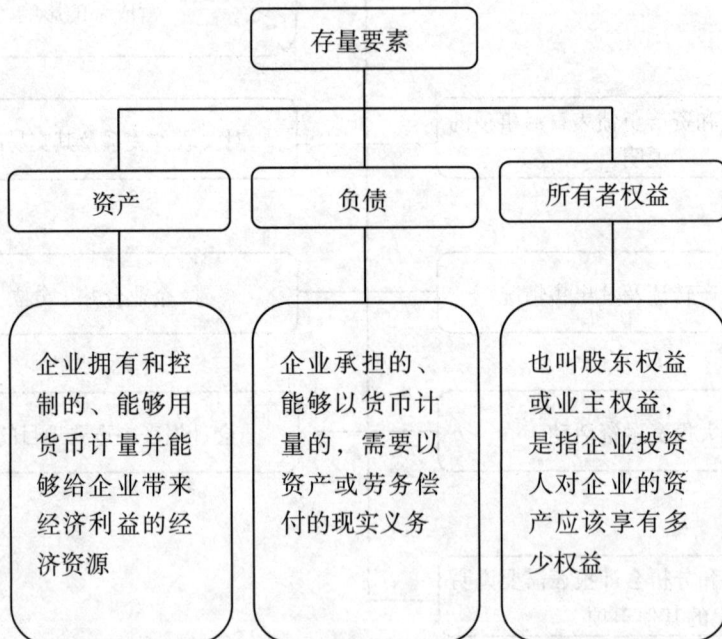

```
                 ┌──────────┐
                 │ 存量要素  │
                 └────┬─────┘
      ┌───────────────┼───────────────┐
  ┌──────┐        ┌──────┐        ┌──────────┐
  │ 资产  │        │ 负债  │        │ 所有者权益 │
  └──────┘        └──────┘        └──────────┘
```

| 企业拥有和控制的、能够用货币计量并能够给企业带来经济利益的经济资源 | 企业承担的、能够以货币计量的，需要以资产或劳务偿付的现实义务 | 也叫股东权益或业主权益，是指企业投资人对企业的资产应该享有多少权益 |

（二）流量要素（反映企业经营成果）

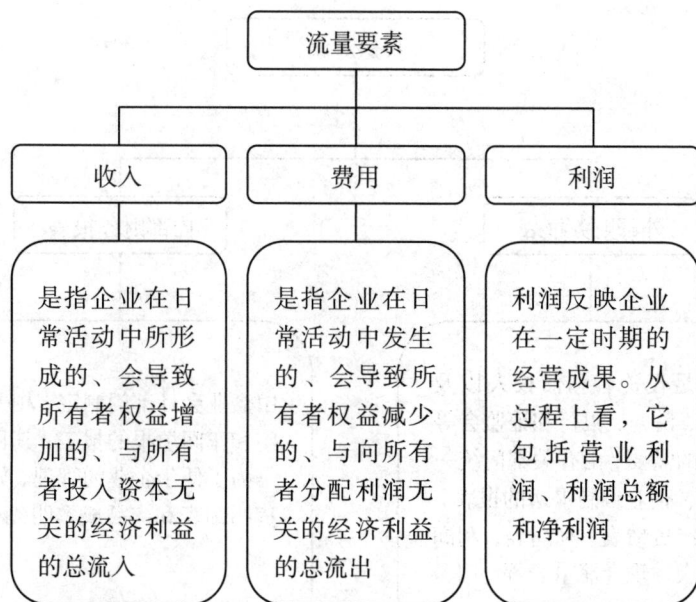

```
                    流量要素
        ┌──────────────┼──────────────┐
       收入           费用           利润
   ┌────────┐    ┌────────┐    ┌────────┐
   是指企业在日   是指企业在日   利润反映企业
   常活动中所形   常活动中发生   在一定时期的
   成的、会导致   的、会导致所   经营成果。从
   所有者权益增   有者权益减少   过程上看，它
   加的、与所有   的、与向所有   包括营业利
   者投入资本无   者分配利润无   润、利润总额
   关的经济利益   关的经济利益   和净利润
   的总流入       的总流出
```

第三节　财务报表的分类与编制要求

一、财务报表分类

企业财务报表可根据不同的角度进行以下分类。

（一）根据反映的经济内容分类

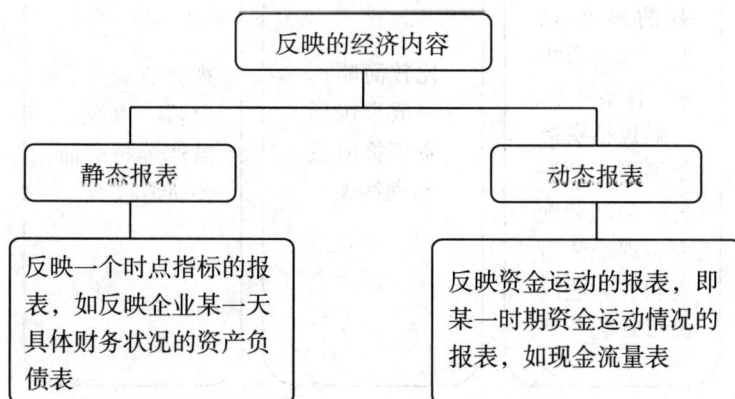

```
              反映的经济内容
        ┌──────────────┴──────────────┐
     静态报表                      动态报表
  ┌──────────┐                ┌──────────┐
  反映一个时点指标的报        反映资金运动的报表，即
  表，如反映企业某一天        某一时期资金运动情况的
  具体财务状况的资产负        报表，如现金流量表
  债表
```

（二）根据报送对象分类

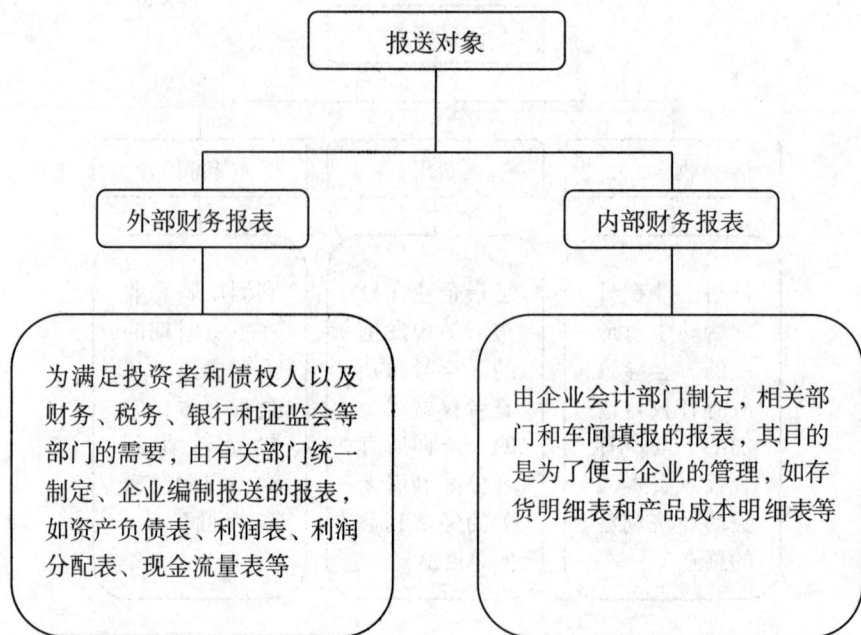

```
                    ┌──────────────┐
                    │   报送对象    │
                    └──────────────┘
             ┌─────────────┴─────────────┐
    ┌──────────────┐              ┌──────────────┐
    │  外部财务报表  │              │  内部财务报表  │
    └──────────────┘              └──────────────┘
           │                            │
```

为满足投资者和债权人以及财务、税务、银行和证监会等部门的需要，由有关部门统一制定、企业编制报送的报表，如资产负债表、利润表、利润分配表、现金流量表等

由企业会计部门制定，相关部门和车间填报的报表，其目的是为了便于企业的管理，如存货明细表和产品成本明细表等

（三）根据编报时间分类

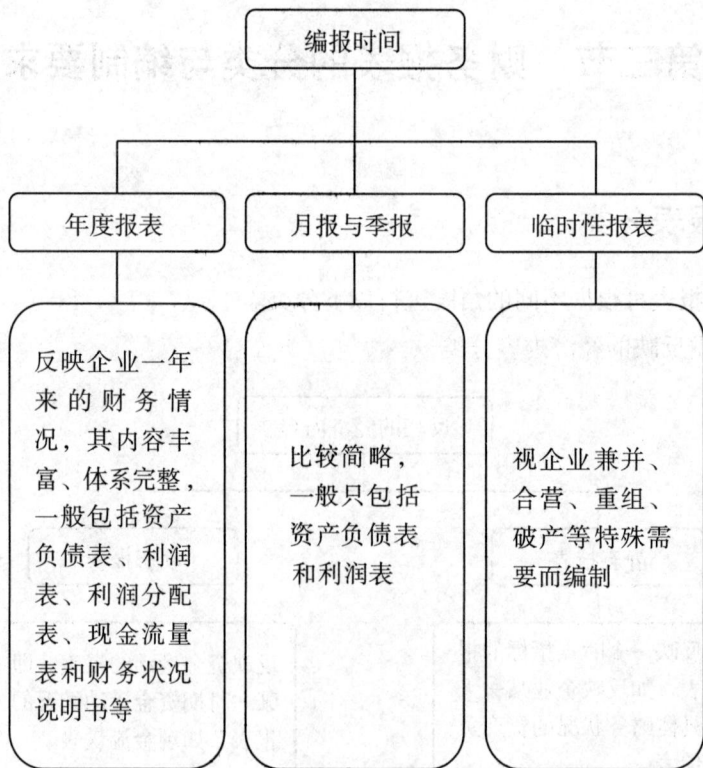

```
                    ┌──────────────┐
                    │   编报时间    │
                    └──────────────┘
          ┌───────────────┼───────────────┐
   ┌───────────┐   ┌───────────┐   ┌───────────┐
   │  年度报表  │   │  月报与季报 │   │ 临时性报表 │
   └───────────┘   └───────────┘   └───────────┘
        │               │               │
```

反映企业一年来的财务情况，其内容丰富、体系完整，一般包括资产负债表、利润表、利润分配表、现金流量表和财务状况说明书等

比较简略，一般只包括资产负债表和利润表

视企业兼并、合营、重组、破产等特殊需要而编制

（四）根据编制单位分类

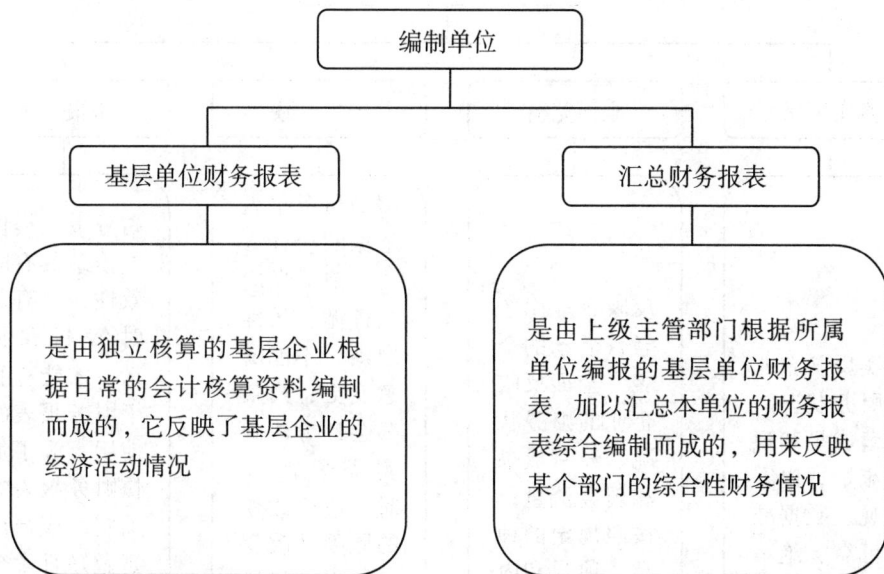

```
┌──────────────┐
│   编制单位    │
└──────────────┘
   ┌───────┴────────┐
┌──────────────┐  ┌──────────────┐
│ 基层单位财务报表 │  │  汇总财务报表  │
└──────────────┘  └──────────────┘
```

是由独立核算的基层企业根据日常的会计核算资料编制而成的，它反映了基层企业的经济活动情况

是由上级主管部门根据所属单位编报的基层单位财务报表，加以汇总本单位的财务报表综合编制而成的，用来反映某个部门的综合性财务情况

（五）根据编表的主体分类

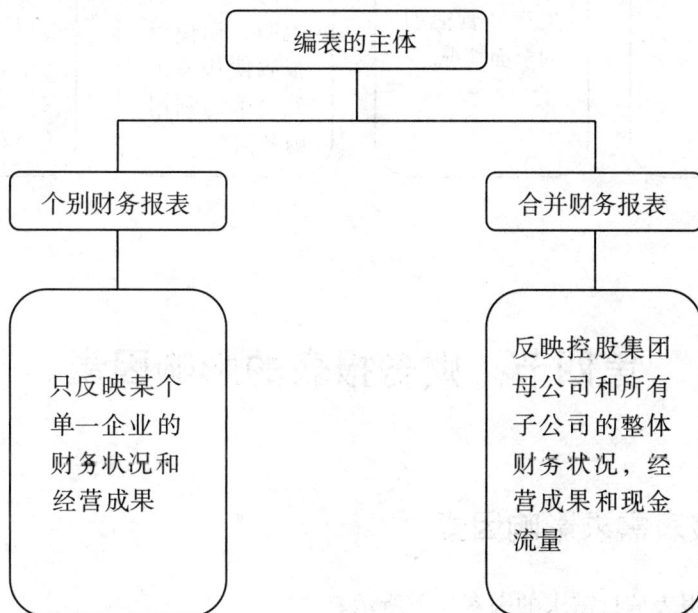

```
┌──────────────┐
│   编表的主体   │
└──────────────┘
   ┌───────┴────────┐
┌──────────────┐  ┌──────────────┐
│  个别财务报表  │  │  合并财务报表  │
└──────────────┘  └──────────────┘
```

只反映某个单一企业的财务状况和经营成果

反映控股集团母公司和所有子公司的整体财务状况，经营成果和现金流量

二、财务报表的编制要求

为了使管理者能正确及时地了解企业的财务状况、经营成果和现金流量，编制财务报表应当符合下列基本要求。

```
                    财务报表编制要求

    ┌───────────┬───────────┬───────────┬───────────┐

    真实可靠      全面完整      前后一致      编报及时

 ┌─────────┐ ┌─────────┐ ┌─────────┐ ┌─────────┐
```

如实反映企业的财务状况、经营成果和现金流量；内容客观、数据准确可靠，绝不能弄虚作假或隐瞒重要事实	反映企业生产经营活动的全貌，全面反映企业的财务状况、经营成果和现金流量；按照规定的种类、项目和内容进行编制；能够揭示企业生产经营活动的全面情况	编制财务报表依据的会计方法，前后期应当遵循一致性原则，不能随意变更；当某些会计方法确实需要改变时，应将改变的原因及改变后对报表指标的影响，在报表附注中详细说明，以便于报表使用者正确理解与利用财务信息	财务报表提供的信息具有时效性，只有及时编制和报送，才能有利于财务报表的使用；为了加快财务报表的编制，应当认真做好日常会计核算工作，做到日清月结

第四节 财务报表的影响因素

一、财务报表需求影响因素

影响财务报表信息需求的因素如下所示。

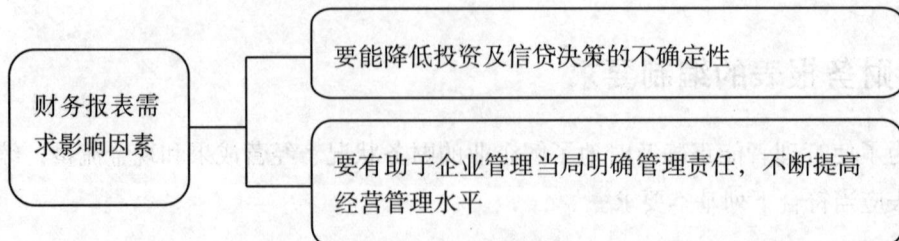

```
┌─────────┐      ┌──────────────────────────────┐
│         │──────│ 要能降低投资及信贷决策的不确定性 │
│ 财务报表需 │      └──────────────────────────────┘
│ 求影响因素 │
│         │      ┌──────────────────────────────┐
│         │──────│ 要有助于企业管理当局明确管理责任，不断提高 │
└─────────┘      │ 经营管理水平                    │
                 └──────────────────────────────┘
```

二、财务报表供给影响因素

影响财务报表信息供给的主要因素如下所示。

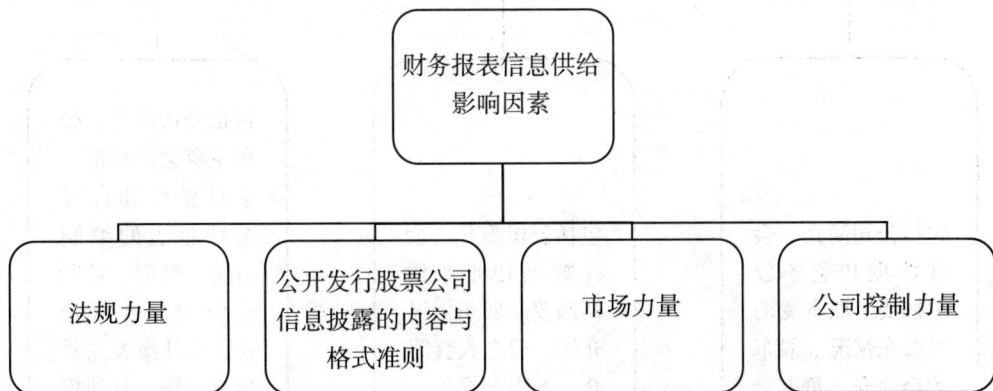

（一）法规力量

法规力量主要是指各种法律、法规对企业的规范力量，主要包括如下内容。

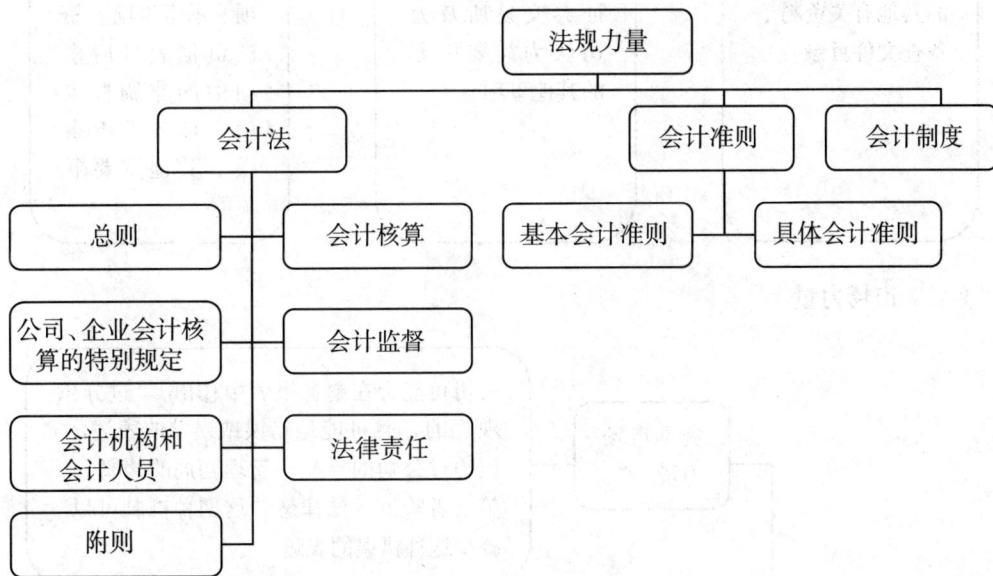

（二）公开发行股票公司信息披露的内容与格式准则

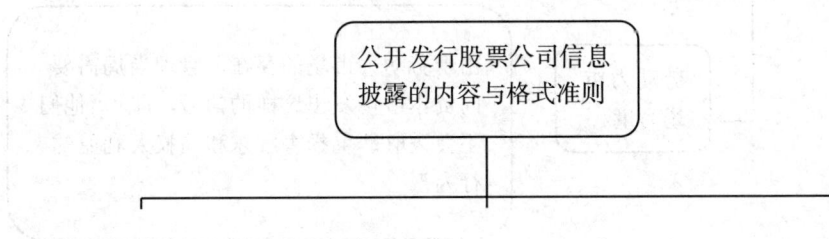

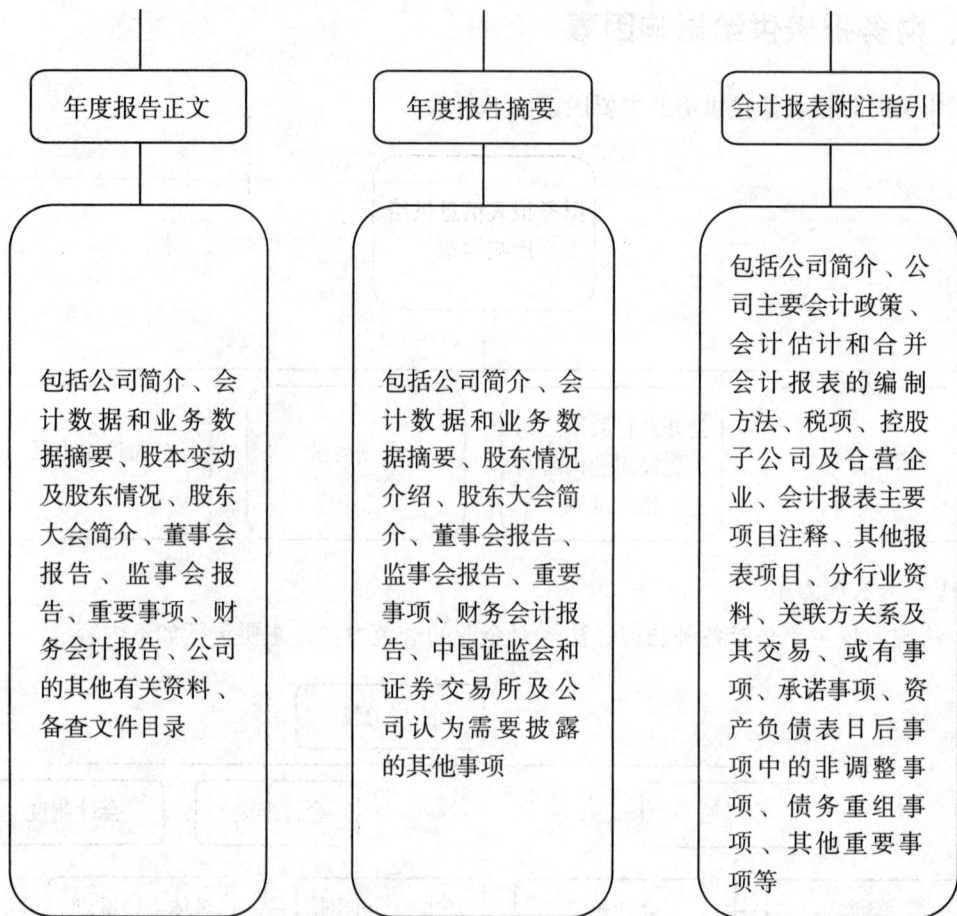

年度报告正文

包括公司简介、会计数据和业务数据摘要、股本变动及股东情况、股东大会简介、董事会报告、监事会报告、重要事项、财务会计报告、公司的其他有关资料、备查文件目录

年度报告摘要

包括公司简介、会计数据和业务数据摘要、股东情况介绍、股东大会简介、董事会报告、监事会报告、重要事项、财务会计报告、中国证监会和证券交易所及公司认为需要披露的其他事项

会计报表附注指引

包括公司简介、公司主要会计政策、会计估计和合并会计报表的编制方法、税项、控股子公司及合营企业、会计报表主要项目注释、其他报表项目、分行业资料、关联方关系及其交易、或有事项、承诺事项、资产负债表日后事项中的非调整事项、债务重组事项、其他重要事项等

（三）市场力量

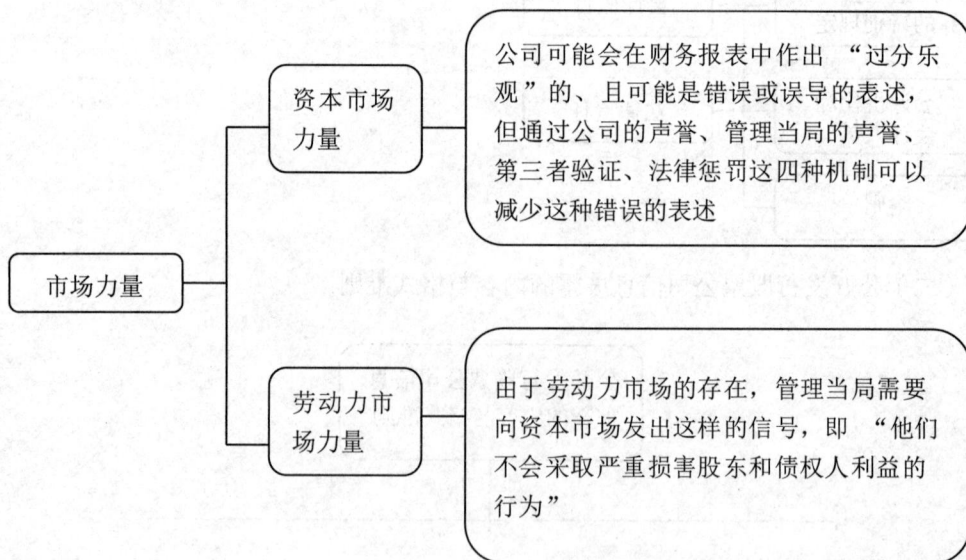

资本市场力量

公司可能会在财务报表中作出"过分乐观"的、且可能是错误或误导的表述，但通过公司的声誉、管理当局的声誉、第三者验证、法律惩罚这四种机制可以减少这种错误的表述

市场力量

劳动力市场力量

由于劳动力市场的存在，管理当局需要向资本市场发出这样的信号，即"他们不会采取严重损害股东和债权人利益的行为"

（四）公司控制力量

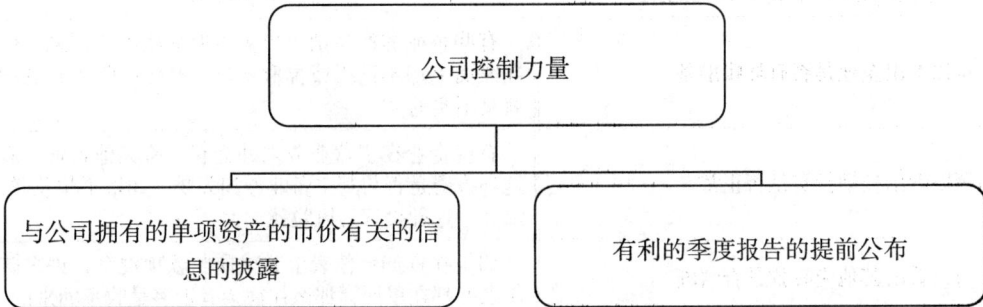

```
┌─────────────────────────────┐
│         公司控制力量          │
└─────────────────────────────┘
        ┌──────────┴──────────┐
┌───────────────────┐  ┌──────────────────┐
│ 与公司拥有的单项资产 │  │                  │
│ 的市价有关的信息的披露 │  │ 有利的季度报告的提前公布 │
└───────────────────┘  └──────────────────┘
```

第五节　财务报表的细节提示

一、从财务报表中应获取的资料

财务报表由于使用人不同，所需信息也不同。但对大多数报表使用者来说，应从财务报表中获取如下资料。

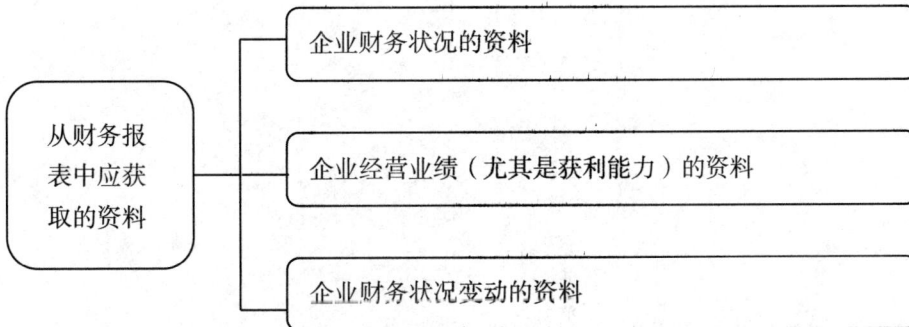

```
┌────────┐    ┌──────────────────────┐
│        │────│  企业财务状况的资料      │
│ 从财务报 │    └──────────────────────┘
│ 表中应获 │    ┌──────────────────────────┐
│ 取的资料 │────│ 企业经营业绩（尤其是获利能力）的资料 │
│        │    └──────────────────────────┘
│        │    ┌──────────────────────┐
│        │────│  企业财务状况变动的资料   │
└────────┘    └──────────────────────┘
```

二、从财务报表中应看到的细节

一张财务报表可以体现很多信息，至少应看到表 1-1 所述的细节。

表 1-1　财务报表细节信息

应该从财务报表中看到的细节	细节中的细节
通过利润表对比今年收入与去年收入的增长是否在合理范围内	那些增长点在 50% ～ 100% 之间的企业，应予以特别关注，很可能是不可信的

应该从财务报表中看到的细节	细节中的细节
可以看出企业是否有坏账准备	有些企业的产品销售出去，但款项收不回来，但在账面上却不计提或提取不足，这样的收入和利润就是不实的
可以看出长期投资是否正常	有些企业在主营业务之外会有一些其他投资，看这种投资是否与其主营业务相关联，如果不相关联，那么，这种投资的风险就很大
可以看出其他应收款是否清晰	如果在资产负债表上其他应收款项混乱，许多陈年老账都在里面，那么往往会有很多是收不回来的
可以看出是否有关联交易	尤其注意年中大股东向上市公司贷款，到年底再利用银行贷款还钱，从而在年底报表上无法体现大股东贷款的做法
可以看出现金流量表是否能正常地反映资金的流向	注意今后现金注入和流出的原因和事项

第二章　解读资产负债表

本章导读

资产负债表是反映企业在某一特定日期资产、负债、所有者权益等财务状况的会计报表。它反映企业在某一特定日期所拥有或控制的经济资源、所承担的现时义务和所有者对净资产的要求权。根据有关规定，股份制企业中的各上市公司必须公告其年度报告，其中，资产负债表就是一项很重要的公告内容。通俗地说，在资产负债表上，企业有多少资产，是什么资产，有多少负债，是哪些负债，净资产是多少，其构成怎样，都反映得清清楚楚。作为企业最主要的会计报表之一，对会计信息使用者了解企业财务状况具有十分重要的意义，具体体现为：

（1）有助于了解企业资产状况。企业资产是企业从事生产经营活动的基础，也是企业利润的源泉，因此，无论是企业内部管理人员，还是企业外部投资者、债权人等利益相关者，都需要了解企业资产状况。通过资产负债表，我们可以得知企业资产的总额、资产的规模、各类资产的分布、资产的结构等，进而可以分析资产的质量、资产的盈利性等，为各种经济决策提供信息。

（2）有利于了解企业负债状况和资本结构。企业资金来源是企业财务状况的另一个方面，合适的资金来源不仅能够保证企业资产的稳定，而且还能够降低企业的资金成本，提高企业的经济效益。通过资产负债表，我们可以了解企业负债总额、企业资本总额，进而了解企业资本结构、分析企业融资能力等。

（3）有利于了解企业偿债能力。企业偿债能力是指企业资产的金额大小和变现能力与负债的金额大小和偿还时间之间的对比关系。资产总额大，变现速度快，则企业偿债能力强；负债总额大，偿还时间短，则企业偿债能力弱。通过企业资产负债表，我们可以直接对比企业的资产与负债，分析企业在一定时点上的偿债能力。

在对财务报表的学习中，资产负债表是一个非常好的开端，希望读者能把握好本章知识的学习，结合实际工作加以运用。

第一节　认识资产负债表

一、为什么要编制资产负债表

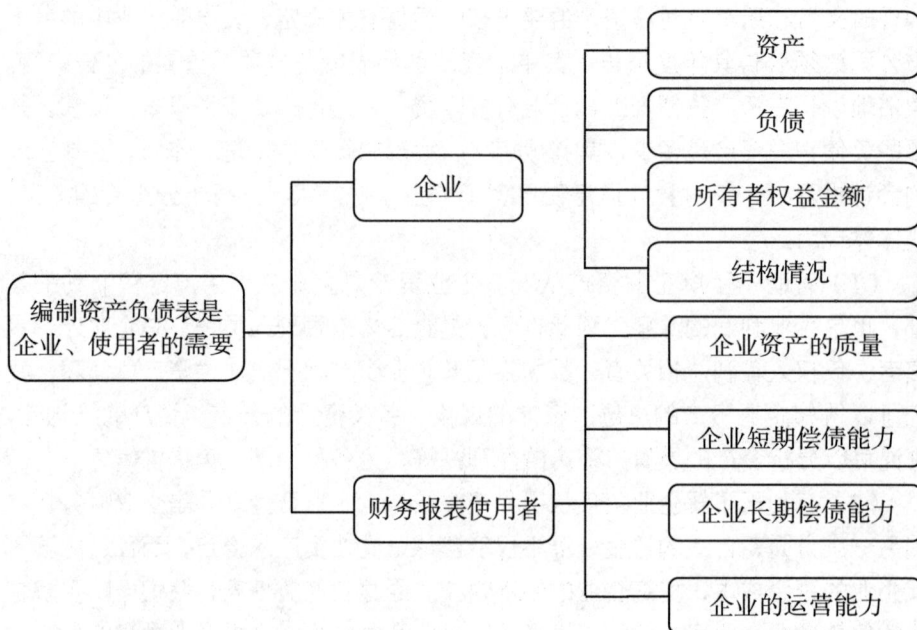

```
                                    ┌─────────────────────┐
                                 ┌─→│       资产            │
                                 │  └─────────────────────┘
                                 │  ┌─────────────────────┐
                                 ├─→│       负债            │
                    ┌────────┐   │  └─────────────────────┘
                 ┌─→│  企业   │───┤  ┌─────────────────────┐
                 │  └────────┘   ├─→│    所有者权益金额      │
                 │               │  └─────────────────────┘
                 │               │  ┌─────────────────────┐
┌──────────────┐ │               └─→│      结构情况         │
│ 编制资产负债表是 │ │                  └─────────────────────┘
│ 企业、使用者的需要├─┤                  ┌─────────────────────┐
└──────────────┘ │               ┌─→│    企业资产的质量      │
                 │               │  └─────────────────────┘
                 │               │  ┌─────────────────────┐
                 │ ┌──────────┐  ├─→│   企业短期偿债能力     │
                 └─│财务报表使用者├──┤  └─────────────────────┘
                   └──────────┘  │  ┌─────────────────────┐
                                 ├─→│   企业长期偿债能力     │
                                 │  └─────────────────────┘
                                 │  ┌─────────────────────┐
                                 └─→│    企业的运营能力      │
                                    └─────────────────────┘
```

二、资产负债表的编制方式

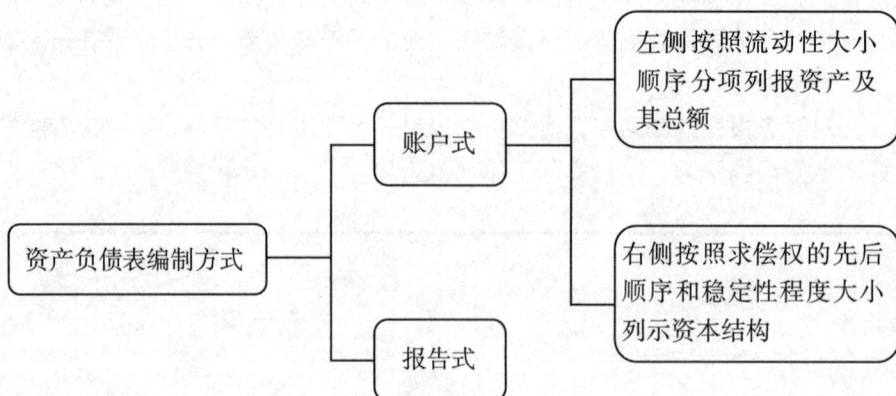

```
                                    ┌──────────────────────┐
                    ┌────────┐   ┌─→│ 左侧按照流动性大小      │
                 ┌─→│ 账户式  │───┤  │ 顺序分项列报资产及      │
                 │  └────────┘   │  │ 其总额                │
┌──────────────┐ │               │  └──────────────────────┘
│ 资产负债表编制方式├─┤               │  ┌──────────────────────┐
└──────────────┘ │               └─→│ 右侧按照求偿权的先后    │
                 │  ┌────────┐      │ 顺序和稳定性程度大小    │
                 └─→│ 报告式  │      │ 列示资本结构          │
                    └────────┘      └──────────────────────┘
```

（一）账户式资产负债表（表 2-1）

表 2-1　账户式资产负债表

资产	行次	金额	负债及所有者权益	行次	金额
流动资产			流动负债		
长期资产			长期负债		
固定资产			负债总计		
无形资产			实收资本		
递延税项			资本公积		
其他资产			盈余公积		
			未分配利润		
			所有者权益合计		
资产总计			负债及所有者权益合计		

（二）报告式资产负债表（表 2-2）

表 2-2　报告式资产负债表

资产		
流动资产	×××	
长期资产	×××	
固定资产	×××	
无形资产	×××	
递延税项	×××	
其他资产	×××	
资产合计		×××
负债		
流动负债	×××	
长期负债	×××	
负债总计		×××
所有者权益		
实收资本	×××	
资本公积	×××	
盈余公积	×××	
未分配利润	×××	
所有者权益合计		×××

三、资产负债表格式

我国的资产负债表一般由表头、表身、表尾等部分组成，基本格式如表 2-3 所示。

表 2-3　资产负债表

编制单位：　　　　　　　　　年　月　日　　　　　　　　　单位：元

资产	期末余额	年初余额	负债及所有者权益（或股东权益）	期末余额	年初余额
流动资产：			流动负债：		
货币资金			短期借款		
交易性金融资产			交易性金融负债		
应收票据			应付票据		
应收账款			应付账款		
预付账款			预收账款		
应收利息			应付职工薪酬		
应收股利			应交税费		
其他应收款			应付利息		
存货			应付股利		
一年内到期的非流动资产			其他应付款		
其他流动资产			一年内到期的非流动负债		
流动资产合计			其他流动负债		
非流动资产：			流动负债合计		
可供出售金融资产			非流动负债：		
持有至到期投资			长期借款		
长期应收款			应付债券		
长期股权投资			长期应付款		
投资性房地产			专项应付款		
固定资产			预计负债		
在建工程			递延所得税负债		
工程物资			其他非流动负债		
固定资产清理			非流动负债合计		
生产性生物资产			负债合计		
油气资产			所有者权益：		
无形资产			实收资本		
开发支出			资本公积		

续表

资产	期末余额	年初余额	负债及所有者权益（或股东权益）	期末余额	年初余额
商誉			减：库存股		
长期待摊费用			盈余公积		
递延所得税资产			未分配利润		
其他非流动资产			所有者权益总计		
非流动资产合计					
资产总计			负债及所有者权益（或股东权益）总计		

四、资产负债表的内容结构

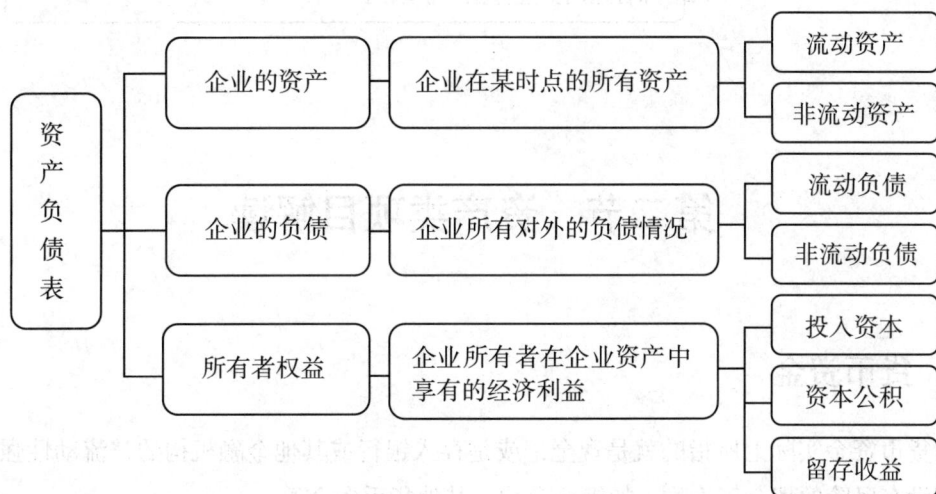

五、资产负债表的编制方法

（一）"年初余额"的编制方法

"年初余额"栏内各项目数字，应根据上年年末资产负债表"期末余额"栏内所列数字填列。如果本年度资产负债表规定的各个项目的名称和内容同上年度不相一致，应按照本年度的列报要求对上年年末资产负债表各项目的名称和数字进行调整，调整后的数字填入本表"年初余额"栏内，并在附注中说明调整的原因和性质以及调整的各项目金额。对上年年末比较数据进行调整不切实可行的，应当在附注中说明不能调整的原因。

（二）"期末余额"的编制方法

"期末余额"是指某一会计期末的数字，即月末、季末、半年末或年末的数字。资产负债表各项目"期末余额"的来源，可通过以下几种方式获得。

第二节 资产类项目解读

一、货币资金

货币资金实际上所指的就是现金，或是存入银行或其他金融机构的、流动性强的、变现没有风险的现金等价物，如银行存款、其他货币资金等。

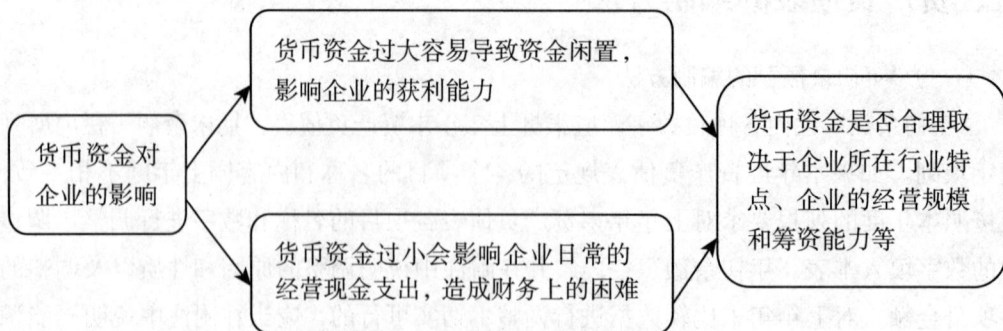

二、应收账款

应收账款主要是企业因销售商品、材料、提供劳务等业务而应向购货方、接受劳务方收取的款项，形成应收账款的直接原因是赊销。

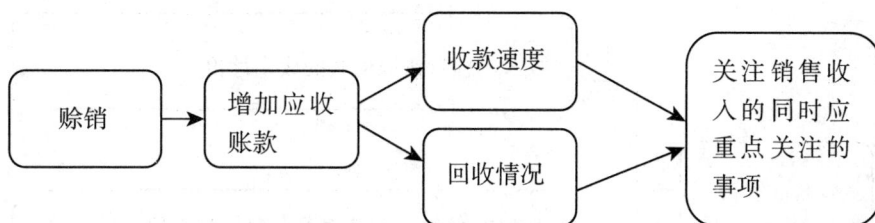

```
┌──────┐     ┌──────────┐     ┌──────────┐     ┌──────────┐
│ 赊销 │ ──→ │ 增加应收 │ ──→ │ 收款速度 │ ──→ │ 关注销售收│
│      │     │ 账款     │     └──────────┘     │ 入的同时应│
└──────┘     └──────────┘ ──→ ┌──────────┐ ──→ │ 重点关注的│
                              │ 回收情况 │     │ 事项     │
                              └──────────┘     └──────────┘
```

三、其他应收款

其他应收款是指除应收账款、预付账款以外的其他各种应收、暂付款项，如应收的赔款、罚款等。

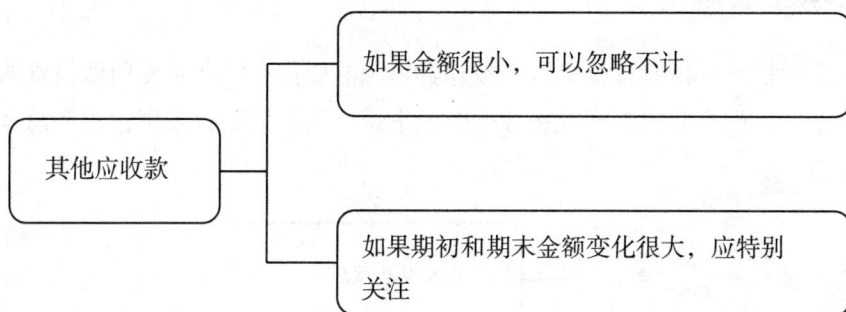

```
                  ┌────────────────────────────┐
                  │ 如果金额很小，可以忽略不计 │
                  └────────────────────────────┘
┌──────────┐
│ 其他应收款│
└──────────┘
                  ┌────────────────────────────┐
                  │ 如果期初和期末金额变化很大，应特别│
                  │ 关注                       │
                  └────────────────────────────┘
```

四、预付账款

预付账款是指用来核算企业按照购货合同规定预付给供货单位的货款。在关注预付账款时，我们经常与应付账款联系起来考虑。

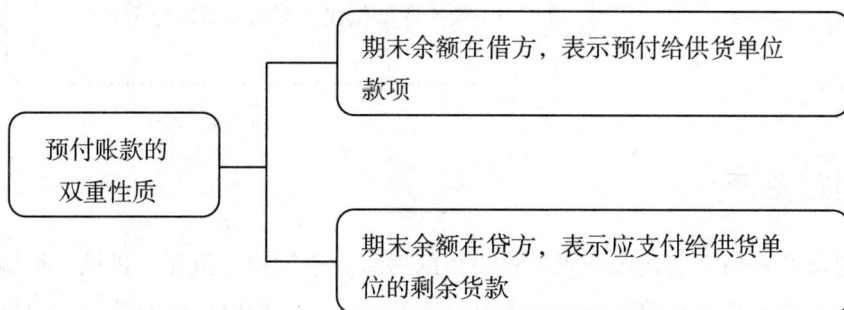

```
                  ┌──────────────────────────────────┐
                  │ 期末余额在借方，表示预付给供货单位│
                  │ 款项                             │
                  └──────────────────────────────────┘
┌──────────┐
│ 预付账款的│
│ 双重性质 │
└──────────┘
                  ┌──────────────────────────────────┐
                  │ 期末余额在贷方，表示应支付给供货单│
                  │ 位的剩余货款                     │
                  └──────────────────────────────────┘
```

五、存货

存货是指企业在日常活动中持有，以备出售的产成品、处在生产过程中的在产品、在生产过程或提供劳务过程中耗用的材料和物资等。

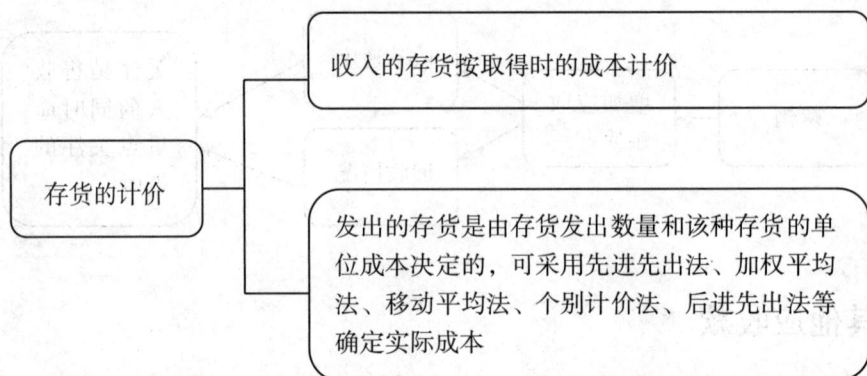

存货的计价 ── 收入的存货按取得时的成本计价

存货的计价 ── 发出的存货是由存货发出数量和该种存货的单位成本决定的，可采用先进先出法、加权平均法、移动平均法、个别计价法、后进先出法等确定实际成本

六、长期股权投资

长期股权投资是指通过投资取得被投资单位的股份。除非是专门做投资的投资公司，对一个有自己主业的生产或服务型企业来说，其长期股权投资占资产总额的比例不应太高。

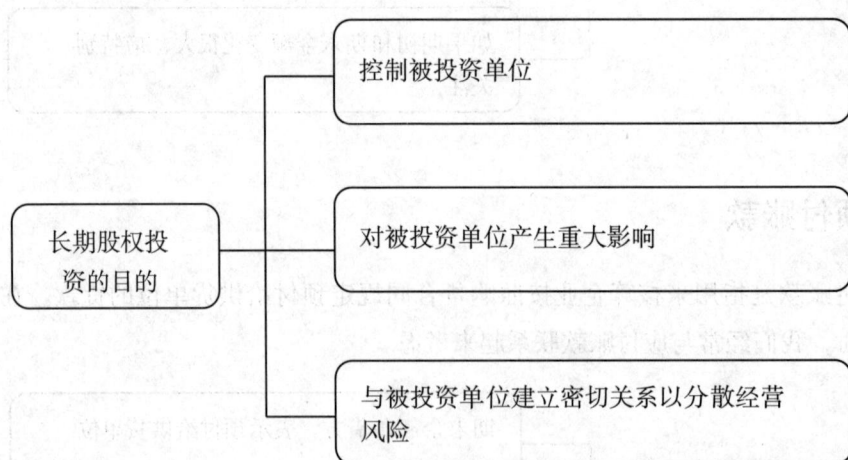

长期股权投资的目的 ── 控制被投资单位

长期股权投资的目的 ── 对被投资单位产生重大影响

长期股权投资的目的 ── 与被投资单位建立密切关系以分散经营风险

七、固定资产

固定资产是指企业使用期限超过 1 年的房屋、建筑物、机器、机械、运输工具以及其他与生产、经营有关的设备、器具、工具等。企业赖以生产经营的主要资产也应

属于固定资产。

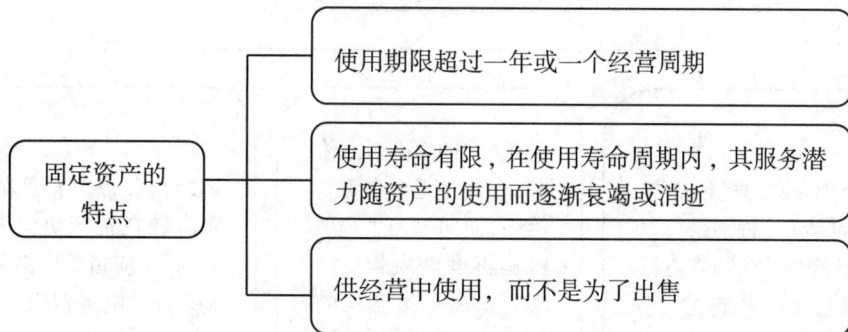

```
                    ┌─────────────────────────────────────┐
                    │  使用期限超过一年或一个经营周期        │
                    ├─────────────────────────────────────┤
┌──────────┐        │  使用寿命有限，在使用寿命周期内，其服务潜 │
│ 固定资产的 │────────┤  力随资产的使用而逐渐衰竭或消逝        │
│   特点    │        ├─────────────────────────────────────┤
└──────────┘        │  供经营中使用，而不是为了出售          │
                    └─────────────────────────────────────┘
```

八、无形资产

　　无形资产是指企业长期使用而没有实物形态的资产，包括工业产权（专利权、商标权等）、专有技术、著作权、场地使用权、商誉等。

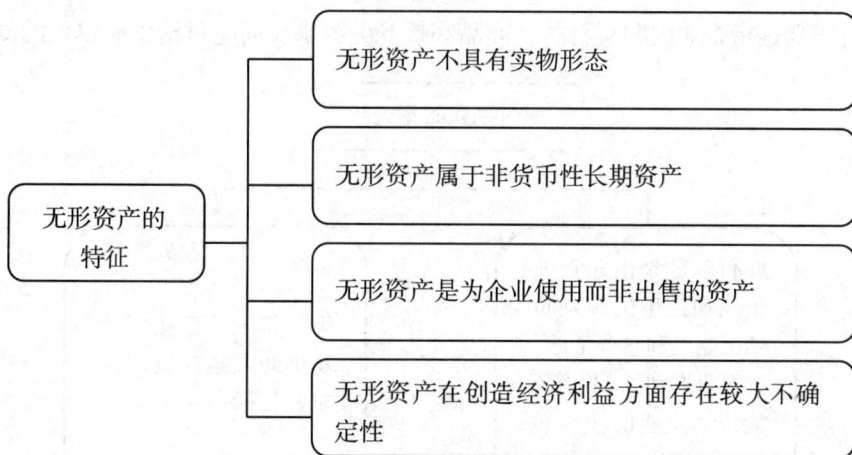

```
                    ┌─────────────────────────────────────┐
                    │  无形资产不具有实物形态               │
                    ├─────────────────────────────────────┤
                    │  无形资产属于非货币性长期资产          │
┌──────────┐        ├─────────────────────────────────────┤
│ 无形资产的 │────────┤  无形资产是为企业使用而非出售的资产     │
│   特征    │        ├─────────────────────────────────────┤
└──────────┘        │  无形资产在创造经济利益方面存在较大不确  │
                    │  定性                                │
                    └─────────────────────────────────────┘
```

第三节　负债类项目解读

一、短期借款

　　短期借款是指企业向银行或其他金融机构等借入的期限在 1 年以下（含 1 年）的各种借款。

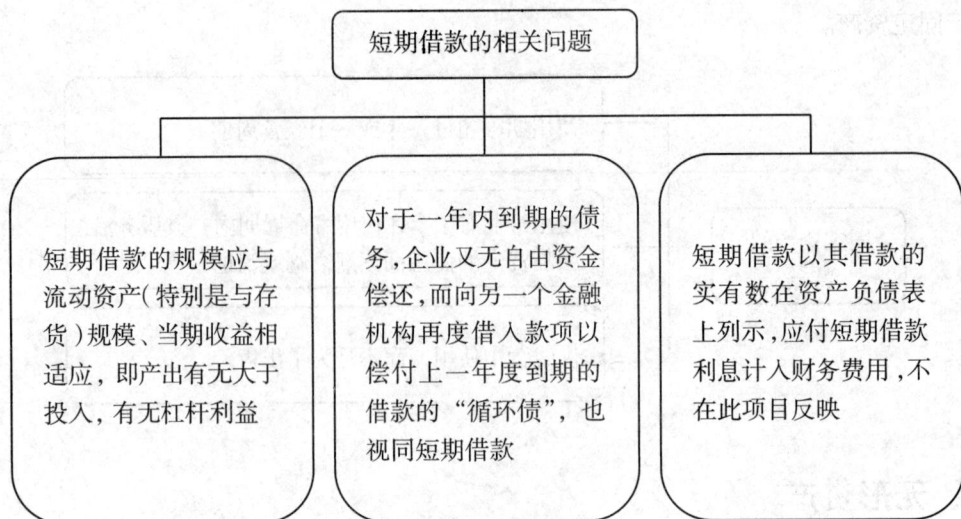

```
                    ┌─────────────────┐
                    │  短期借款的相关问题  │
                    └─────────────────┘
          ┌──────────────┬──────────────┐
┌──────────────┐ ┌──────────────┐ ┌──────────────┐
│ 短期借款的规模应与 │ │ 对于一年内到期的债 │ │ 短期借款以其借款的 │
│ 流动资产(特别是与存 │ │ 务,企业又无自由资金 │ │ 实有数在资产负债表 │
│ 货)规模、当期收益相 │ │ 偿还,而向另一个金融 │ │ 上列示,应付短期借款 │
│ 适应,即产出有无大于 │ │ 机构再度借入款项以 │ │ 利息计入财务费用,不 │
│ 投入,有无杠杆利益 │ │ 偿付上一年度到期的 │ │ 在此项目反映 │
│              │ │ 借款的"循环债",也 │ │              │
│              │ │ 视同短期借款 │ │              │
└──────────────┘ └──────────────┘ └──────────────┘
```

二、应付账款

应付账款是指企业因购买材料、商品和接受劳务供应而应付给供应单位的款项。

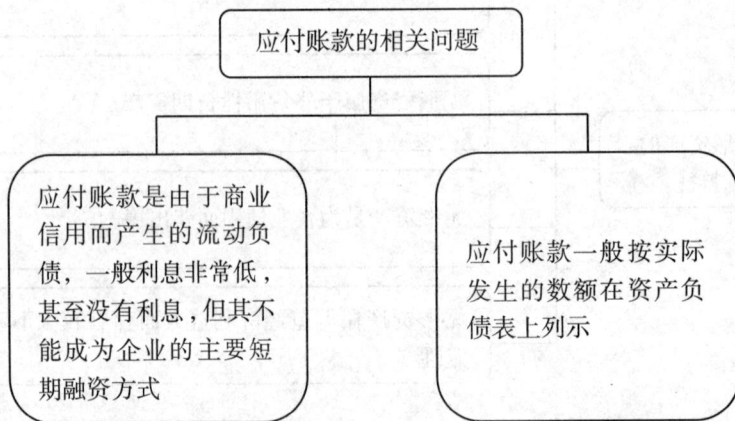

```
                    ┌─────────────────┐
                    │  应付账款的相关问题  │
                    └─────────────────┘
            ┌────────────────┴────────────────┐
  ┌──────────────┐                  ┌──────────────┐
  │ 应付账款是由于商业 │                  │              │
  │ 信用而产生的流动负 │                  │ 应付账款一般按实际 │
  │ 债,一般利息非常低, │                  │ 发生的数额在资产负 │
  │ 甚至没有利息,但其不 │                  │ 债表上列示 │
  │ 能成为企业的主要短 │                  │              │
  │ 期融资方式 │                  │              │
  └──────────────┘                  └──────────────┘
```

三、应付职工薪酬

应付职工薪酬是指企业根据有关规定为职工支付的各种薪酬。

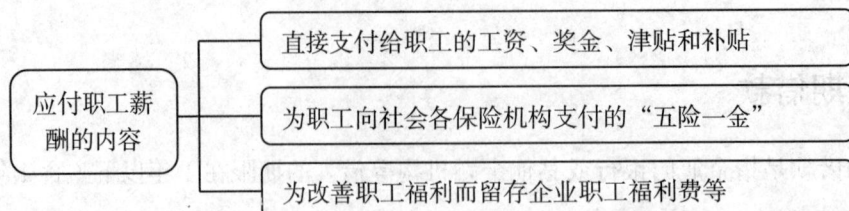

```
                   ┌──────────────────────────────────┐
                   │ 直接支付给职工的工资、奖金、津贴和补贴 │
   ┌──────────┐   ├──────────────────────────────────┤
   │ 应付职工薪 ├───┤ 为职工向社会各保险机构支付的"五险一金" │
   │ 酬的内容  │   ├──────────────────────────────────┤
   └──────────┘   │ 为改善职工福利而留存企业职工福利费等 │
                   └──────────────────────────────────┘
```

四、应交税费

应交税费是指核算企业按照税法规定计算应缴纳的各种税费。如果一个企业的收入非常高，但其缴纳的税费却非常低，那就需要关注其是否有偷逃税款的行为；同时，需要了解行业税率有无发生变化以及这种变化对本期和以后的经营会产生怎样的影响等。

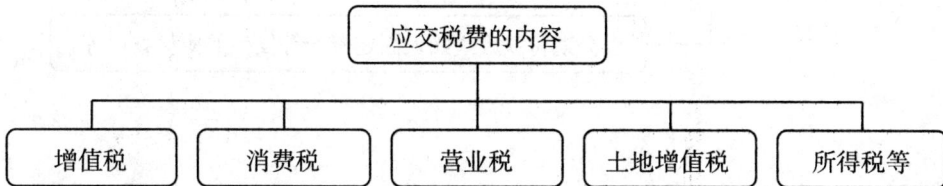

```
                      ┌──────────────────┐
                      │  应交税费的内容   │
                      └──────────────────┘
  ┌────────┬────────┬────────┬──────────┬────────┐
  增值税   消费税   营业税   土地增值税  所得税等
```

五、长期借款

长期借款是指企业向银行或其他非银行金融机构借入的偿还期在 1 年以上的借款。资产负债表上"长期借款"项目反映截至资产负债表报表日企业尚未偿还的长期借款本息。

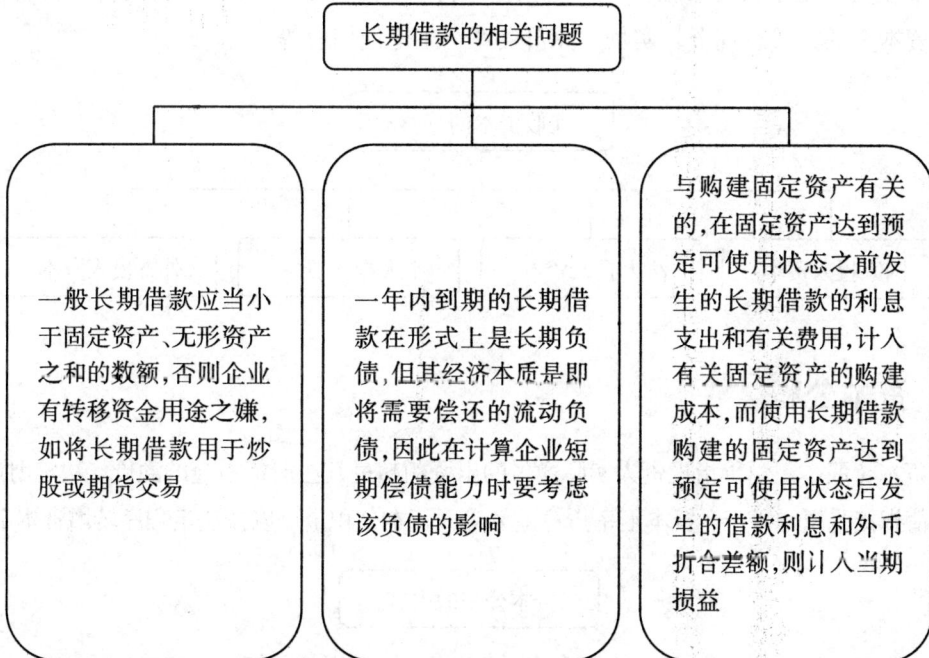

```
                 ┌────────────────────────┐
                 │   长期借款的相关问题    │
                 └────────────────────────┘
```

一般长期借款应当小于固定资产、无形资产之和的数额，否则企业有转移资金用途之嫌，如将长期借款用于炒股或期货交易

一年内到期的长期借款在形式上是长期负债，但其经济本质是即将需要偿还的流动负债，因此在计算企业短期偿债能力时要考虑该负债的影响

与购建固定资产有关的，在固定资产达到预定可使用状态之前发生的长期借款的利息支出和有关费用，计入有关固定资产的购建成本，而使用长期借款购建的固定资产达到预定可使用状态后发生的借款利息和外币折合差额，则计入当期损益

六、长期应付款

长期应付款是指企业除长期借款和应付债券以外的其他各种长期应付款项。

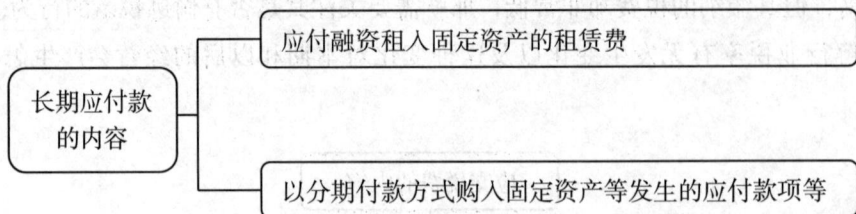

```
                    ┌─ 应付融资租入固定资产的租赁费
      长期应付款 ───┤
       的内容       │
                    └─ 以分期付款方式购入固定资产等发生的应付款项等
```

第四节　所有者权益类项目解读

一、实收资本

实收资本是指投资者按章程合同约定实际投入企业的各种财产物资。投资者投入企业资本金的方式有现金、实物、无形资产、土地使用权等。

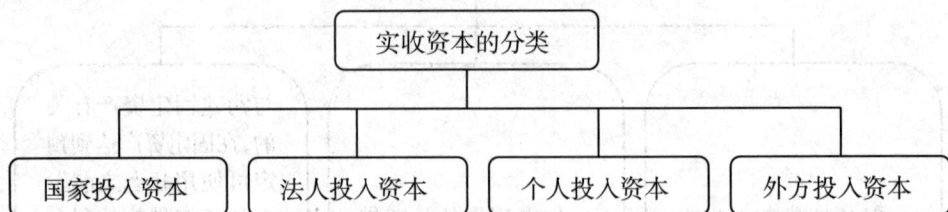

```
                    实收资本的分类
        ┌───────────┬───────────┬───────────┐
    国家投入资本  法人投入资本  个人投入资本  外方投入资本
```

二、资本公积

资本（股本）溢价指投资人实际缴付的出资额超过其注册资本金的溢价。法定财产重估增值指接受捐赠资产、资本汇率折算差额等，资本公积金可以按法定程序转增资本金。

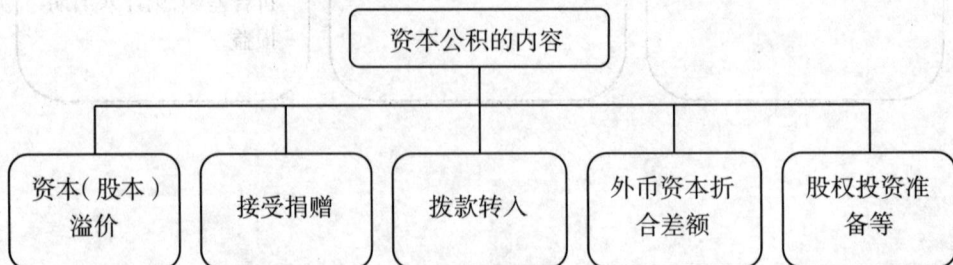

```
                    资本公积的内容
        ┌──────┬──────┬──────┬──────────┬──────────┐
   资本（股本） 接受捐赠  拨款转入  外币资本折  股权投资准
      溢价                       合差额      备等
```

三、盈余公积金

盈余公积金是指按照国家有关规定从利润中提取的公积金。盈余公积金是企业盈利形成的所有者权益，按规定可用于弥补亏损或转增资本金。

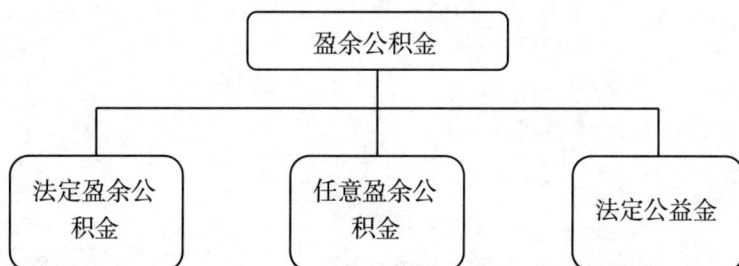

```
                    ┌──────────────┐
                    │   盈余公积金   │
                    └──────────────┘
        ┌──────────────┼──────────────┐
 ┌──────────┐    ┌──────────┐    ┌──────────┐
 │ 法定盈余公 │    │ 任意盈余公 │    │ 法定公益金 │
 │ 积金      │    │ 积金      │    │          │
 └──────────┘    └──────────┘    └──────────┘
```

四、未分配利润

未分配利润是企业盈余形成的所有者权益。资产负债表上"未分配利润"项目为企业历年积存的未分配利润或未弥补亏损。如果为未弥补的亏损，则以负数表示。

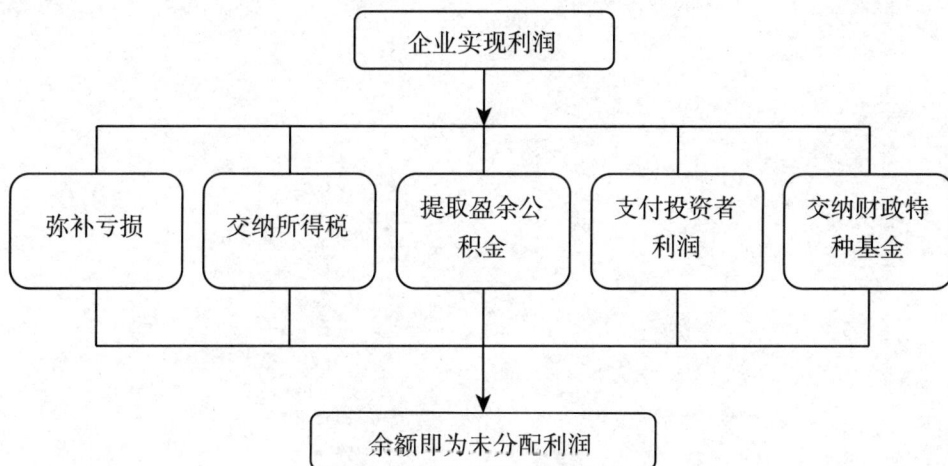

```
                    ┌──────────────┐
                    │  企业实现利润  │
                    └──────────────┘
                            │
  ┌────────┬────────┬────────┼────────┬────────┐
┌──────┐┌──────┐┌──────┐┌──────┐┌──────┐
│弥补亏损││交纳所得税││提取盈余公││支付投资者││交纳财政特│
│      ││      ││积金    ││利润    ││种基金   │
└──────┘└──────┘└──────┘└──────┘└──────┘
  │        │        │        │        │
  └────────┴────────┼────────┴────────┘
                    │
          ┌────────────────────┐
          │   余额即为未分配利润   │
          └────────────────────┘
```

第三章　解读利润表

本章导读

　　我们通过对资产负债表的了解，可以从中搞清楚企业究竟有多少资产，有多少是借来的，多少是所有者的。但仅知道这些还远远不够，我们还应该清楚，利用这些资产究竟赚得了多少利润，有多少归自己，多少要交税，因此，就涉及反映经营成果的报表，即利润表。

　　利润表是以"利润 = 收入－费用"为原理编制，反映企业在一定时期内（月份、季度、年度）的营业收入和营业费用以及通过营业收入与营业费用的配比而计算出来的这一会计期间的利润。可以用它来分析企业的盈利水平和盈利趋势，分析企业利润（亏损）增减变化的原因，评价企业的经营成果。企业日常进行的每一项经济活动，无论是成本、费用的发生，收入的取得或其他各种经济活动，最终将归结为取得净收益或是发生亏损。企业取得净收益或发生亏损后，必然使企业的资产、负债发生变化，即企业的财务状况会因经营成果的好坏而有所改变。由此可见，利润表和资产负债表的要素具有不可分的内在联系。

　　通过本章的学习，可以充分解读利润中各项目的含义。

第一节　认识利润表

一、利润表的作用

通过利润表能从总体上了解企业收入、成本、费用及净利润的实现及构成情况；通过不同时期的利润表可分析企业的获利能力及利润的未来发展趋势；利润表体现企业在某一会计期间的经营业绩，是企业进行利润分配的主要依据。

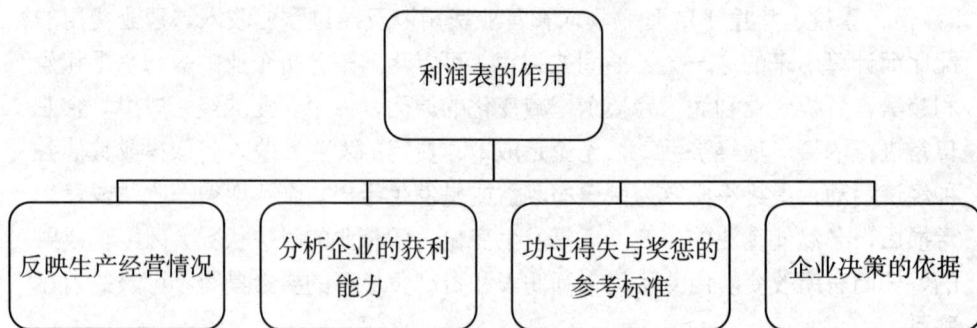

```
                      ┌──────────────┐
                      │   利润表的作用   │
                      └──────┬───────┘
        ┌────────────┬───────┴────────┬────────────┐
 ┌──────────┐ ┌──────────┐  ┌──────────────┐ ┌──────────┐
 │反映生产经营情况│ │分析企业的获利│  │功过得失与奖惩的 │ │企业决策的依据│
 │          │ │能力       │  │参考标准       │ │          │
 └──────────┘ └──────────┘  └──────────────┘ └──────────┘
```

二、利润表的结构

利润表的结构主要包括表头、表体和表尾三部分。

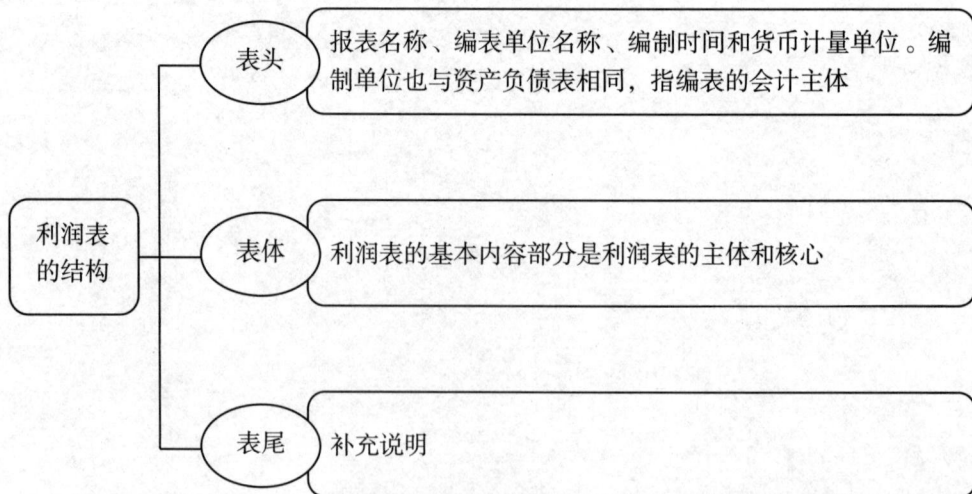

```
                ┌────┐   ┌────────────────────────────────────┐
                │ 表头 │───│报表名称、编表单位名称、编制时间和货币计量单位。编│
                └────┘   │制单位也与资产负债表相同，指编表的会计主体     │
                         └────────────────────────────────────┘
  ┌──────┐      ┌────┐   ┌────────────────────────────────────┐
  │利润表  │      │ 表体 │───│利润表的基本内容部分是利润表的主体和核心      │
  │的结构  │──────┤    │   └────────────────────────────────────┘
  └──────┘      └────┘
                ┌────┐   ┌────────────────────────────────────┐
                │ 表尾 │───│补充说明                              │
                └────┘   └────────────────────────────────────┘
```

三、利润表的形式

由于不同的国家和地区对会计报表的信息要求不完全相同，利润表的结构也不完全相同。目前比较普遍的利润表结构如下所示：

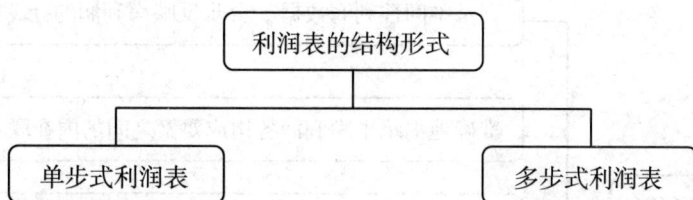

```
          利润表的结构形式
         ┌──────────┴──────────┐
     单步式利润表          多步式利润表
```

（一）单步式利润表

单步式利润表是指通过一个步骤就可以计算出利润的利润表，即将汇总的本期各项收入的合计数与各项成本、费用的合计数相抵后，一次计算求得本期最终利润的表式。

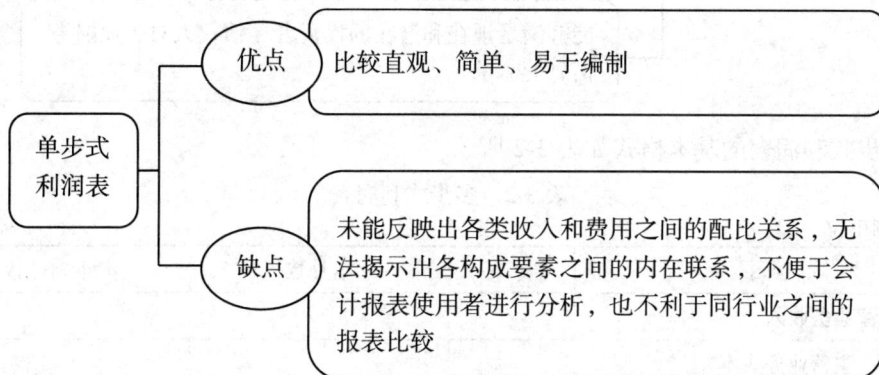

```
            ┌── 优点 ── 比较直观、简单、易于编制
  单步式
  利润表 ──┤
            │          未能反映出各类收入和费用之间的配比关系，无
            └── 缺点 ── 法揭示出各构成要素之间的内在联系，不便于会
                        计报表使用者进行分析，也不利于同行业之间的
                        报表比较
```

在我国，单步式利润表（表3-1）主要用于那些业务比较简单的服务咨询行业和某些实行企业化管理的事业单位。

表3-1 单步式利润表

编制单位： 年 月 单位：元

项目	行次	本月数	本年累计数
一、收入			
1.			
2.			
…			
收入合计			
二、成本和费用			
1.			
2.			
…			
成本和费用合计			
三、利润			

（二）多步式利润表

多步式利润表是按企业利润总额的构成和主次经多步计算出利润总额，然后再减去所得税费用，最后得出"净利润"的报表的结构。

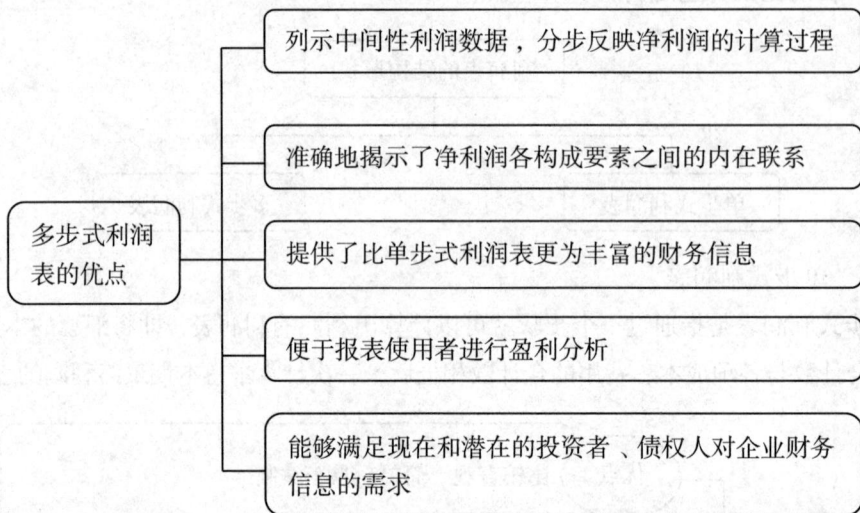

```
                    ┌─────────────────────────────────────────────┐
                    │ 列示中间性利润数据，分步反映净利润的计算过程      │
                    └─────────────────────────────────────────────┘

                    ┌─────────────────────────────────────────────┐
                    │ 准确地揭示了净利润各构成要素之间的内在联系        │
                    └─────────────────────────────────────────────┘

  ┌─────────┐       ┌─────────────────────────────────────────────┐
  │ 多步式利润 │──────│ 提供了比单步式利润表更为丰富的财务信息           │
  │ 表的优点  │       └─────────────────────────────────────────────┘
  └─────────┘
                    ┌─────────────────────────────────────────────┐
                    │ 便于报表使用者进行盈利分析                      │
                    └─────────────────────────────────────────────┘

                    ┌─────────────────────────────────────────────┐
                    │ 能够满足现在和潜在的投资者、债权人对企业财务       │
                    │ 信息的需求                                    │
                    └─────────────────────────────────────────────┘
```

多步式利润表的基本格式如表 3-2 所示。

表 3-2　多步式利润表

编制单位：　　　　　　　　　　　年　　月　　　　　　　　　　　单位：元

项目	行次	本月数	本年累计数
一、主营业务收入			
减：主营业务成本			
主营业务税金及附加			
二、主营业务利润			
加：其他业务利润			
减：营业费用			
管理费用			
财务费用			
三、营业利润			
加：投资收益			
营业外收入			
减：营业外支出			
四、利润总额			
减：所得税			
五、净利润			

多步式利润表中净利润的计算一般分为四步：

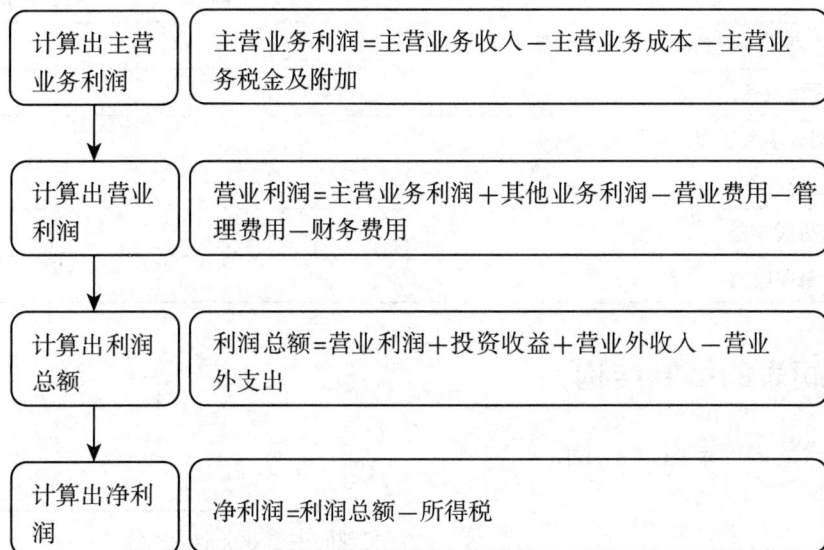

计算出主营业务利润	主营业务利润=主营业务收入－主营业务成本－主营业务税金及附加
计算出营业利润	营业利润=主营业务利润＋其他业务利润－营业费用－管理费用－财务费用
计算出利润总额	利润总额=营业利润＋投资收益＋营业外收入－营业外支出
计算出净利润	净利润=利润总额－所得税

四、利润表格式

利润表的编制格式见表3-3。

表3-3 利润表

编制单位： 年 月 单位：元

项目	本期金额	上期金额
一、营业收入		
减：营业成本		
营业税金及附加		
销售费用		
管理费用		
财务费用		
资产减值损失		
加：公允价值变动收益（损失以"－"号填列）		
投资收益（损失以"－"号填列）		
其中：对联营企业和合营企业的投资收益		
二、营业利润（亏损以"－"号填列）		
加：营业外收入		
减：营业外支出		
其中：非流动资产处置损失		

项目	本期金额	上期金额
三、利润总额（亏损总额以"－"号填列）		
减：所得税费用		
四、净利润（净亏损以"－"号填列）		
五、每股收益		
（一）基本每股收益		
（二）稀释每股收益		

五、利润表的编制结构

利润表的内容结构如下所示：

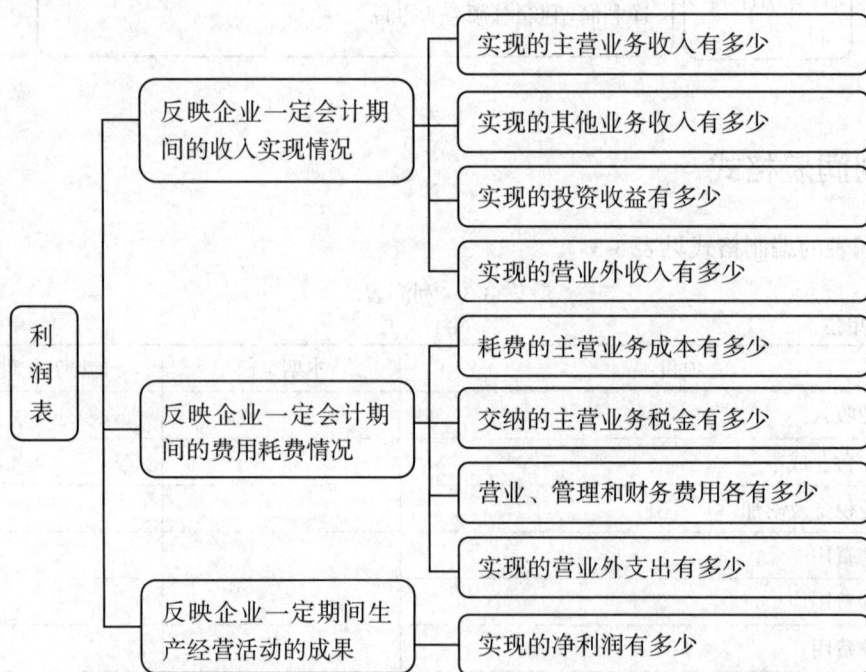

第二节　利润表各项目的含义

利润表中每个项目的含义可以用表3-4中对应的一句话进行总结。

表 3-4　利润表各项目的含义

项目	含义
一、营业收入	企业日常活动中所产生的收入
减：营业成本	企业日常活动而发生的实际成本
营业税金及附加	企业经营主要业务应负担的税金
销售费用	企业销售商品过程中发生的各项费用
管理费用	为组织和管理生产经营活动而发生的费用
财务费用	企业为筹集资金而发生的费用
资产减值损失	资产账面价值高于其可收回金额而造成的损失
加：公允价值变动收益（损失以"—"号填列）	期末资产账面价值与其公允价值之间的差额
投资收益（损失以"—"号填列）	对外投资所取得的利润、股利和债券利息等收入
其中：对联营企业和合营企业的投资收益	减去投资损失后的净收益
二、营业利润（亏损以"—"号填列）	企业在日常活动中所产生的利润
加：营业外收入	企业发生的与生产经营无直接关系的各种收入
减：营业外支出 　其中：非流动资产处置损失	企业发生的与企业日常生产经营活动无直接关系的各项支出
三、利润总额（亏损总额以"—"号填列）	营业收入中扣除成本消耗及营业税后的剩余
减：所得税费用	企业按一定的税率和方法计算出负担的所得税
四、净利润（净亏损以"—"号填列）	利润总额扣除所得税后的余额
五、每股收益：	
（一）基本每股收益	当期净利润除以普通股的加权平均数
（二）稀释每股收益	稀释后的当期净利润除以普通股的加权平均数

一、营业收入

主营业务收入和其他业务收入共同构成利润表中的"营业收入"项目。

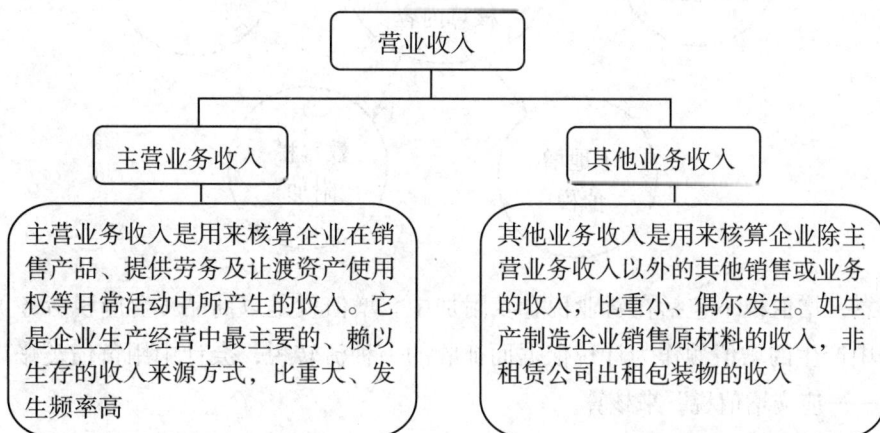

二、营业成本

主营业务成本和其他业务成本共同构成利润表中的"营业成本"项目。

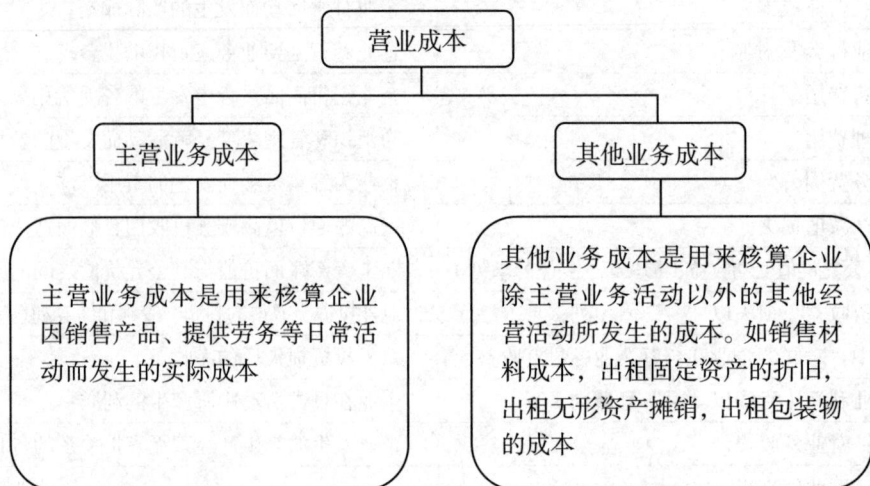

```
                  营业成本
        ┌────────────┴────────────┐
   主营业务成本                其他业务成本
        │                          │
┌───────────────┐        ┌─────────────────┐
│主营业务成本是用来│        │其他业务成本是用来核算企业│
│核算企业因销售产品│        │除主营业务活动以外的其他经│
│、提供劳务等日常活│        │营活动所发生的成本。如销售材│
│动而发生的实际成本│        │料成本，出租固定资产的折旧，│
│                │        │出租无形资产摊销，出租包装物│
│                │        │的成本              │
└───────────────┘        └─────────────────┘
```

三、营业税金及附加

营业税金及附加用来核算企业经营主要业务应负担的以下税种：

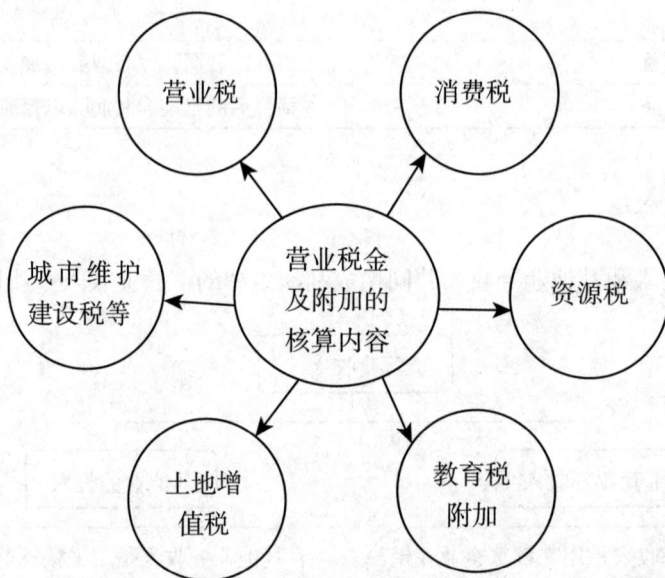

注意，增值税不包括在营业税金及附加中。增值税是以商品（含应税劳务）在流转过程中产生的增值额作为计税依据而征收的一种流转税，会计中用负债类账户"应交税费——应交增值税"来核算。

四、期间费用

```
                    ┌── 销售费用 ──── 核算企业销售商品过程中发生的各项费
                    │                用，如运杂费、包装费、广告费、展览费、
                    │                专设销售机构经费等
                    │
期间费用 ───────────┼── 管理费用 ──── 是指企业行政管理部门为组织和管理生
                    │                产经营活动而发生的各项费用。如业务招
                    │                待费、管理人员工资、咨询费、诉讼费、
                    │                无形资产摊销、坏账损失、公司经费等
                    │
                    └── 财务费用 ──── 是指企业为筹集资金而发生的费用，通常
                                     和借款紧密联系在一起，包括利息支出、
                                     汇兑损益及相关手续费用等
```

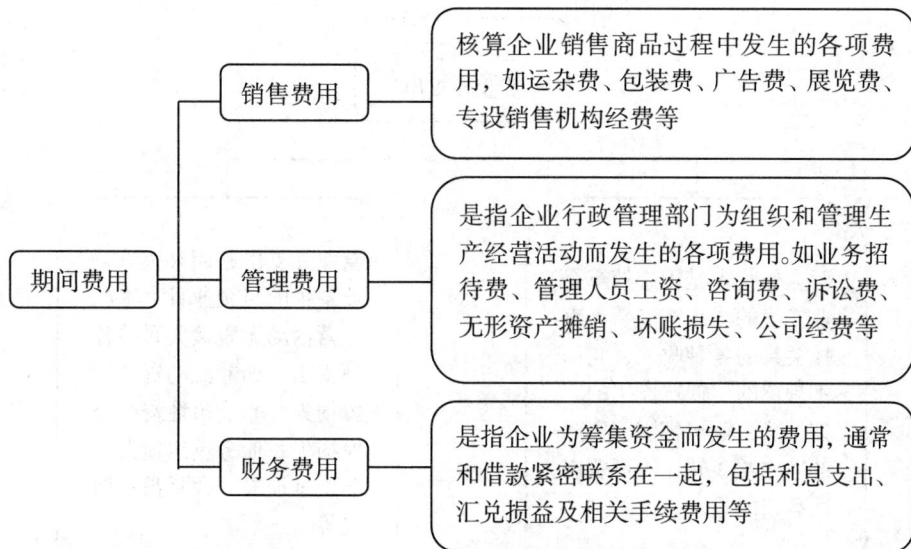

五、资产减值损失

资产减值损失是指因资产（固定资产、无形资产等）的账面价值高于其可收回金额而造成的损失。

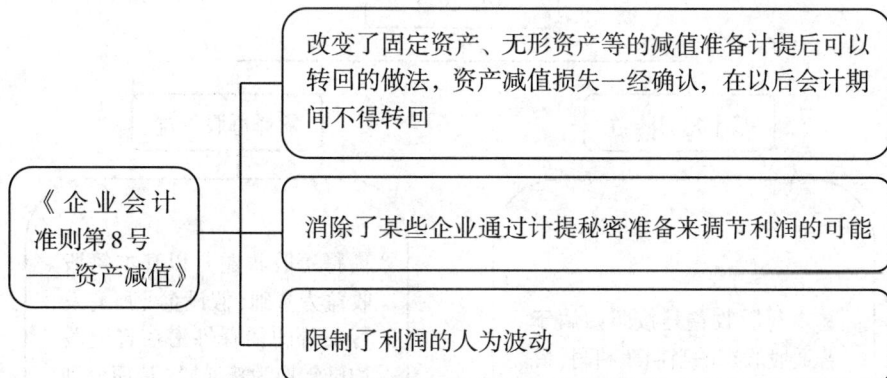

```
                    ┌── 改变了固定资产、无形资产等的减值准备计提后可以
                    │   转回的做法，资产减值损失一经确认，在以后会计期
                    │   间不得转回
《企业会计           │
准则第8号 ──────────┼── 消除了某些企业通过计提秘密准备来调节利润的可能
——资产减值》        │
                    └── 限制了利润的人为波动
```

六、公允价值变动收益

公允价值变动收益是指一项资产或负债，如交易性金融资产、交易性金融负债及采用公允价值模式计量的投资性房地产等，在初始计量后，期末资产账面价值与其公允价值之间的差额。

七、营业外收入与营业外支出

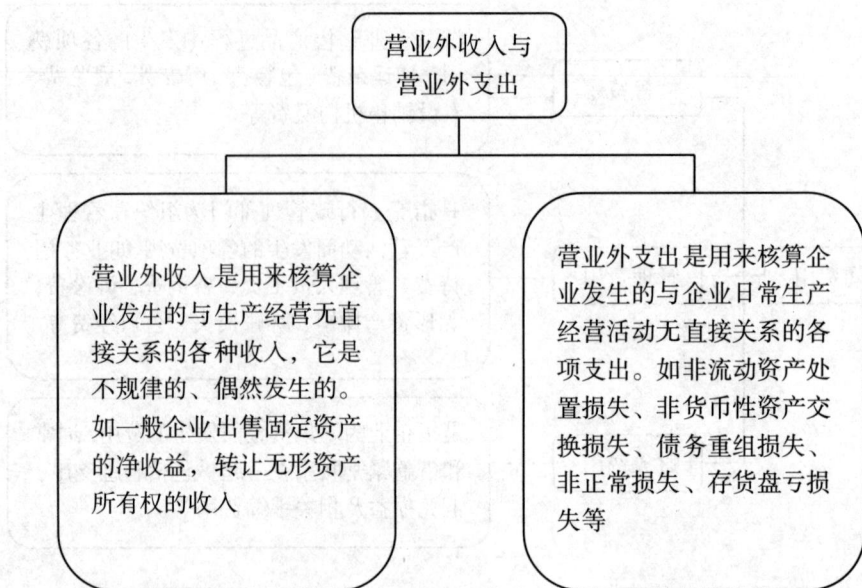

营业外收入与营业外支出

营业外收入是用来核算企业发生的与生产经营无直接关系的各种收入，它是不规律的、偶然发生的。如一般企业出售固定资产的净收益，转让无形资产所有权的收入

营业外支出是用来核算企业发生的与企业日常生产经营活动无直接关系的各项支出。如非流动资产处置损失、非货币性资产交换损失、债务重组损失、非正常损失、存货盘亏损失等

八、每股收益

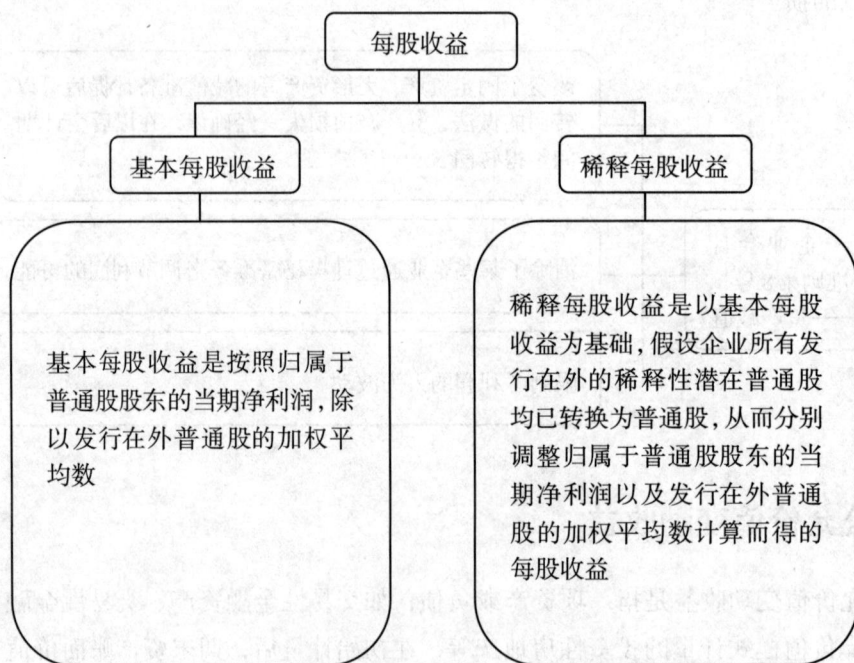

每股收益

基本每股收益

稀释每股收益

基本每股收益是按照归属于普通股股东的当期净利润，除以发行在外普通股的加权平均数

稀释每股收益是以基本每股收益为基础，假设企业所有发行在外的稀释性潜在普通股均已转换为普通股，从而分别调整归属于普通股股东的当期净利润以及发行在外普通股的加权平均数计算而得的每股收益

第三节 利润表数字解读

企业的利润表按收益来源可划分为经营性利润、投资收益和营业外收支净额。

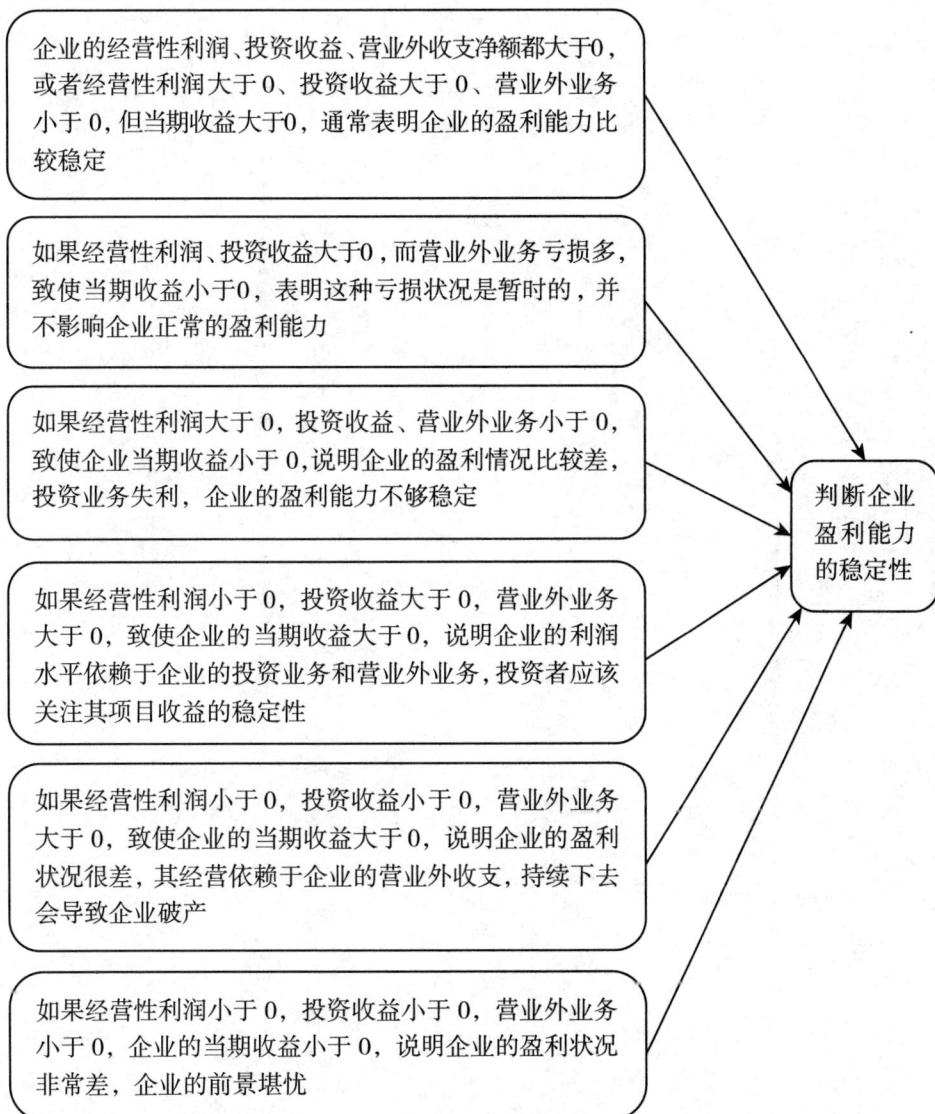

企业的经营性利润、投资收益、营业外收支净额都大于0，或者经营性利润大于0，投资收益大于0，营业外业务小于0，但当期收益大于0，通常表明企业的盈利能力比较稳定

如果经营性利润、投资收益大于0，而营业外业务亏损多，致使当期收益小于0，表明这种亏损状况是暂时的，并不影响企业正常的盈利能力

如果经营性利润大于0，投资收益、营业外业务小于0，致使企业当期收益小于0，说明企业的盈利情况比较差，投资业务失利，企业的盈利能力不够稳定

如果经营性利润小于0，投资收益大于0，营业外业务大于0，致使企业的当期收益大于0，说明企业的利润水平依赖于企业的投资业务和营业外业务，投资者应该关注其项目收益的稳定性

如果经营性利润小于0，投资收益小于0，营业外业务大于0，致使企业的当期收益大于0，说明企业的盈利状况很差，其经营依赖于企业的营业外收支，持续下去会导致企业破产

如果经营性利润小于0，投资收益小于0，营业外业务小于0，企业的当期收益小于0，说明企业的盈利状况非常差，企业的前景堪忧

判断企业盈利能力的稳定性

第四章 解读现金流量表

本章导读

　　企业的三大传统财务报表中，最先要求编制的是资产负债表和利润表。资产负债表是向人们提供了企业在某一特定日期所拥有或控制的经济资源及其分布和结构，即资产的情况，同时也向人们提供了所有资金的来源，即权益及其构成情况，并根据资产结构、资本结构状况以及变动反映企业的偿债能力和财务风险等方面的信息。但它毕竟只是静态地反映了某一天的情况，即使借助于表中的期末数与年初数的比较可以看出其变动的结果，但无法反映其变动的原因。而以权责发生制为基础编制的利润表虽能动态地反映企业一定时期的盈亏情况及其原因，但经常会出现这样的情况：利润表反映出来的是盈利的，有时甚至利润金额相当大的企业，但其却没有能力支付员工的工资、无法偿付各种欠款；而相反的是，有些企业虽然盈利不多，有时甚至出现亏损，但其支付员工工资以及偿还货款等却并不感到困难。这就表明，仅靠资产负债表和利润表两张报表还不足以回答和解释现实生活中所存在的所有问题。这就需要依靠编制现金流量表来解决了。

　　现金流量表是反映企业在一定会计时期内现金流入、现金流出及现金净流量的财务报表。由于企业在一定时期内除了从事日常经营活动以外，还存在着投资活动和筹资活动，因此，在编制现金流量表时，还应分别反映经营活动、投资活动和筹资活动的现金流量，以充分揭示三大活动与企业现金流量的关系，说明企业一定时期内现金流量的形成原因和过程。

　　本章主要通过对现金流量表的项目解读，让读者对现金流量表有更清晰、直观的认识。

第一节 认识现金流量表

一、现金流量表的作用

了解现金流量表的作用对于深入掌握财务报表是一种基础训练。

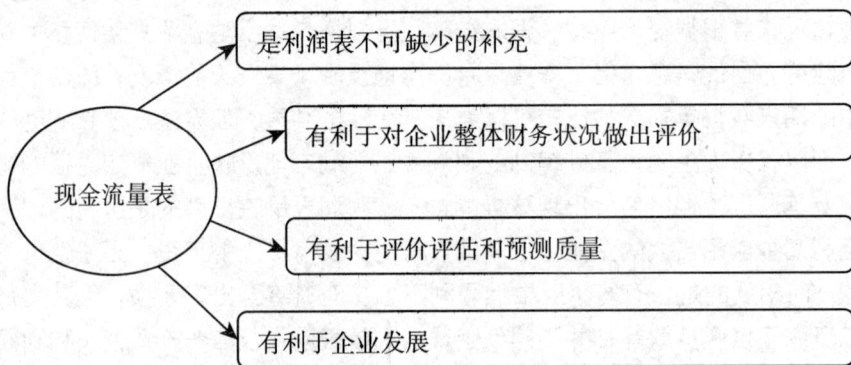

```
                        ┌─────────────────────────┐
                  ┌────▶│ 是利润表不可缺少的补充      │
                  │     └─────────────────────────┘
                  │     ┌─────────────────────────┐
           ┌──────┴───▶│ 有利于对企业整体财务状况做出评价│
        ╱现金╲          └─────────────────────────┘
       │流量表 │────────┐┌─────────────────────────┐
        ╲    ╱          └▶│ 有利于评价评估和预测质量    │
           └──────┐      └─────────────────────────┘
                  │     ┌─────────────────────────┐
                  └────▶│ 有利于企业发展            │
                        └─────────────────────────┘
```

现金流量表的具体作用主要表现在表 4-1 所示的几个方面。

表 4-1　现金流量表的作用

作用	详细说明
能够对企业一定期间内现金流入和流出的原因做出分析	现金流量表将现金流量划分为经营活动、投资活动和筹资活动所产生的现金流量，并按照流入现金和流出现金项目分别反映
能揭示企业当前的偿债能力和支付能力	通过现金流量表能够了解企业现金流入的构成，分析企业偿债和支付能力，增强投资者的投资信心和债权人收回债权的信心
	通过现金流量表，投资者和债权人可了解企业获取现金的能力和现金偿付的能力，从而使有限的社会资源流向最能产生效益的地方
可以对企业未来获取现金的能力做出分析	通过现金流量表及其他财务信息，可以分析企业未来获取或支付现金的能力
	如企业通过银行借款筹的资金，从本期现金流量表中反映为现金流入，但却意味着未来偿还借款时要流出现金

续表

作用	详细说明
可以分析企业投资和理财活动对经营成果和财务状况的影响	现金流量表提供一定时期现金流入和流出的动态财务信息
	表明企业在报告期内由经营活动、投资和筹资活动获得多少现金
	企业获得的这些现金是如何运用的
	能够说明资产、负债、净资产变动的原因
能够提供不涉及现金的投资和筹资活动的信息	反映企业与现金有关的投资和筹资活动
	通过补充资料方式提供不涉及现金的投资和筹资活动方面的信息
	使会计报表使用者或阅读者能够全面了解和分析企业的投资和筹资活动
便于和国际惯例相协调	不少经济发达国家（如美国、英国等）均要求企业编制现金流量表
	现金流量表将对开展跨国经营、境外筹资、加强国际经济合作起到积极的作用

二、现金流量表的构成

现金流量表分为两个部分，第一部分为正表，第二部分为补充资料，具体结构如下。

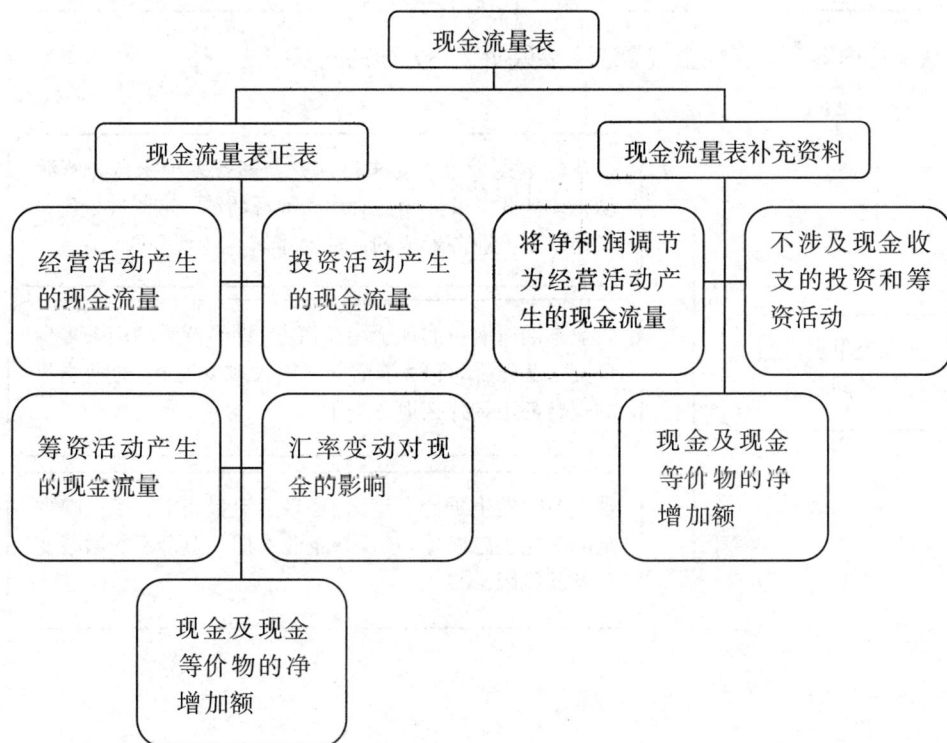

三、现金流量表的内容

《企业会计准则第 31 号——现金流量表》将现金流量分为经营活动产生的现金流量、投资活动产生的现金流量和筹资活动产生的现金流量三类，每一类围绕"现金"又可分为现金的流入与现金的流出。

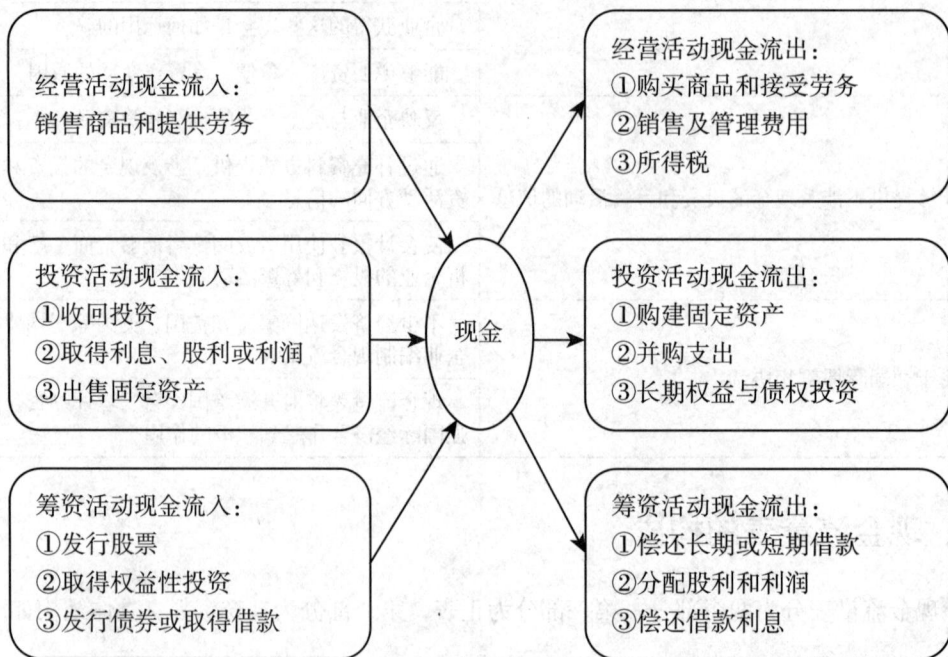

```
经营活动现金流入:                        经营活动现金流出:
销售商品和提供劳务                       ①购买商品和接受劳务
                                        ②销售及管理费用
                                        ③所得税

投资活动现金流入:              现金        投资活动现金流出:
①收回投资                               ①购建固定资产
②取得利息、股利或利润                    ②并购支出
③出售固定资产                           ③长期权益与债权投资

筹资活动现金流入:                        筹资活动现金流出:
①发行股票                               ①偿还长期或短期借款
②取得权益性投资                          ②分配股利和利润
③发行债券或取得借款                      ③偿还借款利息
```

从上述内容来看，现金流量表主要说明了三方面的问题:

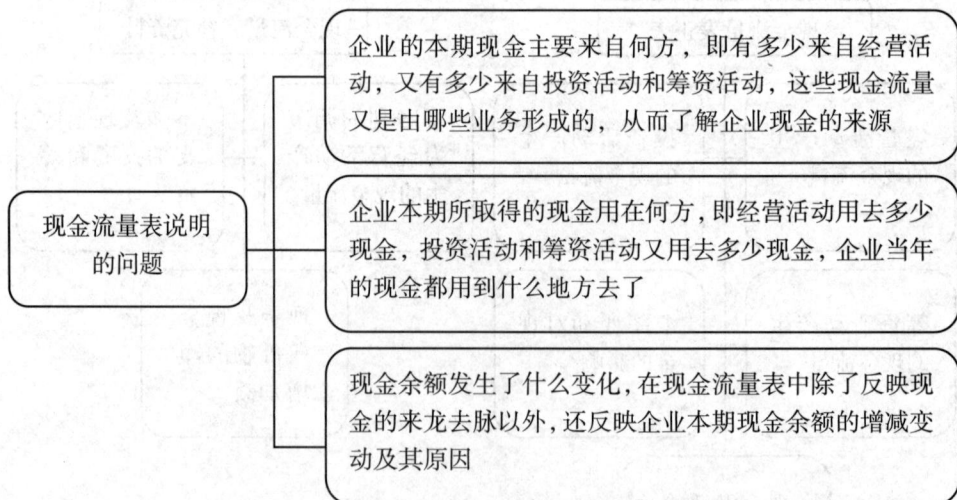

```
                        企业的本期现金主要来自何方，即有多少来自经营活
                        动，又有多少来自投资活动和筹资活动，这些现金流量
                        又是由哪些业务形成的，从而了解企业现金的来源

现金流量表说明            企业本期所取得的现金用在何方，即经营活动用去多少
的问题                  现金，投资活动和筹资活动又用去多少现金，企业当年
                        的现金都用到什么地方去了

                        现金余额发生了什么变化，在现金流量表中除了反映现
                        金的来龙去脉以外，还反映企业本期现金余额的增减变
                        动及其原因
```

四、现金流量表的编制方法

现金流量表主要有工作底稿法、T型账户法和直接计算法三种编制方法。

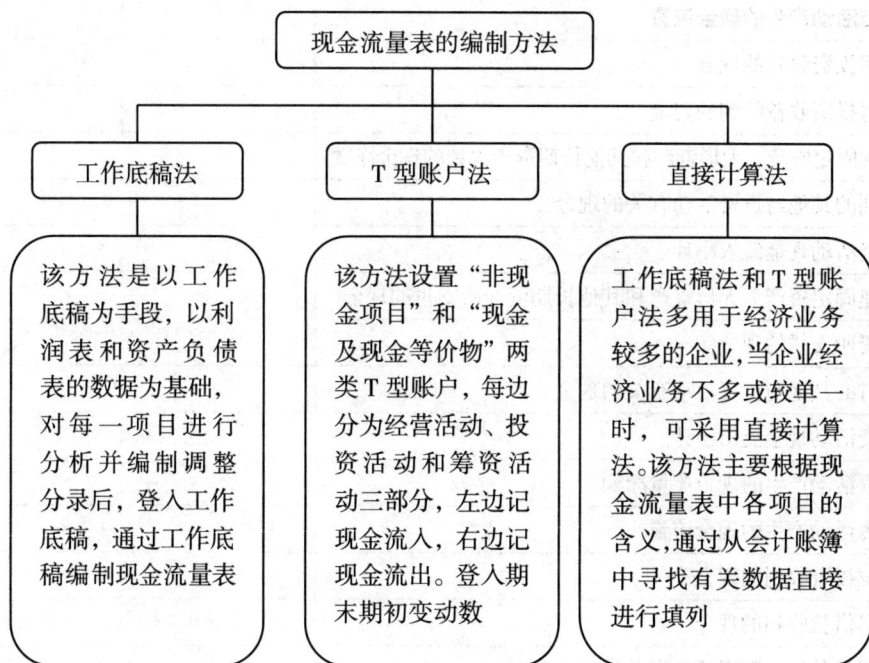

五、现金流量表格式

（一）现金流量表格式（表4-2）

表4-2　现金流量表

编制单位：　　　　　　　　　　年　　月　　　　　　　　　　单位：元

项目	本期金额	上期金额
一、经营活动产生的现金流量		
销售商品、提供劳务收到的现金		
收到的税费返还		
收到其他与经营活动有关的现金		
经营活动现金流入小计		
购买商品、接受劳务支付的现金		
支付的各项税费		
支付给职工以及为职工支付的现金		
支付其他与经营活动有关的现金		
经营活动现金流出小计		

项目	本期金额	上期金额
经营活动产生的现金流量净额		
二、投资活动产生的现金流量		
收回投资收到的现金		
取得投资收益收到的现金		
处置固定资产、无形资产和其他长期资产收到的现金净额		
收到的其他与投资活动有关的现金		
投资活动现金流入小计		
购建固定资产、无形资产和其他长期资产所支付的现金		
投资所支付的现金		
支付的其他与投资活动有关的现金		
投资活动现金流出小计		
投资活动产生的现金流量净额		
三、筹资活动产生的现金流量		
吸收投资收到的现金		
取得借款收到的现金		
收到的其他与筹资活动有关的现金		
筹资活动现金流入小计		
偿还债务支付的现金		
分配股利、利润和偿付利息支付的现金		
支付其他与筹资活动有关的现金		
筹资活动现金流出小计		
筹资活动产生的现金流量净额		
四、汇率变动对现金及现金等价物的影响		
五、现金及现金等价物净增加额		
加：期初现金及现金等价物余额		
六、期末现金及现金等价物余额		

（二）现金流量表附注格式

现金流量表附注适用于一般企业、商业银行、保险公司、证券公司等各类企业。

1. 现金流量表补充资料的披露格式

企业应当采用间接法在现金流量表附注中披露将净利润调节为经营活动现金流量的信息。现金流量表补充资料格式见表4-3。

表 4-3　现金流量表补充资料

项目	本期金额	上期金额
1. 将净利润调节为经营活动现金流量		
净利润		
加：资产减值准备		
固定资产折旧、油气资产折耗、生产性生物资产折旧		
无形资产摊销		
长期待摊费用摊销		
处置固定资产、无形资产和其他长期资产的损失（收益以"—"号填列）		
固定资产报废损失（收益以"—"号填列）		
公允价值变动损失（收益以"—"号填列）		
财务费用（收益以"—"号填列）		
投资损失（收益以"—"号填列）		
递延所得税资产减少（增加以"—"号填列）		
递延所得税负债增加（减少以"—"号填列）		
存货的减少（增加以"—"号填列）		
经营性应收项目的减少（增加以"—"号填列）		
经营性应付项目的增加（减少以"—"号填列）		
其他		
经营活动产生的现金流量净额		
2. 不涉及现金收支的重大投资和筹资活动		
债务转为资本		
一年内到期的可转换公司债券		
融资租入固定资产		
3. 现金及现金等价物净变动情况		
现金的期末余额		
减：现金的期初余额		
加：现金等价物的期末余额		
减：现金等价物的期初余额		
现金及现金等价物净增加额		

2. 当期取得或处置子公司及其他营业单位有关信息的披露格式

企业应当按表 4-4 格式披露当期取得或处置子公司及其他营业单位的有关信息。

表4-4　当期取得或处置子公司及其他营业单位有关信息的披露格式

项目	金额
一、取得子公司及其他营业单位的有关信息	
1.取得子公司及其他营业单位的价格	
2.取得子公司及其他营业单位支付的现金和现金等价物	
减：子公司及其他营业单位持有的现金和现金等价物	
3.取得子公司及其他营业单位支付的现金净额	
4.取得子公司的净资产	
流动资产	
非流动资产	
流动负债	
非流动负债	
二、处置子公司及其他营业单位的有关信息	
1.处置子公司及其他营业单位的价格	
2.处置子公司及其他营业单位收到的现金和现金等价物	
减：子公司及其他营业单位持有的现金和现金等价物	
3.处置子公司及其他营业单位收到的现金净额	
4.处置子公司的净资产	
流动资产	
非流动资产	
流动负债	
非流动负债	

3．现金和现金等价物的披露格式

企业应当采用表4-5的格式披露现金和现金等价物的有关信息。

表4-5　现金和现金等价物的披露格式

项目	本期金额	上期金额
一、现金		
其中：库存现金		
可随时用于支付的银行存款		
可随时用于支付的其他货币资金		
可用于支付的存放中央银行款项		
存放同业款项		
拆放同业款项		
二、现金等价物		

续表

项目	本期金额	上期金额
其中：3 个月内到期的债券投资		
三、期末现金及现金等价物余额		
其中：母公司或集团内子公司使用受限制的现金和现金等价物		

第二节　经营活动现金流项目解读

一、销售商品、提供劳务收到的现金

"销售商品、提供劳务收到的现金"反映企业主营业务和其他业务的现金收入。也就是反映企业本期销售商品、提供劳务收到的现金以及前期销售商品、提供劳务本期收到的现金（包括销售收入和应向购买者收取的增值税销项税额）和本期预收的款项，减去本期销售本期退回商品和前期销售本期退回商品支付的现金。企业销售材料和代购代销业务收到的现金，也反映在该项目中。

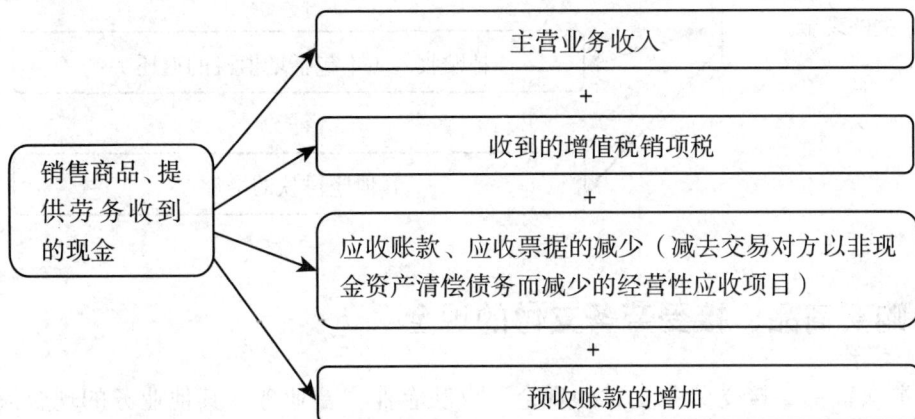

```
                        ┌─────────────────────────────────────┐
                        │           主营业务收入                │
                        └─────────────────────────────────────┘
                                        +
                        ┌─────────────────────────────────────┐
                        │        收到的增值税销项税             │
 销售商品、提           └─────────────────────────────────────┘
 供劳务收到                             +
 的现金                 ┌─────────────────────────────────────┐
                        │ 应收账款、应收票据的减少（减去交易对方以非现 │
                        │ 金资产清偿债务而减少的经营性应收项目）  │
                        └─────────────────────────────────────┘
                                        +
                        ┌─────────────────────────────────────┐
                        │          预收账款的增加              │
                        └─────────────────────────────────────┘
```

二、收到的税费返还

"收到的税费返还"反映企业收到返还的各种税费，如所得税、消费税、营业税、增值税、关税和教育费附加返还款等。

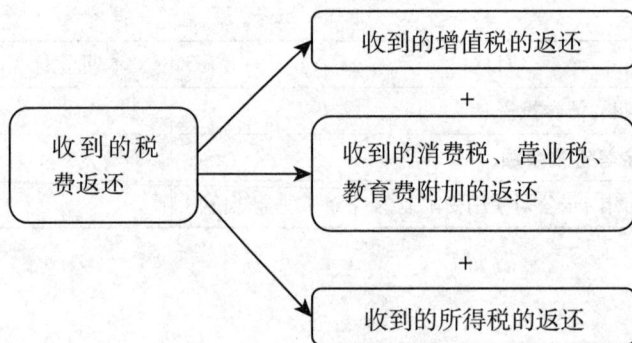

三、收到其他与经营活动有关的现金

"收到其他与经营活动有关的现金"反应企业经营租赁收到的租金等其他与经营活动有关的现金流入，金额较大时应当单独列示。补贴收入、捐赠收入、与经营活动有关的罚款收入等特殊项目，如果金额相对不大，可以包括在该项目中。

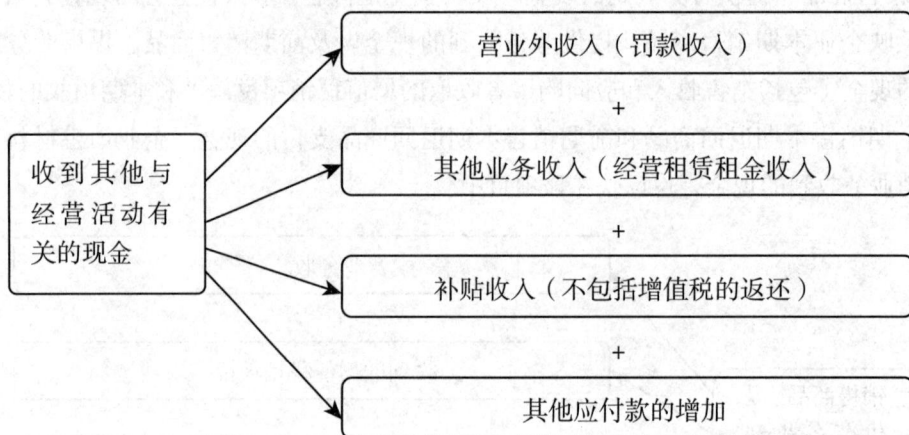

四、购买商品、接受劳务支付的现金

"购买商品、接受劳务支付的现金"反映企业主营业务、其他业务的现金流出，一般包括当期购买商品、接受劳务支付的现金，支付应付款以及预付现金等。也就是反映企业本期购买商品、接受劳务实际支付的现金（包括增值税进项税额）以及本期支付前期购买商品、接受劳务的未付款项和本期预付款项，减去本期发生的购货退回收到的现金。企业购买材料和代购代销业务支付的现金，也反映在该项目中。

```
                    ┌─────────────────────────────┐
                    │ 主营业务成本（减去本期生产成本中非存货转 │
                    │          化的部分）          │
                    └─────────────────────────────┘
                                 +
                    ┌─────────────────────────────┐
                    │          存货的增加          │
                    └─────────────────────────────┘
                                 +
┌──────────┐        ┌─────────────────────────────┐
│购买商品、接 │        │        应交增值税进项税        │
│受劳务支付  │───────→└─────────────────────────────┘
│的现金     │                    +
└──────────┘        ┌─────────────────────────────┐
                    │ 应付账款、应付票据的减少（减去本期以非 │
                    │ 现金资产抵偿负债导致的应付账款、应付票 │
                    │          据的减少）          │
                    └─────────────────────────────┘
                                 +
                    ┌─────────────────────────────┐
                    │         预付账款的增加         │
                    └─────────────────────────────┘
```

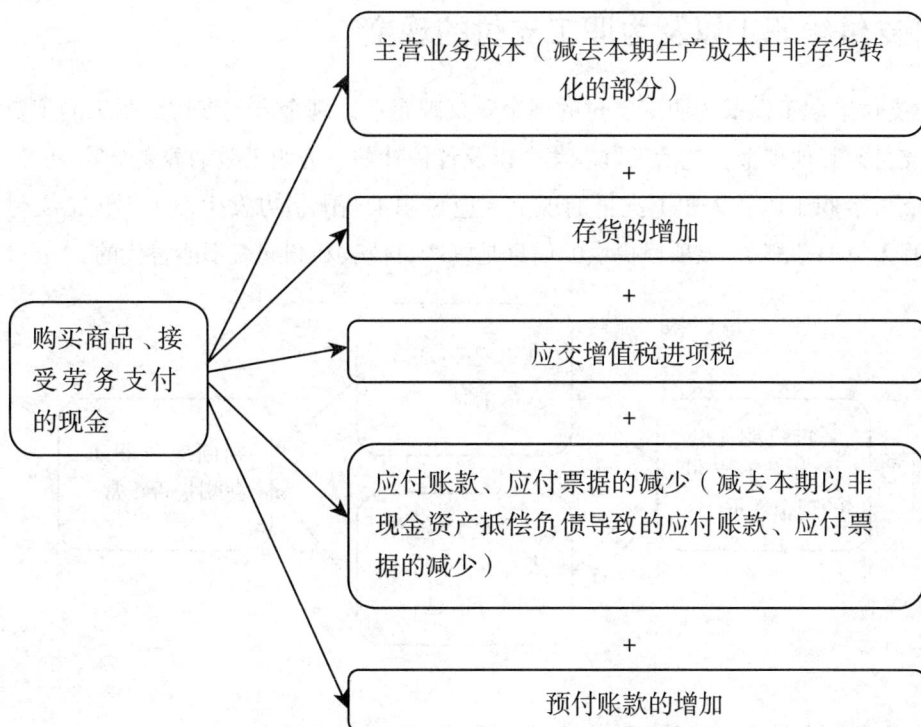

五、支付的各项税费

"支付的各项税费"反映企业按国家规定于当前支付的增值税、所得税等各项税款。也就是反映企业本期发生并支付、以前各期发生本期支付以及预交的各项税费，包括所得税、增值税、营业税、消费税、印花税、房产税、土地增值税、车船使用税、教育费附加等。

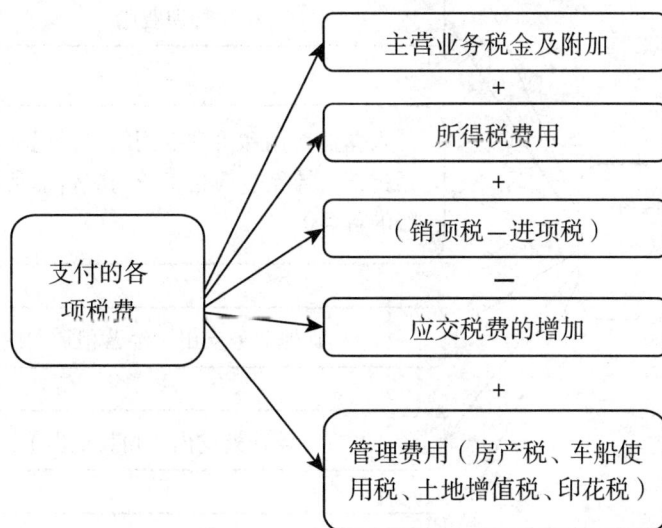

```
                    ┌─────────────────────────────┐
                    │        主营业务税金及附加        │
                    └─────────────────────────────┘
                                 +
                    ┌─────────────────────────────┐
                    │          所得税费用          │
                    └─────────────────────────────┘
                                 +
┌──────────┐        ┌─────────────────────────────┐
│支付的各   │        │       （销项税—进项税）        │
│项税费     │───────→└─────────────────────────────┘
└──────────┘                    —
                    ┌─────────────────────────────┐
                    │         应交税费的增加         │
                    └─────────────────────────────┘
                                 +
                    ┌─────────────────────────────┐
                    │ 管理费用（房产税、车船使用税、土地增值税、印花税） │
                    └─────────────────────────────┘
```

六、支付给职工以及为职工支付的现金

"支付给职工以及为职工支付的现金"反映企业以现金方式支付给职工的工资和为职工支付的其他现金，包括工资、奖金以及各种补贴、为职工缴纳养老金等。

支付给职工以及为职工支付的现金＝应付职工薪酬借方发生额（不包括支付给在建工程人员的薪酬），该项目提供的信息是资产负债表和利润表不能替代的。

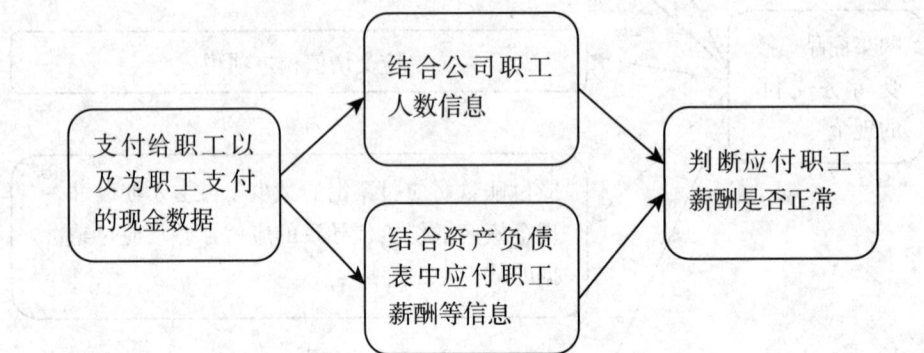

```
┌──────────┐        ┌──────────┐
│ 支付给职工以 │   →    │ 结合公司职工 │ ─┐
│ 及为职工支付 │        │ 人数信息    │  │      ┌──────────┐
│ 的现金数据   │        └──────────┘  ├──→ │ 判断应付职工 │
│            │        ┌──────────┐  │    │ 薪酬是否正常 │
│            │   →    │ 结合资产负债 │ ─┘    └──────────┘
└──────────┘        │ 表中应付职工 │
                      │ 薪酬等信息   │
                      └──────────┘
```

七、支付其他与经营活动有关的现金

"支付其他与经营活动有关的现金"反映企业生产成本、制造费用、营业费用、管理费用，如保险费、差旅费、办公费等费用的支出。金额较大的应单独列示。

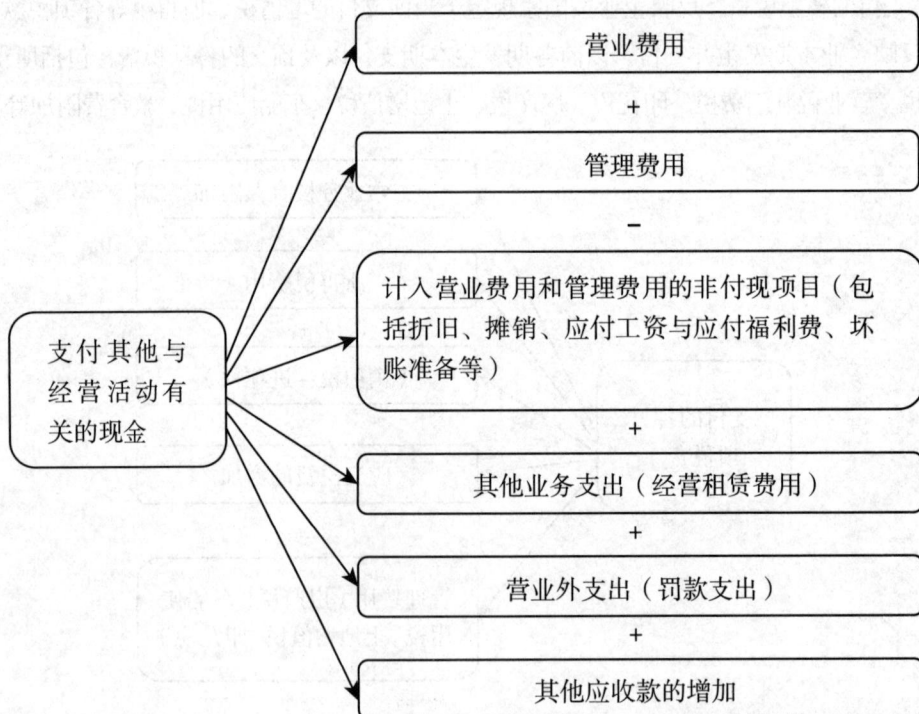

```
                        ┌────────────────────────────────┐
                     →  │           营业费用               │
                        └────────────────────────────────┘
                                       ＋
                        ┌────────────────────────────────┐
                     →  │           管理费用               │
                        └────────────────────────────────┘
                                       －
┌──────────┐           ┌────────────────────────────────┐
│ 支付其他与  │       →  │ 计入营业费用和管理费用的非付现项目（包 │
│ 经营活动有  │           │ 括折旧、摊销、应付工资与应付福利费、坏 │
│ 关的现金   │           │ 账准备等）                        │
└──────────┘           └────────────────────────────────┘
                                       ＋
                        ┌────────────────────────────────┐
                     →  │      其他业务支出（经营租赁费用）    │
                        └────────────────────────────────┘
                                       ＋
                        ┌────────────────────────────────┐
                     →  │       营业外支出（罚款支出）        │
                        └────────────────────────────────┘
                                       ＋
                        ┌────────────────────────────────┐
                     →  │          其他应收款的增加          │
                        └────────────────────────────────┘
```

第三节　投资活动现金流项目解读

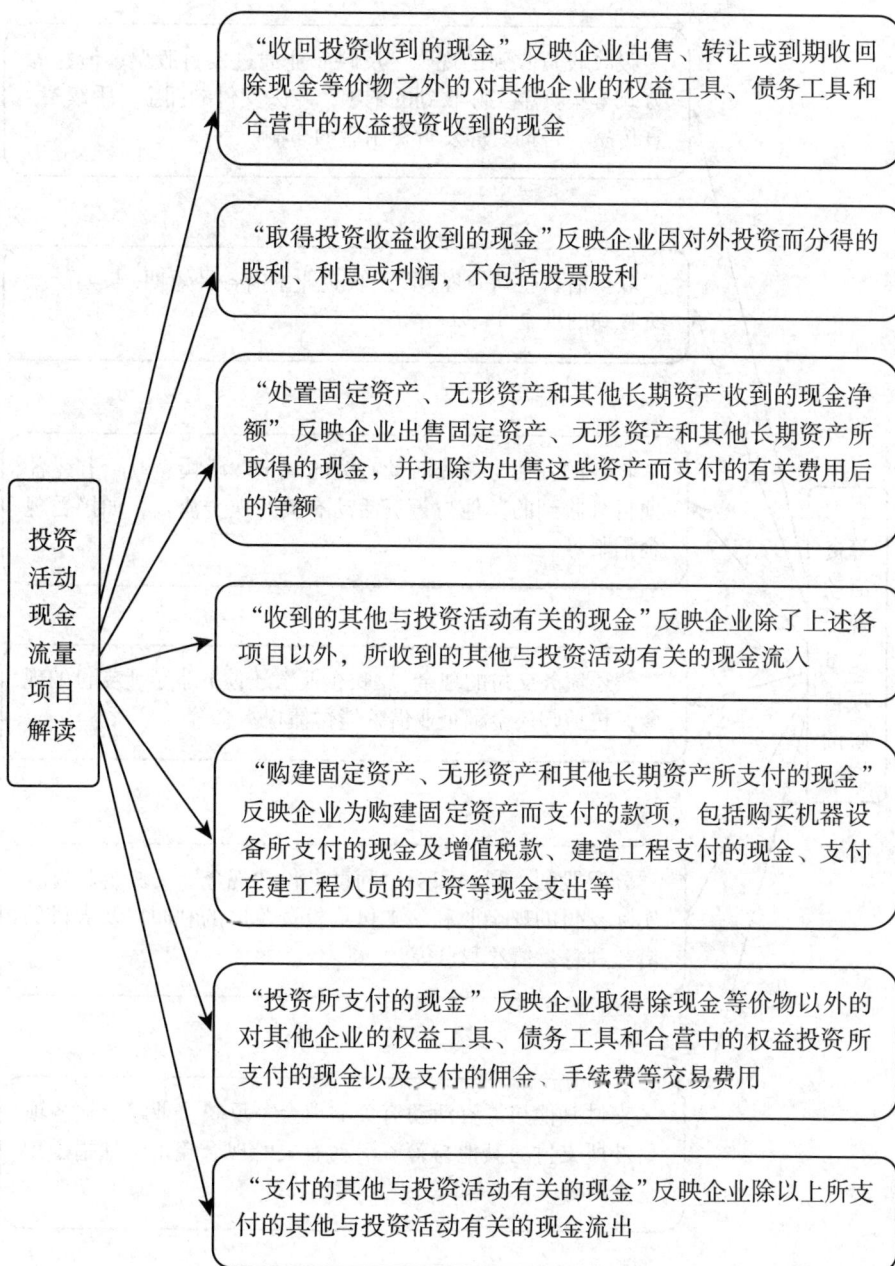

"收回投资收到的现金"反映企业出售、转让或到期收回除现金等价物之外的对其他企业的权益工具、债务工具和合营中的权益投资收到的现金

"取得投资收益收到的现金"反映企业因对外投资而分得的股利、利息或利润，不包括股票股利

"处置固定资产、无形资产和其他长期资产收到的现金净额"反映企业出售固定资产、无形资产和其他长期资产所取得的现金，并扣除为出售这些资产而支付的有关费用后的净额

"收到的其他与投资活动有关的现金"反映企业除了上述各项目以外，所收到的其他与投资活动有关的现金流入

"购建固定资产、无形资产和其他长期资产所支付的现金"反映企业为购建固定资产而支付的款项，包括购买机器设备所支付的现金及增值税款、建造工程支付的现金、支付在建工程人员的工资等现金支出等

"投资所支付的现金"反映企业取得除现金等价物以外的对其他企业的权益工具、债务工具和合营中的权益投资所支付的现金以及支付的佣金、手续费等交易费用

"支付的其他与投资活动有关的现金"反映企业除以上所支付的其他与投资活动有关的现金流出

投资活动现金流量项目解读

第四节　筹资活动现金流项目解读

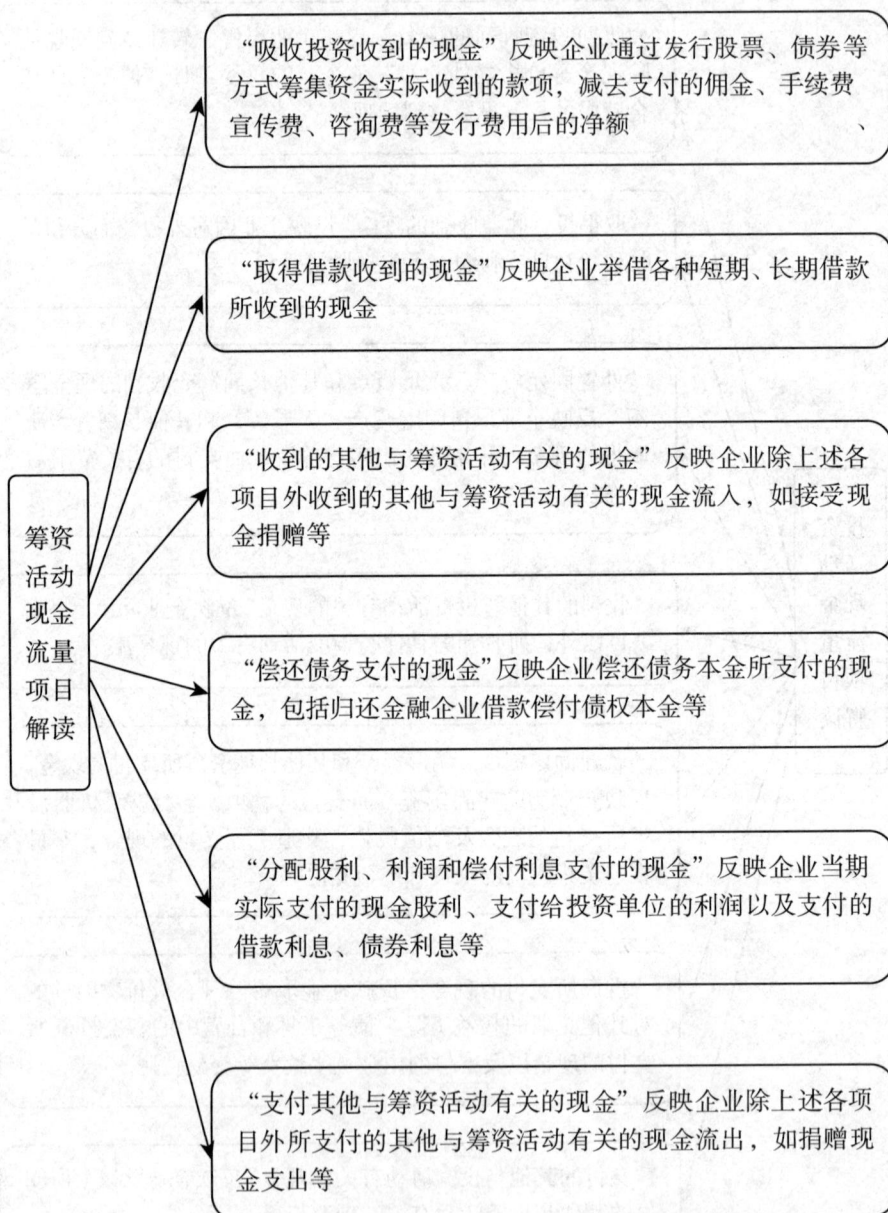

筹资活动现金流量项目解读

"吸收投资收到的现金"反映企业通过发行股票、债券等方式筹集资金实际收到的款项，减去支付的佣金、手续费宣传费、咨询费等发行费用后的净额

"取得借款收到的现金"反映企业举借各种短期、长期借款所收到的现金

"收到的其他与筹资活动有关的现金"反映企业除上述各项目外收到的其他与筹资活动有关的现金流入，如接受现金捐赠等

"偿还债务支付的现金"反映企业偿还债务本金所支付的现金，包括归还金融企业借款偿付债权本金等

"分配股利、利润和偿付利息支付的现金"反映企业当期实际支付的现金股利、支付给投资单位的利润以及支付的借款利息、债券利息等

"支付其他与筹资活动有关的现金"反映企业除上述各项目外所支付的其他与筹资活动有关的现金流出，如捐赠现金支出等

第五节 现金流量表补充资料项目解读

一、将净利润调节为经营活动的现金流量各项目的解读

"将净利润调节为经营活动的现金流量"各项目解读见表4-6。

表4-6 "将净利润调节为经营活动的现金流量"项目解读

项目	说明
计提的资产减值准备	反映企业计提的各项资产的减值准备
固定资产折旧	反映全部固定资产在本期生产中的资产转移价值
无形资产摊销	反映企业本期累计摊入成本费用的无形资产的价值
长期待摊费用摊销	反映企业长期待摊费用
待摊费用减少（或：增加）	反映企业本期待摊费用的减少（或：增加）
预提费用增加（或：减少）	反映企业本期预提费用的增加（或：减少）
处置固定资产、无形资产和其他长期资产的损失（或：收益）	反映企业本期由于处置固定资产、无形资产和其他长期资产而发生的净损失（或净收益）
固定资产报废损失	反映企业本期固定资产盘亏（或盘盈）后的净损失
财务费用	反映企业本期发生的应属于投资活动或筹资活动的财务费用
投资损失（或：收益）	反映企业本期投资所发生的损失或去收益后的净损失（或收益）
递延税款贷项（或：借项）	反映企业本期递延税款的净增加（或净减少）
存货的减少（或：增加）	反映企业本期存货的减少（或增加）。存货增加，说明现金减少或经营性应付项目增加；存货减少，说明销售成本增加，净利润减少
经营性应收项目的减少（或：增加）	反映企业应收账款、应收票据和其他应收款中与经营活动有关的部分（包括应收的增值税销项税额等）的减少（或增加）。经营性应收项目增加，说明收入增加，净利润增加；经营性应收项目减少，说明现金增加
经营性应付项目的增加（或：减少）	反映企业应付账款、应付票据、应付福利费、应交税金、其他应付款中与经营活动有关的部分（包括应付的增值税进项税额等）的增加（或减少）。经营性应付项目增加，说明存货增加，最终导致销售成本增加，净利润减少；经营性应付项目减少，说明现金减少

二、不涉及现金收支的投资和筹资活动各项目的解读

不涉及现金收支的投资和筹资活动反映企业一定期间内影响资产或负债但不形成该期现金收支的所有投资和筹资活动的信息。

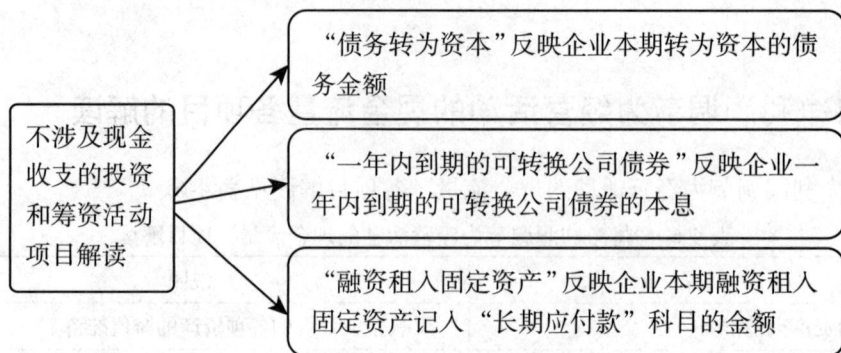

```
                          ┌─────────────────────────────┐
                     ┌───→│ "债务转为资本"反映企业本期转为资本的债 │
                     │    │ 务金额                        │
                     │    └─────────────────────────────┘
┌──────────┐         │    ┌─────────────────────────────┐
│不涉及现金  │         │    │ "一年内到期的可转换公司债券"反映企业一 │
│收支的投资  │─────────┼───→│ 年内到期的可转换公司债券的本息      │
│和筹资活动  │         │    └─────────────────────────────┘
│项目解读   │         │    ┌─────────────────────────────┐
└──────────┘         └───→│ "融资租入固定资产"反映企业本期融资租入 │
                          │ 固定资产记入"长期应付款"科目的金额   │
                          └─────────────────────────────┘
```

三、现金及现金等价物净增加情况项目解读

现金及现金等价物净增加情况的填列比较简单，通过现金的期末期初差额反映即可，用以检验用直接法编制的现金流量净额是否准确。

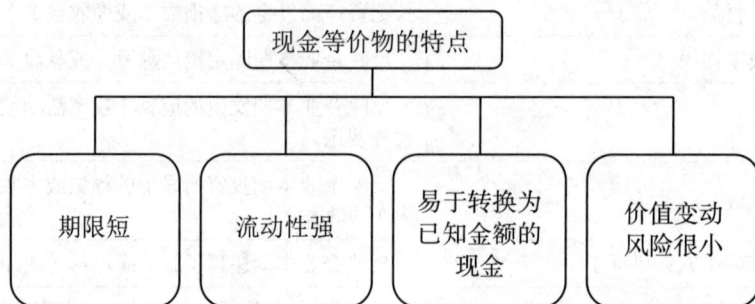

```
                  ┌──────────────┐
                  │ 现金等价物的特点 │
                  └──────┬───────┘
        ┌────────┬───────┼────────┬────────┐
   ┌────┴───┐ ┌──┴────┐ ┌┴──────┐ ┌┴──────┐
   │期限短   │ │流动性强 │ │易于转换为│ │价值变动 │
   │        │ │       │ │已知金额的│ │风险很小 │
   │        │ │       │ │现金    │ │       │
   └────────┘ └───────┘ └───────┘ └───────┘
```

第五章　解读所有者权益变动表

本章导读

　　所有者权益是企业资产扣除负债后由所有者享有的剩余权益，公司的所有者权益又称为股东权益，其来源包括所有者投入的资本、直接计入所有者权益的利得和损失以及留存收益等。对于不同的企业组织形式，会计上对所有者权益的名称也有所不同，如独资企业的所有者权益叫业主权益，合伙企业的所有者权益叫合伙人权益，有限责任公司的所有者权益叫所有者权益，股份有限公司的所有者权益叫股东权益。

　　企业的所有者和债权人都是企业资金的提供者，因而所有者权益和负债（债权人权益）二者都对企业资产具有要求权，但是二者之间又存在着明显的区别，主要体现在以下几点：

　　（1）权利不同。企业所有者按其出资额及其在被投资企业所有者权益中的份额有权行使企业的经营管理权，或者授权管理人员行使经营管理权，但债权人并没有经营管理权。企业所有者凭其对企业投入的资本享受分配税后利润的权利。所有者权益是企业分配税后净利润的主要依据，而债权人除按规定取得利息外，无权分配企业的盈利。

　　（2）性质不同。所有者权益是一种产权，是所有者对投入资本及其运用所产生的结果所享有的权利，包括所有权、占有权、处置权和收益权。而债权人只有请求偿还债务的权利。同时，所有者权益也是一种留剩权益，即所有者享有的只是企业清偿全部负债后剩余资产的要求权。从法律的角度来看，债权人对企业财产的要求权要优先于投资人，尤其在企业进行清算时更是如此。

　　（3）偿还期限不同。所有者权益在企业经营期内可供企业长期、持续地使用。对于投资者投入的资本，在企业生产经营期间企业不必向投资人返还资本金。而负债则须按期足额返还给债权人，是企业必须定期承担的经济负担。

　　（4）风险不同。企业的所有者对企业的债务和亏损负有无限的责任或有限的责任，而且投资者收益与企业的经营业绩息息相关，企业经营业绩好时，投资者可从企业盈利中获得丰厚的投资回报；企业经营失利或亏损时，投资者则要承担一定的投资损失。而债权人权益和企业的经营业绩没有关系，除企业破产清算以外，债权人有权按照事先约定的日期和利率收取本金和利息，且债权人与企业的其他债务不发生关系，一般也不承担企业的亏损。

（5）计量不同。负债的计量一般可以采用历史成本或现值等计量模式直接计量。而所有者权益的计量除了投资者投入资本时可直接计量外，在企业存续期内任何一个时点上都需要借助于相关资产、负债、收入和费用的计量来间接计量。而且所有者权益的数额不是固定不变的，其数额取决于企业的经营业绩；而负债的本金是固定不变的，利息是稳定的。

通过本章的学习，有助于读者了解所有者权益变动表各项目的含义。

第一节　认识所有者权益变动表

所有者权益变动表是反映构成所有者权益的各组成部分当期增减变动情况的财务报表。

一、所有者权益变动表的作用

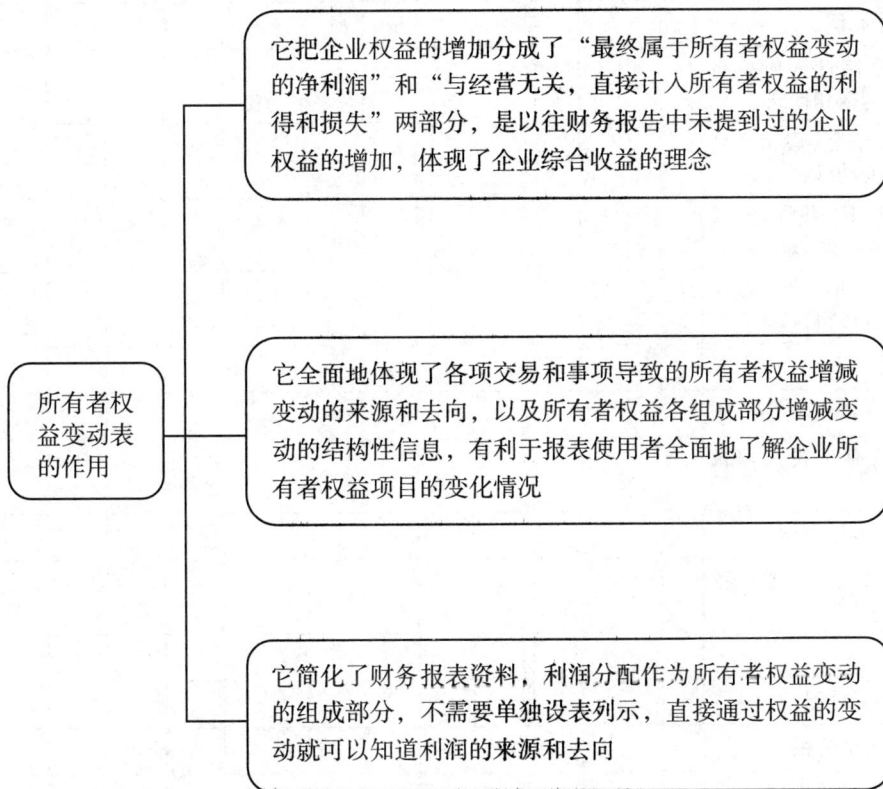

所有者权益变动表的作用 ——
- 它把企业权益的增加分成了"最终属于所有者权益变动的净利润"和"与经营无关，直接计入所有者权益的利得和损失"两部分，是以往财务报告中未提到过的企业权益的增加，体现了企业综合收益的理念
- 它全面地体现了各项交易和事项导致的所有者权益增减变动的来源和去向，以及所有者权益各组成部分增减变动的结构性信息，有利于报表使用者全面地了解企业所有者权益项目的变化情况
- 它简化了财务报表资料，利润分配作为所有者权益变动的组成部分，不需要单独设表列示，直接通过权益的变动就可以知道利润的来源和去向

二、所有者权益变动表格式

所有者权益变动表是由表头、表身和表尾三部分组成。表头应列示报表名称、编报单位、编制时间及计量单位；表身部分反映所有者权益具体情况；表尾为补充说明。所有者权益变动表的具体格式见表5-1。

表 5-1　所有者权益变动表

编制单位：　　　　　　　　　　　　　　　　　　年　　　　　　　　　　　　　　　　　　单位：元

项目	行次	本年金额						上年金额					
		实收资本（股本）	资本公积	减：库存股	盈余公积	未分配利润	所有者权益合计	实收资本（股本）	资本公积	减：库存股	盈余公积	未分配利润	所有者权益合计
一、上年年末余额													
加：会计政策变更													
前期差错更正													
二、本年年初金额													
三、本年增减变动金额（减以"−"号填列）													
（一）净利润													
（二）直接计入所有者权益的利得和损失													
1. 可供出售金融资产公允价值变动净额													
2. 权益法下被投资单位其他所有者权益变动的影响													
3. 与计入所有者权益项目相关的所得税影响													
4. 其他													
上述（一）和（二）小计													
（三）所有者投入和减少资本													
1. 所有者投入资本													
2. 股份支付计入所有者权益的金额													
3. 其他													
（四）利润分配													
1. 提取盈余公积													
2. 对所有者的分配													
3. 其他													
（五）所有者权益内部结转													
1. 资本公积转资本（或股本）													
2. 盈余公积转增资本（或股本）													

续表

项目	本年金额							上年金额					
	行次	实收资本（股本）	资本公积	减：库存股	盈余公积	未分配利润	所有者权益合计	实收资本（股本）	资本公积	减：库存股	盈余公积	未分配利润	所有者权益合计
3.盈余公积弥补亏损													
4.其他													
四、本年年末余额													

三、单独列报项目

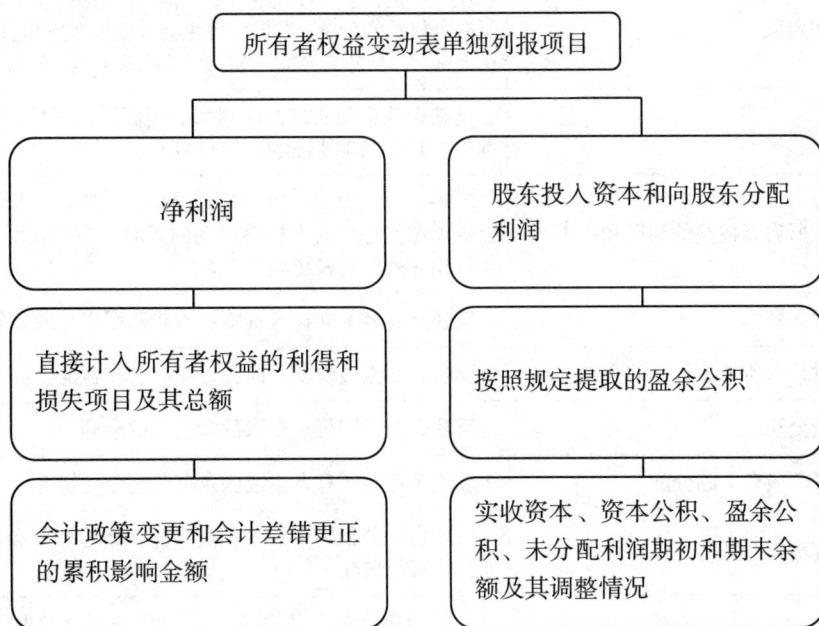

所有者权益变动表单独列报项目

净利润

股东投入资本和向股东分配利润

直接计入所有者权益的利得和损失项目及其总额

按照规定提取的盈余公积

会计政策变更和会计差错更正的累积影响金额

实收资本、资本公积、盈余公积、未分配利润期初和期末余额及其调整情况

第二节　所有者权益变动表各项目的含义

所有者权益变动表各项目的含义见表5-2。

表 5-2　所有者权益变动表各项目的含义

项目	含义
上年年末余额	反映企业所有者权益各项目的上年年末余额。该项目的金额应当与上年所有者权益变动表的"本年年末余额"栏数字相等
会计政策变更和前期差错更正	反映企业根据《企业会计准则第 28 号——会计政策、会计估计变更和差错更正》，因进行会计政策变更和前期差错更正而产生的影响所有者权益的金额，包括对盈余公积和未分配利润项目金额的影响。这两个项目应分别根据企业会计政策的变更情况和企业前期差错进行分析填列。其中，会计政策变更项目反映企业采用追溯调整法处理的会计政策变动的累积影响金额；前期差错更正项目反映企业采用追溯重述法处理的会计差错更正的累积影响金额
本年年初余额	反映在进行了会计政策变更和前期差错更正后的上年年末所有者权益的余额。若没有发生会计政策变更和前期差错更正，则"本年年初余额"和"上年年末余额"栏数字相等
净利润	反映企业本年实现的净利润的金额。该项目直接来源于本年度利润表本年净利润项目数
直接计入所有者权益的利得和损失	反映可供出售金融资产公允价值变动净额、权益法下被投资单位其他所有者权益变动的影响、与计入所有者权益项目相关的所得税影响等
所有者投入资本	反映所有者本期投入资本、本年购回库存股金额
股份支付计入所有者权益的金额	反映企业因股份支付而计入所有者权益的金额
提取盈余公积	反映企业按照规定提取盈余公积的金额
对所有者（股东）的分配	反映企业对所有者（或股东）股利分配情况
所有者权益内部结转	反映资本公积转增资本、盈余公积转增资本和盈余公积弥补亏损等情况
本年年末余额	是在所有者权益本年年初余额的基础上，加上（或减去）本年增减变动金额计算得出的。该项目的金额应与所有者权益各项目的本年年末余额相等

第三节　所有者权益变动表数字解读

所有者权益变动表以矩阵形式列示：纵向显示所有者权益变动的来源（或原因）和变动结果的汇总；横向显示所有者权益变动的来源（或原因）对所有者各构成成分的影响。

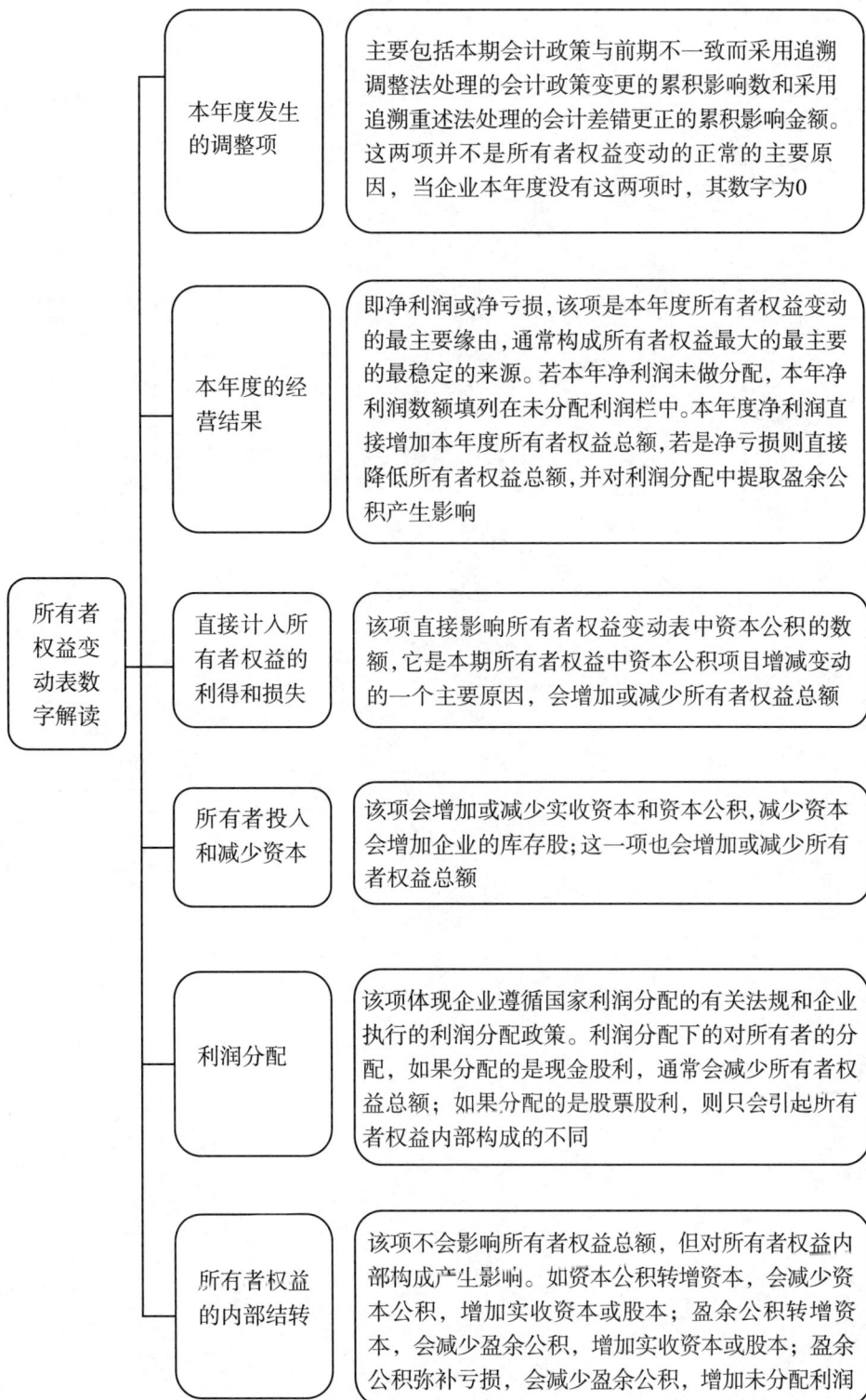

本年度发生的调整项：主要包括本期会计政策与前期不一致而采用追溯调整法处理的会计政策变更的累积影响数和采用追溯重述法处理的会计差错更正的累积影响金额。这两项并不是所有者权益变动的正常的主要原因，当企业本年度没有这两项时，其数字为0

本年度的经营结果：即净利润或净亏损,该项是本年度所有者权益变动的最主要缘由,通常构成所有者权益最大的最主要的最稳定的来源。若本年净利润未做分配,本年净利润数额填列在未分配利润栏中。本年度净利润直接增加本年度所有者权益总额,若是净亏损则直接降低所有者权益总额,并对利润分配中提取盈余公积产生影响

直接计入所有者权益的利得和损失：该项直接影响所有者权益变动表中资本公积的数额,它是本期所有者权益中资本公积项目增减变动的一个主要原因,会增加或减少所有者权益总额

所有者投入和减少资本：该项会增加或减少实收资本和资本公积,减少资本会增加企业的库存股;这一项也会增加或减少所有者权益总额

利润分配：该项体现企业遵循国家利润分配的有关法规和企业执行的利润分配政策。利润分配下的对所有者的分配,如果分配的是现金股利,通常会减少所有者权益总额;如果分配的是股票股利,则只会引起所有者权益内部构成的不同

所有者权益的内部结转：该项不会影响所有者权益总额,但对所有者权益内部构成产生影响。如资本公积转增资本,会减少资本公积,增加实收资本或股本;盈余公积转增资本,会减少盈余公积,增加实收资本或股本;盈余公积弥补亏损,会减少盈余公积,增加未分配利润

所有者权益变动表数字解读

第六章 解读财务报表附表与附注

本章导读

依据《企业会计准则——基本准则》关于"财务报告的构成"的解释，财务报告包括财务报表和其他应当在财务报告中披露的相关信息和资料，其中，财务报表由报表本身及其附注两部分构成，附注是财务报表的有机组成部分。这就确认了财务报表附注在企业财务信息披露方面的"主人翁"地位，财务报表附注也成了企业向报表使用者提供信息的重要载体之一。所以，读懂财务报表附注与读懂基本财务报表一样重要。

财务报表附注（以下简称附注）是对在会计报表中列示项目所作的进一步说明，以及对未能在这些报表中列示项目的说明等。附注由若干附表和对有关项目的文字性说明组成。企业编制附注的目的是通过对财务报表本身作补充说明，更加全面、系统地反映企业财务状况、经营成果和现金流量的全貌，从而有助于向使用者提供更为有用的决策信息，帮助其做出更加科学合理的决策。

第一节 认识财务报表附表

一、附表的主要类型

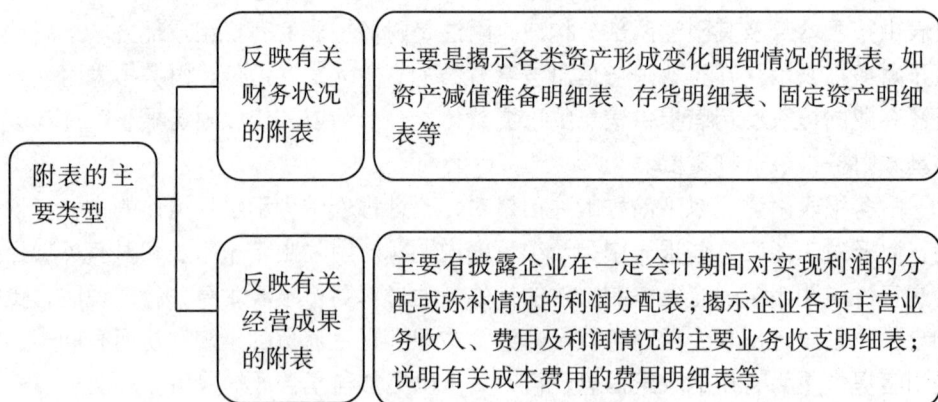

```
                    ┌─────────┐   ┌──────────────────────────────┐
                    │ 反映有关 │   │ 主要是揭示各类资产形成变化明细情况的报表,如 │
                    │ 财务状况 │   │ 资产减值准备明细表、存货明细表、固定资产明细 │
                    │ 的附表  │   │ 表等                          │
                    └─────────┘   └──────────────────────────────┘
    ┌─────────┐
    │ 附表的主 │
    │ 要类型  │
    └─────────┘
                    ┌─────────┐   ┌──────────────────────────────┐
                    │ 反映有关 │   │ 主要有披露企业在一定会计期间对实现利润的分 │
                    │ 经营成果 │   │ 配或弥补情况的利润分配表;揭示企业各项主营业 │
                    │ 的附表  │   │ 务收入、费用及利润情况的主要业务收支明细表; │
                    └─────────┘   │ 说明有关成本费用的费用明细表等            │
                                  └──────────────────────────────┘
```

二、资产减值准备明细表

　　资产减值准备明细表是反映企业各项资产减值增减变动情况的附表。因为在资产负债表中,资产减值准备是作为相关资产的抵减金额参与计算填列的,所以单从资产负债表中是不能反映出资产减值情况的。借助资产减值准备明细表可以观察企业资产的质量及其防范风险的能力。资产减值准备明细表的基本格式见表6-1。

表6-1　资产减值准备明细表

编制单位:　　　　　　　　　　　　　年度　　　　　　　　　　　　　单位:元

项目	年初余额	本年增加数	本年转回数	年末余额
一、坏账准备合计				
其中:应收账款				
其他应收款				
二、短期投资跌价准备合计				
其中:股票投资				
债券投资				

续表

项目	年初余额	本年增加数	本年转回数	年末余额
三、存货跌价准备合计				
其中：库存商品				
原材料				
四、长期投资减值准备合计				
其中：长期股权投资				
长期债权投资				
五、固定资产减值准备合计				
其中：房屋、建筑物				
机器设备				
六、无形资产减值准备合计				
其中：专利权				
商标权				
七、在建工程减值准备合计				
八、委托贷款减值准备合计				

三、分部报告

《企业会计准则第 35 号——分部报告》规定纳入业务分部报告或地区分部报告的分部最多为 10 个，若超过应当将相关分部予以合并反映。这 10 个纳入分部报告范围的分部确认条件为：

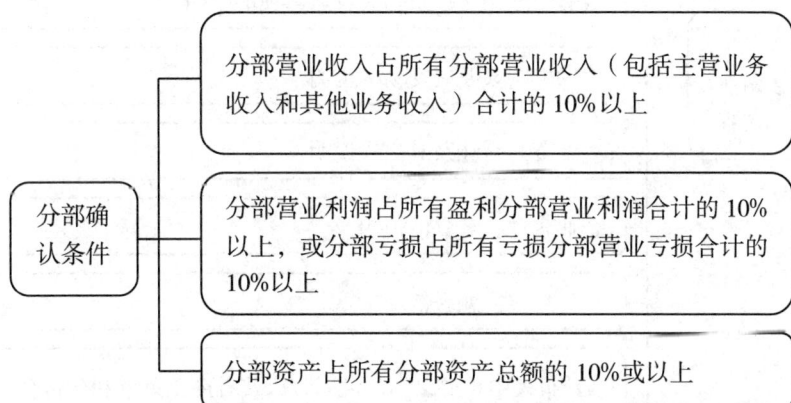

分部确认条件
- 分部营业收入占所有分部营业收入（包括主营业务收入和其他业务收入）合计的 10% 以上
- 分部营业利润占所有盈利分部营业利润合计的 10% 以上，或分部亏损占所有亏损分部营业亏损合计的 10% 以上
- 分部资产占所有分部资产总额的 10% 或以上

但是，若某一分部的对外营业收入总额占企业全部营业收入总额的 90% 或以上，则不需要编制分部报告。

第二节　认识财务报表附注

　　财务报表附注是为了便于财务报表使用者理解财务报表的内容而对财务报表的编制基础、编制依据、编制原则和方法及主要项目等所作的解释。

　　财务报表与附注之间的关系：财务报表是根，附注处于从属地位。若没有财务报表，附注就失去了依靠，其功能也就无法发挥；没有附注恰当地延伸、说明，财务报表的功能也很难有效地实现。

一、财务报表附注的内容

　　一般来讲，财务报表附注至少应包括以下内容：

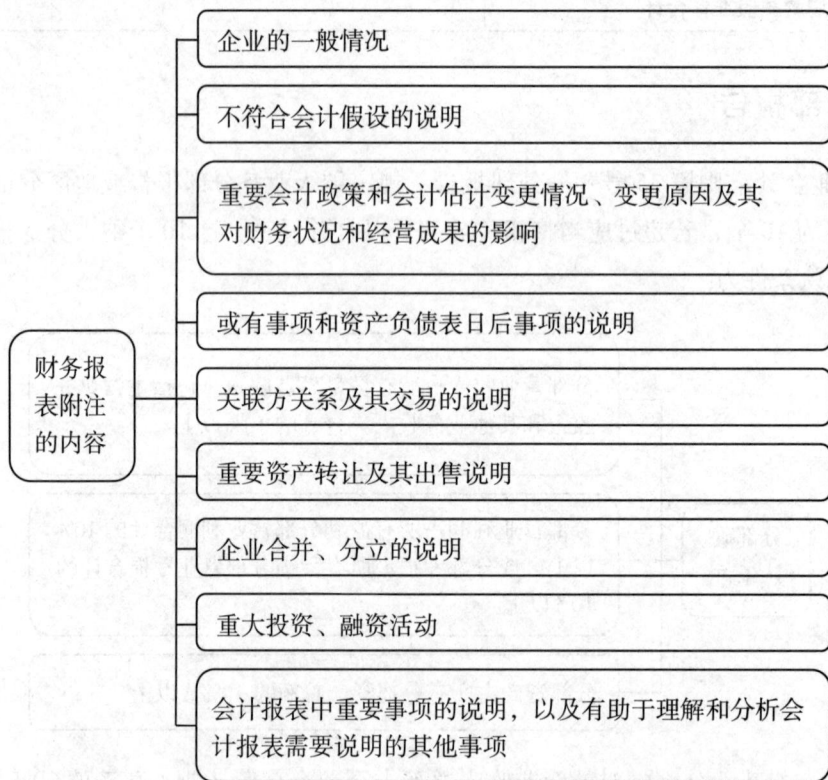

财务报表附注的内容
- 企业的一般情况
- 不符合会计假设的说明
- 重要会计政策和会计估计变更情况、变更原因及其对财务状况和经营成果的影响
- 或有事项和资产负债表日后事项的说明
- 关联方关系及其交易的说明
- 重要资产转让及其出售说明
- 企业合并、分立的说明
- 重大投资、融资活动
- 会计报表中重要事项的说明，以及有助于理解和分析会计报表需要说明的其他事项

二、财务报表附注的编制形式

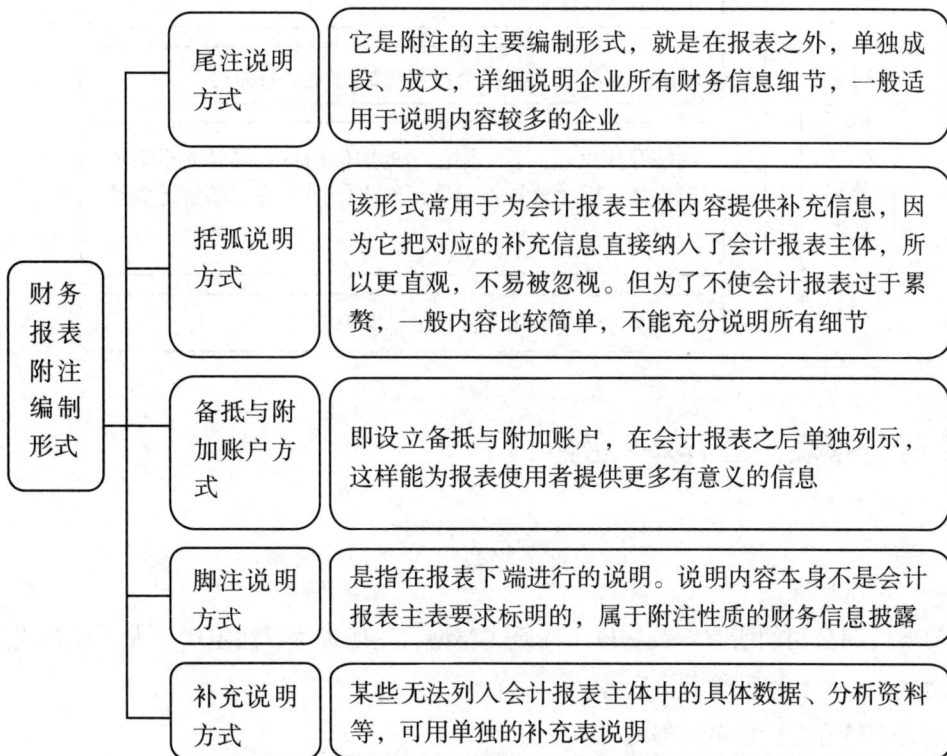

财务报表附注编制形式
- 尾注说明方式：它是附注的主要编制形式，就是在报表之外，单独成段、成文，详细说明企业所有财务信息细节，一般适用于说明内容较多的企业
- 括弧说明方式：该形式常用于为会计报表主体内容提供补充信息，因为它把对应的补充信息直接纳入了会计报表主体，所以更直观，不易被忽视。但为了不使会计报表过于累赘，一般内容比较简单，不能充分说明所有细节
- 备抵与附加账户方式：即设立备抵与附加账户，在会计报表之后单独列示，这样能为报表使用者提供更多有意义的信息
- 脚注说明方式：是指在报表下端进行的说明。说明内容本身不是会计报表主表要求标明的，属于附注性质的财务信息披露
- 补充说明方式：某些无法列入会计报表主体中的具体数据、分析资料等，可用单独的补充表说明

三、财务报表附注的优点及局限性

（一）财务报表附注的优点

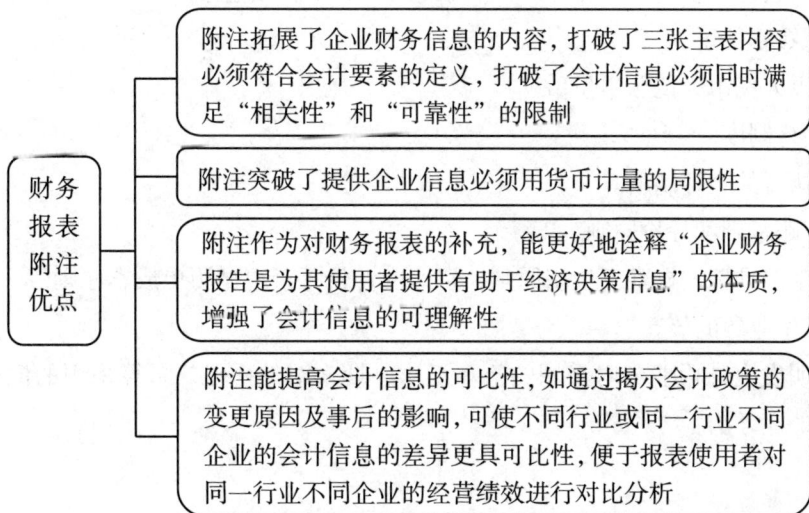

财务报表附注优点
- 附注拓展了企业财务信息的内容，打破了三张主表内容必须符合会计要素的定义，打破了会计信息必须同时满足"相关性"和"可靠性"的限制
- 附注突破了提供企业信息必须用货币计量的局限性
- 附注作为对财务报表的补充，能更好地诠释"企业财务报告是为其使用者提供有助于经济决策信息"的本质，增强了会计信息的可理解性
- 附注能提高会计信息的可比性，如通过揭示会计政策的变更原因及事后的影响，可使不同行业或同一行业不同企业的会计信息的差异更具可比性，便于报表使用者对同一行业不同企业的经营绩效进行对比分析

（二）财务报表附注的局限性

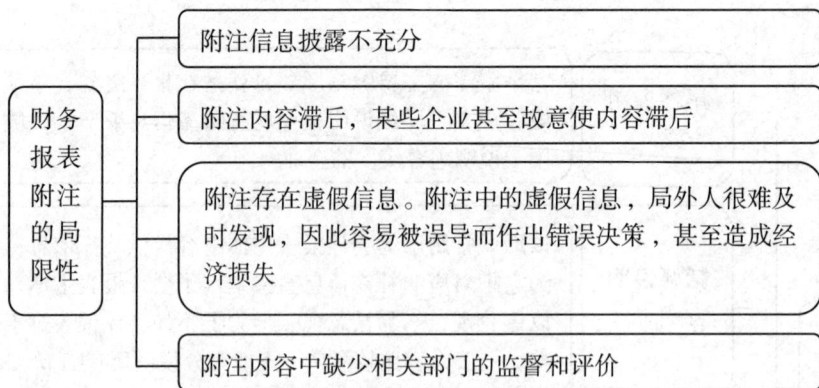

```
                    ┌─────────────────────────────────────────┐
                    │ 附注信息披露不充分                        │
                    └─────────────────────────────────────────┘
    ┌──────┐        ┌─────────────────────────────────────────┐
    │ 财务 │        │ 附注内容滞后，某些企业甚至故意使内容滞后 │
    │ 报表 │        └─────────────────────────────────────────┘
    │ 附注 │        ┌─────────────────────────────────────────┐
    │ 的局 │        │ 附注存在虚假信息。附注中的虚假信息，局外人很难及 │
    │ 限性 │        │ 时发现，因此容易被误导而作出错误决策，甚至造成经 │
    │      │        │ 济损失                                   │
    └──────┘        └─────────────────────────────────────────┘
                    ┌─────────────────────────────────────────┐
                    │ 附注内容中缺少相关部门的监督和评价       │
                    └─────────────────────────────────────────┘
```

四、财务报表附注样本示例

×××× 公司
财务报表附注

一、基本情况

简要说明公司的所有者及构成，性质或类型、注册资本、法定代表人、经营范围、注册地址，生产、经营管理概况等。

二、不符合会计核算前提的说明

会计核算前提包括会计主体、持续经营、分期核算和货币计量，若会计报表不符合这些前提中的任何一项，都应该加以说明。

三、主要会计政策和会计估计的说明

1.会计期间

公司的会计年度为公历每年 1 月 1 日起至 12 月 31 日止。

2.记账本位币

公司以人民币为记账本位币。

3.会计制度

公司执行的会计制度。

4.记账基础和计价原则

记账基础是否按权责发生制原则，资产的计价是否遵循历史成本原则。

5.外币业务的核算

应说明发生外币业务时采用的折算汇率，期末对外币账户折算采用的汇率以及汇兑差额的处理方法。

6. 合并会计报表编制方法

合并会计报表的企业说明合并日期、合并范围及其确定原则，子公司与母公司会计政策不一致的，说明在编制时是否已按母公司会计政策进行了调整，并说明子公司所采用的特殊会计政策；对纳入合并会计报表范围的母公司持股不足 50% 的子公司，说明纳入合并会计报表范围的原因；股权比例在 50% 以上或具有实际控制权但未纳入合并会计报表范围的子公司的名称、性质或类型、注册资本、实际投资额、母公司所持有的各种股权比例，未纳入合并会计报表的原因。

本年度合并会计报表范围如发生变更，应说明变更的内容和理由。

7. 坏账核算方法

应说明坏账的确认标准以及坏账准备的计提方法和计提比例，并重点说明本年度实际冲销的应收款项及其理由，其中，实际冲销的关联交易产生的应收款项应单独披露。

8. 存货核算方法

说明存货分类、取得、发出、计价以及低值易耗品和包装物的摊销方法。

9. 投资核算方法

说明投资的核算和计价方法；长期投资采用权益法核算时，还应说明投资企业与被投资企业会计政策的重大差异；投资变现及投资收益汇回的重大限制；股权投资差额的摊销方法、债券投资溢价和折价的摊销方法。

10. 固定资产计价与折旧政策（表 6-2）

表 6-2　固定资产计价与折旧政策

类别	预计使用年限	预计净残值率	年折旧率	折旧方法
房屋及建筑物				
机器设备				
运输设备				
办公设备				
其他				

11. 无形资产计价及摊销方法

说明无形资产的种类、计价方法以及摊销方法。

12. 递延资产的摊销方法

说明递延资产的分类及摊销方法。

13. 应付债券的核算方法

说明应付债券的计价及债券溢价或折价的摊销方法。

14. 税项（表 6-3）

表6-3 税项

序号	税种	税率	计税依据

享受税收优惠政策的应该说明依据。

15．利润分配方法

说明本年度利润分配方法，包括提取法定盈余公积、法定公积金、任意盈余公积、分配股利等。

16．收入确认方法

说明本年度实现收入的分类及确认收入的方法。

四、重要会计政策和会计估计变更的说明，以及重大会计差错更正的说明

（1）会计政策变更的内容和理由、累积影响数以及累积影响数不能合理确定的理由。

（2）会计估计变更的内容和理由、影响数以及影响数不能合理确定的理由。

（3）重大会计差错的内容及更正金额。

五、会计报表主要项目注释

1．货币资金（表6-4）

表6-4 货币资金

项目	期初余额	期末余额
库存现金		
银行存款		
其他货币资金		
合计		

2．短期投资（表6-5）

表6-5 短期投资

项目	期初余额	本期增加额	本期减少额	期末余额
1.股权投资				
其中：股票投资				
2.债券投资				
其中：国债投资				
其他债券				
3.其他投资				
合计				

3．应收票据（表6-6）

表6-6 应收票据

出票人	票据种类	出票日	到期日	期末余额
合计				

4．应收账款

（1）期末余额及账龄分析（表6-7）：

表 6-7 期末余额及账龄分析

账龄项目	期初余额			期末余额		
	金额	比例（%）	坏账准备	金额	比例（%）	坏账准备
1年以内						
1～2年						
2～3年						
3年以上						
合计						

（2）主要债务人（表6-8）：

表 6-8 主要债务人

单位名称	期末余额	备注
合计		

5．其他应收款

（1）期末余额及账龄分析（表6-9）：

表 6-9 期末余额及账龄分析

账龄项目	期初余额			期末余额		
	金额	比例（%）	坏账准备	金额	比例（%）	坏账准备
1年以内						
1～2年						
2～3年						
3年以上						
合计						

（2）主要债务人（表 6-10）：

表 6-10　主要债务人

单位名称	期末余额	备注
合计		

6. 预付账款

（1）期末余额及账龄分析（表 6-11）：

表 6-11　期末余额及账龄分析

账龄项目	期初余额			期末余额		
	金额	比例（%）	坏账准备	金额	比例（%）	坏账准备
1 年以内						
1 ~ 2 年						
2 ~ 3 年						
3 年以上						
合计						

（2）主要债务人（表 6-12）：

表 6-12　主要债务人

单位名称	期末余额	备注
合计		

7. 存货（表 6-13）

表 6-13　存货

项目	期初余额	期末余额	超过 3 年的存货
原材料			
库存商品			
低值易耗品			
包装物			
合计			

8. 待摊费用（表 6-14）

表 6-14　待摊费用

费用项目	期初余额	本期增加额	本期摊销额	期末余额
合计				

9. 待处理流动资产净损失（表 6-15）

表 6-15　待处理流动资产净损失

类别	期初余额	本期增加额	本期减少额	期末余额	期末余额形成原因
（1）存货					
（2）其他项目					
合计					

10. 长期投资（表 6-16）

表 6-16　长期投资

项目	期初余额	本期增加额	本期减少额	期末余额
1.长期股权投资				
其中：对子公司投资				
对合营企业投资				
对联营企业投资				
2.长期债权投资				
其中：国债投资				
3.其他长期投资				
合计				

（1）长期股权投资（表 6-17）：

表 6-17　长期股权投资

被投资单位名称	股份类别	股票数量	占被投资单位股权的比例	初始投资成本

（2）长期债权投资（表6-18）：

表6-18　长期债权投资

债券种类	面值	年利率	初始投资成本	到期日	本期利息	累计应收或已收利息

（3）其他长期投资（表6-19）：

表6-19　其他长期投资

被投资单位名称	投资账面价值	占被投资单位股权的比例	核算方法	投资收益			
				应收收益金额	实收收益金额	未收收益及原因	
						未收金额	未收原因

11. 固定资产及累计折旧（表6-20）

表6-20　固定资产及累计折旧

固定资产原值	期初余额	本期增加额	本期减少额	期末余额
1.房屋及建筑物				
2.机器设备				
3.运输设备				
4.办公设备				
5.其他设备				
合计				
累计折旧				
1.房屋及建筑物				
2.机器设备				
3.运输设备				
4.办公设备				
5.其他设备				
合计				
固定资产净值				

12. 在建工程（表6-21）

表6-21　在建工程

项目名称	资金来源	工程进度	期初余额	本期增加	本期减少	期末余额	备注
合计							

13．固定资产清理（表6-22）

表6-22　固定资产清理

项目	期初余额	本期增加额	本期减少额	期末余额	备注
合计					

14．待处理固定资产净损失（表6-23）

表6-23　待处理固定资产净损失

类别	期初余额	本期增加额	本期减少额	期末余额	期末余额形成原因
合计					

15．无形资产（表6-24）

表6-24　无形资产

种类	实际成本	期初余额	本期增加额	本期转出数	本期摊销数	期末余额
合计						

16．递延资产（长期待摊费用）（表6-25）

表6-25　递延资产

种类	期初余额	本期增加	本期摊销	期末余额
合计				

17．短期借款（表6-26）

表6-26　短期借款

项目	期初余额	期末余额	借款期限	年利率	有无合同	备注
合计						

18. 应付账款

（1）期末余额及账龄分析（表6-27）：

表6-27 期末余额及账龄分析

账龄项目	期末余额	所占比例（%）
3年以内		
3年（含）以上		
合计		

（2）主要债权人（表6-28）：

表6-28 主要债权人

单位名称	期末余额	备注
合计		

19. 预收账款

（1）期末余额及账龄分析（表6-29）：

表6-29 期末余额及账龄分析

账龄项目	期末余额	所占比例（%）
3年以内		
3年（含）以上		
合计		

（2）主要债权人（表6-30）：

表6-30 主要债权人

单位名称	期末余额	备注
合计		

20. 应付工资及应付福利费（表6-31）

表6-31 应付工资及应付福利费

项目	期初余额	本期增加额	本期减少额	期末余额
应付工资				
应付福利费				

21．应付利润（股利）（表6-32）

表6-32 应付利润（股利）

项目	期初余额	本期增加额	本期减少额	期末余额
合计				

22．未交税金（表6-33）

表6-33 未交税金

项目	上期欠缴	本期应缴	本期已缴	期末欠缴	备注
合计					

23．其他应交款（表6-34）

表6-34 其他应交款

项目	期初余额	本期增加额	本期减少额	期末余额
教育费附加				
合计				

24．其他应付款

（1）期末余额及账龄分析（表6-35）：

表6-35 期末余额及账龄分析

账龄项目	期末余额	所占比例（%）
3年以内		
3年（含）以上		
合计		

（2）主要债权人（表6-36）：

表6-36 主要债权人

单位名称	期末余额	借款内容
合计		

25．预提费用（表6-37）

表6-37　预提费用

费用项目	期初余额	本期增加额	本期减少额	期末余额
合计				

26．长期借款（表6-38）

表6-38　长期借款

项目	期初余额	期末余额	借款年限	年利率	有无合同	借款方式
合计						

27．长期应付款（表6-39）

表6-39　长期应付款

项目	期初余额	期末余额	借款年限	年利率	有无合同	借款方式
合计						

28．专项应付款（表6-40）

表6-40　专项应付款

项目	期初余额	期末余额	借款年限	年利率	有无合同	借款方式
合计						

29．实收资本

实收资本中，国家资本、国有法人资本（应列投资名单及投资金额、所占比例）年初、年末数及增加、减少的逐项原因与数额。

30．资本公积

资本公积年初、年末数中，国有资本公积计算比例及数额，增加、减少的逐项原因与数额，其中国家独享部分的内容及数额。

31．盈余公积

盈余公积年初、年末数中，国有盈余公积的数额，增加、减少的逐项原因与数额。

32．未分配利润

未分配利润年初、年末数中，国有未分配利润的数额，增加、减少的逐项原因与数额。

33．合并报表中涉及"未确认投资损失"与"外币报表折算差额"的主要内容等情况。

34．主营业务收入

按主要收入类别列示本年实现的收入。收入比上年变化较大的应说明原因。

35．主营业务成本

按主要项目类别列示本年发生的成本。成本比上年变化较大的应说明原因。

36．主营业务税金及附加（表6-41）

表6-41　主营业务税金及附加

种类	本年发生额	备注
1.营业税		
2.城建税		
3.教育费附加		
合计		

37．其他业务利润（表6-42）

表6-42　其他业务利润

其他业务种类	收入	支出	利润	备注
合计				

38．投资收益（表6-43）

表6-43　投资收益

项目	股票投资		其他股权投资		债券投资
	成本法	权益法	成本法	权益法	
1.短期投资					
2.长期投资					
合计					

39. 营业费用

按营业费用的主要项目列示各项目本年的发生额。

40. 管理费用

按管理费用的主要项目列示各项目本年的发生额。

41. 财务费用

按财务费用的主要项目列示各项目本年的发生额。

42. 补贴收入

按补贴收入类别列示各项目本年的发生额。

43. 营业外收入

按营业外收入的主要项目列示各项目本年的发生额。

44. 营业外支出

按营业外支出的主要项目列示各项目本年的发生额。

45. 所得税

分别列示并说明会计利润与应纳税所得额之间的差额及原因、计算依据和方法。执行优惠税率的，应说明依据。

六、其他主要事项说明

（一）企业从事证券买卖、房地产开发等高风险业务占用资金和效益情况

1. 证券买卖

（1）国债、企业债券：

①期末库存债券按表6-44列示，对债券发行企业效益状况不好的应说明。

表6-44　期末库存债券　　　　　　　　　　　　　单位：万元

单位名称或期限	购买日期	到期日	面值	年利率	购买成本	应计利息	期末金额	本期收益
一、国债								
1.___年期								
2.___年期								
3.其他								
小计								
二、企业债券								
1.								
2.								
3.其他								
小计								
合计								

②对本期兑付的债券应按单位列示购买日期、购买成本、兑付金额、本期收益。格式见表6-45。

表6-45 本期兑付的债券 单位：万元

单位名称或期限	购买日期	购买成本	兑付金额	本期收益
一、国债				
1.___年期				
2.___年期				
3.其他				
小计				
二、企业债券				
1.				
2.				
3.其他				
小计				
合计				

（2）股票买卖（表6-46）

表6-46 股票买卖

股票名称	购买日期	购买成本	期末市价	转让价格	本期收益
一、期末股票					
1.					
2.					
3.					
小计					
二、本期转让的股票					
1.					
2.					
3.					
小计					
合计					

2．房地产开发（表6-47）

表6-47　房地产开发

项目名称	投资期限	预计投入资金	预计价格	期末市价	已投入资金	本期实现收益
合计						

（二）资产抵押情况（表6-48）

表6-48　资产抵押情况

抵押资产的类别	抵押资产的价值	用途
一、固定资产		
1. 房屋及建筑物		
2. 机械设备		
3. 运输设备		
4. 其他设备		
小计		
二、其他资产		
1.		
2.		
小计		
合计		

（三）或有事项的说明

（1）已贴现商业承兑汇票形成的或有负债。

（2）未决诉讼、仲裁形成的或有负债。

（3）为其他单位提供债务担保形成的或有负债。

（4）其他或有负债，不包括极小可能导致经济利益流出企业的或有负债。

（5）或有负债预计产生的财务影响，如无法预计应说明理由。

（6）或有负债获得补偿的可能性。

（四）资产负债表日后事项的说明

资产负债表日至审计报告日期间发生的对一个企业的巨额投资、自然灾害导致的资产损失以及外汇汇率发生较大变动等非调整事项的内容，估计对财务状况、经营成果的影响；如无法做出估计，应说明原因。

（五）关联方关系及其交易的说明

1. 存在控制关系的关联方

（1）存在控制关系的关联方（表6-49）：

表6-49　存在控制关系的关联方

关联方名称	注册地址	主营业务	与本企业关系	经济性质或类型	法定代表人

（2）存在控制关系的关联方的注册资本及其变化（表6-50）：

表6-50　存在控制关系的关联方的注册资本及其变化

关联方名称	年初数	本年增加	本年减少	年末数

（3）存在控制关系的关联方所持股份或权益及其变化（表6-51）：

表6-51　存在控制关系的关联方所持股份或权益及其变化

关联方名称	年初数		本年增加		本年减少		年末数	
	金额	%	金额	%	金额	%	金额	%

2. 不存在控制关系的关联方（表6-52）

表6-52　不存在控制关系的关联方

关联方名称	与本企业的联系

3. 关联方交易

（1）采购（表6-53）：

表6-53　采购

关联方名称	本年数		
	金额	占年度购货%	计价标准

关联方名称	本年数		
	金额	占年度购货%	计价标准
合计			

如果关联方交易价格的确定高于或低于一般交易价格，应说明其价格的公允性。

（2）销售（表6-54）：

表6-54 销售

关联方名称	本年数		
	金额	占年度售货%	计价标准
合计			

如果关联方交易价格的确定高于或低于一般交易价格，应说明其价格的公允性。

（3）应收账款关联方余额占全部应收账款余额的比重（表6-55）：

表6-55 应收账款关联方余额占全部应收账款余额的比重

关联方名称	年末数	
	金额	占年末%
合计		

（4）预付账款关联方余额占全部预付账款余额的比重（表6-56）：

表6-56 预付账款关联方余额占全部预付账款余额的比重

关联方名称	年末数	
	金额	占年末%
合计		

（5）应付账款关联方余额占全部应付账款余额的比重（表6-57）：

表6-57 应付账款关联方余额占全部应付账款余额的比重

关联方名称	年末数	
	金额	占年末 %
合计		

（6）预收账款关联方余额占全部预收账款余额的比重（表6-58）：

表6-58 预收账款关联方余额占全部预收账款余额的比重

关联方名称	年末数	
	金额	占年末 %
合计		

（7）其他应收款关联方余额占全部其他应收款余额的比重（表6-59）：

表6-59 其他应收款关联方余额占全部其他应收款余额的比重

关联方名称	年末数	
	金额	占年末 %
合计		

（8）其他应付款关联方余额占全部其他应付款余额的比重（表6-60）：

表6-60 其他应付款关联方余额占全部其他应付款余额的比重

关联方名称	年末数	
	金额	占年末 %
合计		

（9）其他应披露事项。如果存在为关联方提供抵押、担保事项，应说明贷款金额、期限、条件。如果存在向关联方出售或购买、租赁固定资产、出售或购买、使用无形资产等其他交易事项，需披露交易金额、计价标准。

（六）重要资产转让及其出售的说明

（七）企业合并、分立的说明

（八）公有住房出售、职工住房补贴以及住房周转金年初转销处理的调账情况

根据各单位具体情况，如有其他需要披露的重要事项，按内容、性质、涉及金额等进行披露。

第七章　财务报表分析的基础知识

本章导读

　　财务报表分析是信息分析在会计信息领域的应用，是通过搜集并系统地分析财务报表数据及其他相关资料，为使用者（包括分析者）提供原先不具备的信息的过程。即它是以企业的财务报表为主要研究对象，应用一定的方法、手段或工具进行加工，以得到有关企业的经营效益、风险状态、发展前景等方面的信息，并将获得的信息传递给使用者的过程。

　　财务报表分析起源于 19 世纪中叶，主要与两个因素有关：一是资本市场的形成与发展，二是股份有限公司出现的企业的所有权与经营权分离。主要的学派有三个：实用比率学派、财务失败预测学派、资本市场学派。

　　财务报表分析的起点是企业的财务报表，分析的对象是企业的财务报表数据（它是按照一定的会计规则和惯例组织起来的会计数据）。影响财务报表数据的因素主要有：会计技术、会计准则、管理当局会计政策选择以及会计信息监管。在对财务报表数据直接利用之前，应对报表数据的质量进行适当的评估，进而进行相应的调整。评估时应该侧重考虑以下几点内容：①评估会计政策选择的自由度对财务报表数据质量的影响；②评估具体会计政策对财务报表数据质量的影响；③根据披露质量来评估财务报表数据的质量；④根据财务报表数据本身评估财务报表数据的质量。

　　总的来说，财务报表分析是搜寻投资及兼并对象的审查工具，是对未来财务状况和结果的预测工具，也是评价筹资、投资和经营活动的判断工具，是管理和其他企业决策的评价工具。财务报表分析减少了我们对预感、猜测和直觉的依赖，因此减少我们决策的不确定性。虽然它并没有减轻对专家判断的需要，但仍为企业作决策建立了一个有效和系统的基础。

第一节 财务报表分析的定义和内容

一、财务报表分析的定义

　　财务报表分析是以财务报表数据为依据，运用一定的分析方法和技术，对企业的经营和财务状况进行分析，评价企业以往的经营业绩，衡量企业现在的财务状况，预测企业未来的趋势。

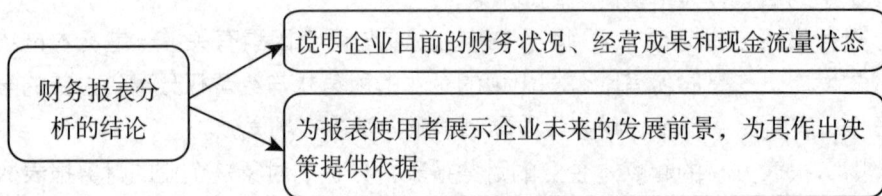

```
                        ┌─────────────────────────────────────────────┐
                        │ 说明企业目前的财务状况、经营成果和现金流量状态      │
  ┌──────────┐          └─────────────────────────────────────────────┘
  │ 财务报表分 │ ──────
  │ 析的结论   │          ┌─────────────────────────────────────────────┐
  └──────────┘ ──────→   │ 为报表使用者展示企业未来的发展前景，为其作出决    │
                        │ 策提供依据                                    │
                        └─────────────────────────────────────────────┘
```

二、财务报表分析的作用

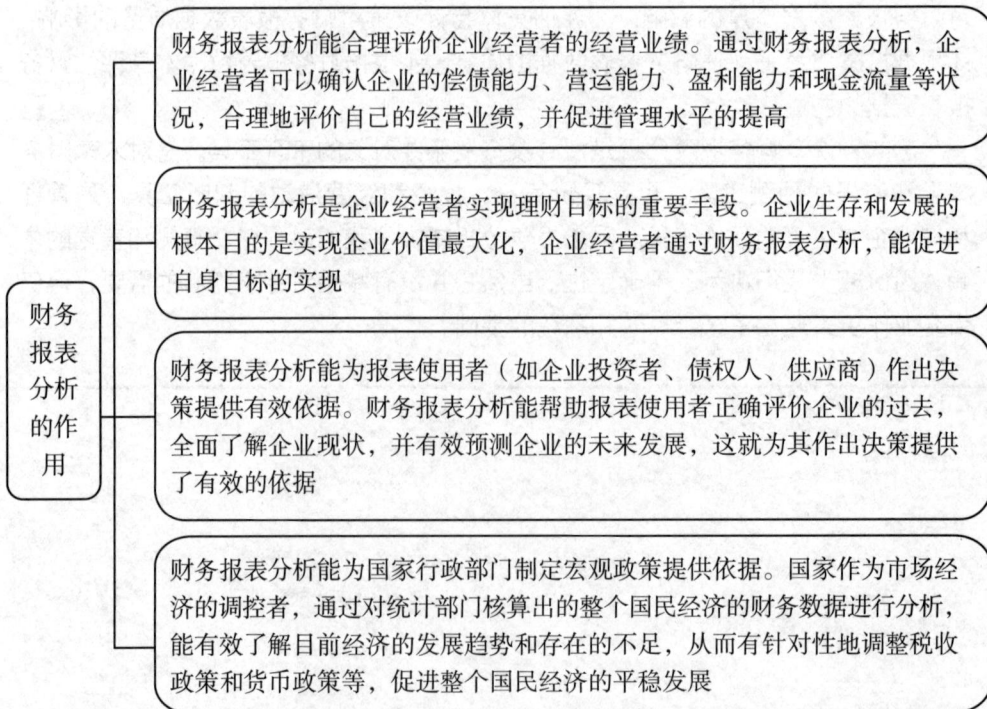

```
        ┌──────────────────────────────────────────────────────────────┐
        │ 财务报表分析能合理评价企业经营者的经营业绩。通过财务报表分析，企      │
        │ 业经营者可以确认企业的偿债能力、营运能力、盈利能力和现金流量等状      │
        │ 况，合理地评价自己的经营业绩，并促进管理水平的提高                  │
        └──────────────────────────────────────────────────────────────┘

        ┌──────────────────────────────────────────────────────────────┐
        │ 财务报表分析是企业经营者实现理财目标的重要手段。企业生存和发展的      │
 ┌───┐  │ 根本目的是实现企业价值最大化，企业经营者通过财务报表分析，能促进      │
 │财 │  │ 自身目标的实现                                                  │
 │务 │  └──────────────────────────────────────────────────────────────┘
 │报 │
 │表 │  ┌──────────────────────────────────────────────────────────────┐
 │分 │  │ 财务报表分析能为报表使用者（如企业投资者、债权人、供应商）作出决      │
 │析 │  │ 策提供有效依据。财务报表分析能帮助报表使用者正确评价企业的过去，      │
 │的 │  │ 全面了解企业现状，并有效预测企业的未来发展，这就为其作出决策提供      │
 │作 │  │ 了有效的依据                                                    │
 │用 │  └──────────────────────────────────────────────────────────────┘
 └───┘
        ┌──────────────────────────────────────────────────────────────┐
        │ 财务报表分析能为国家行政部门制定宏观政策提供依据。国家作为市场经      │
        │ 济的调控者，通过对统计部门核算出的整个国民经济的财务数据进行分析，    │
        │ 能有效了解目前经济的发展趋势和存在的不足，从而有针对性地调整税收      │
        │ 政策和货币政策等，促进整个国民经济的平稳发展                        │
        └──────────────────────────────────────────────────────────────┘
```

三、财务报表分析的内容

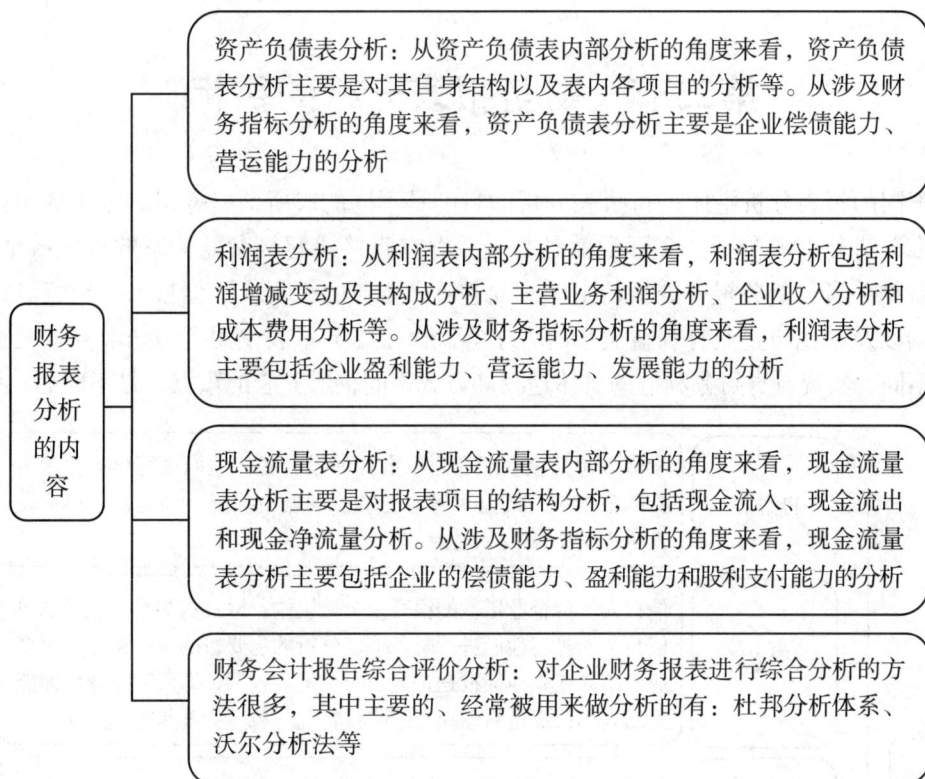

财务报表分析的内容

资产负债表分析：从资产负债表内部分析的角度来看，资产负债表分析主要是对其自身结构以及表内各项目的分析等。从涉及财务指标分析的角度来看，资产负债表分析主要是企业偿债能力、营运能力的分析

利润表分析：从利润表内部分析的角度来看，利润表分析包括利润增减变动及其构成分析、主营业务利润分析、企业收入分析和成本费用分析等。从涉及财务指标分析的角度来看，利润表分析主要包括企业盈利能力、营运能力、发展能力的分析

现金流量表分析：从现金流量表内部分析的角度来看，现金流量表分析主要是对报表项目的结构分析，包括现金流入、现金流出和现金净流量分析。从涉及财务指标分析的角度来看，现金流量表分析主要包括企业的偿债能力、盈利能力和股利支付能力的分析

财务会计报告综合评价分析：对企业财务报表进行综合分析的方法很多，其中主要的、经常被用来做分析的有：杜邦分析体系、沃尔分析法等

四、财务报表分析的标准

财务报表分析的根本就是通过一定关联项目的比较，来确认分析和关注的企业的财务状况。这种比较可以是同一企业过去与现在的比较，也可以是同一行业不同企业的比较，与不同的参照标准比较，得出的标准将完全不同。

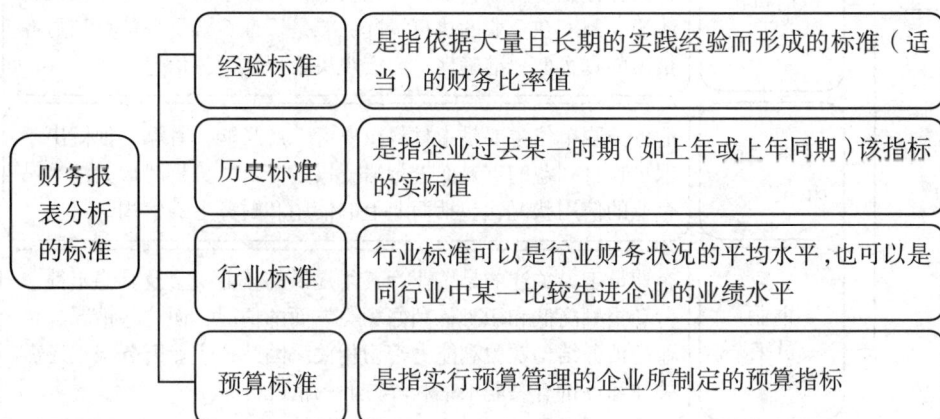

财务报表分析的标准

经验标准：是指依据大量且长期的实践经验而形成的标准（适当）的财务比率值

历史标准：是指企业过去某一时期（如上年或上年同期）该指标的实际值

行业标准：行业标准可以是行业财务状况的平均水平，也可以是同行业中某一比较先进企业的业绩水平

预算标准：是指实行预算管理的企业所制定的预算指标

第二节　财务报表分析的目标

　　不同的报表分析主体进行报表分析的目的是不同的。所谓财务报表分析的主体是指"谁"进行财务分析，实际上就是与企业存在直接或间接利益关系的组织或个人，即利益相关者。财务报表分析的主体主要包括：企业的投资人、债权人、经营者、政府机构以及其他与企业有利益关系的人士等。由于财务报表使用者与企业利益关系的程度不同，实现自身财务利益的具体途径和方式不同，所关心的重点也是不同的。

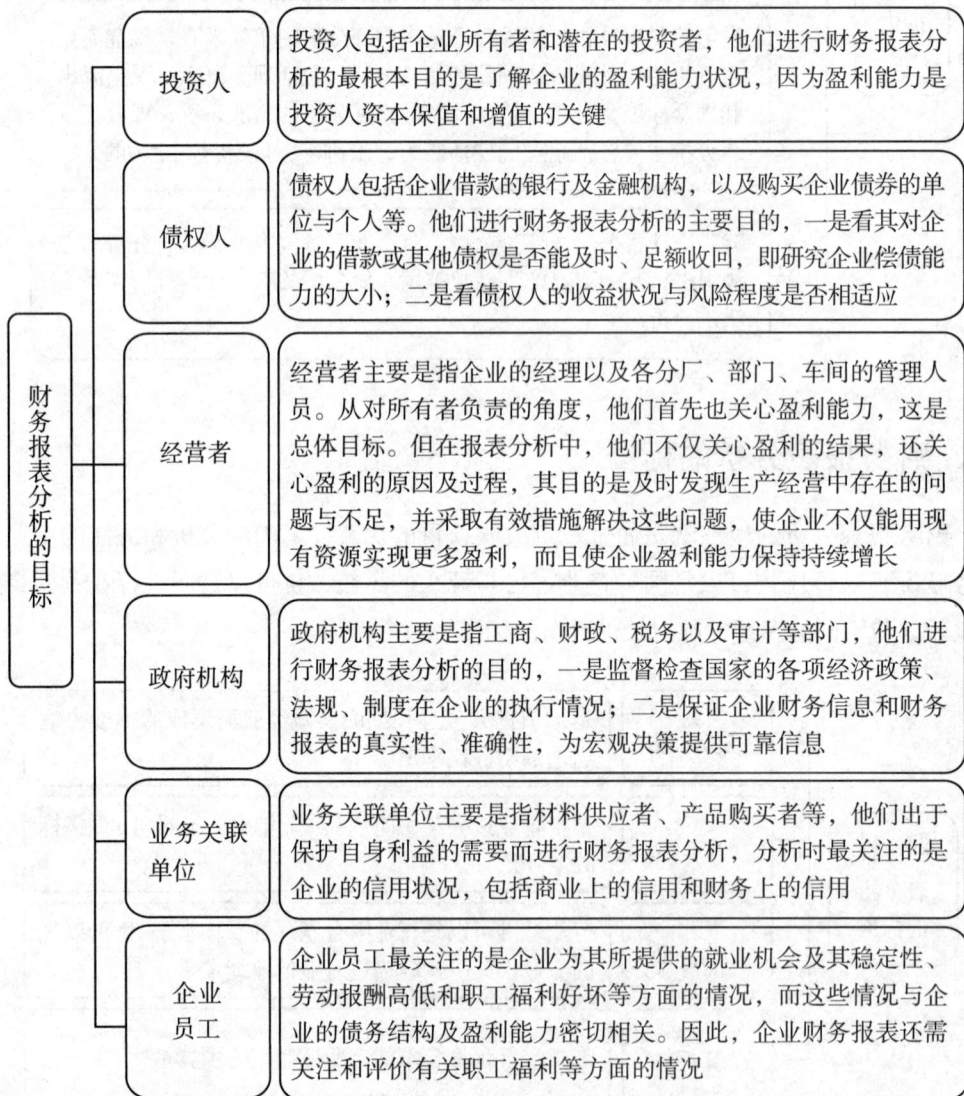

财务报表分析的目标	投资人	投资人包括企业所有者和潜在的投资者，他们进行财务报表分析的最根本目的是了解企业的盈利能力状况，因为盈利能力是投资人资本保值和增值的关键
	债权人	债权人包括企业借款的银行及金融机构，以及购买企业债券的单位与个人等。他们进行财务报表分析的主要目的，一是看其对企业的借款或其他债权是否能及时、足额收回，即研究企业偿债能力的大小；二是看债权人的收益状况与风险程度是否相适应
	经营者	经营者主要是指企业的经理以及各分厂、部门、车间的管理人员。从对所有者负责的角度，他们首先也关心盈利能力，这是总体目标。但在报表分析中，他们不仅关心盈利的结果，还关心盈利的原因及过程，其目的是及时发现生产经营中存在的问题与不足，并采取有效措施解决这些问题，使企业不仅能用现有资源实现更多盈利，而且使企业盈利能力保持持续增长
	政府机构	政府机构主要是指工商、财政、税务以及审计等部门，他们进行财务报表分析的目的，一是监督检查国家的各项经济政策、法规、制度在企业的执行情况；二是保证企业财务信息和财务报表的真实性、准确性，为宏观决策提供可靠信息
	业务关联单位	业务关联单位主要是指材料供应者、产品购买者等，他们出于保护自身利益的需要而进行财务报表分析，分析时最关注的是企业的信用状况，包括商业上的信用和财务上的信用
	企业员工	企业员工最关注的是企业为其所提供的就业机会及其稳定性、劳动报酬高低和职工福利好坏等方面的情况，而这些情况与企业的债务结构及盈利能力密切相关。因此，企业财务报表还需关注和评价有关职工福利等方面的情况

第三节　财务报表分析的原则和程序

一、财务报表分析的原则

财务报表分析应从实际出发，反对主观臆断、结论先行、搞数字游戏。

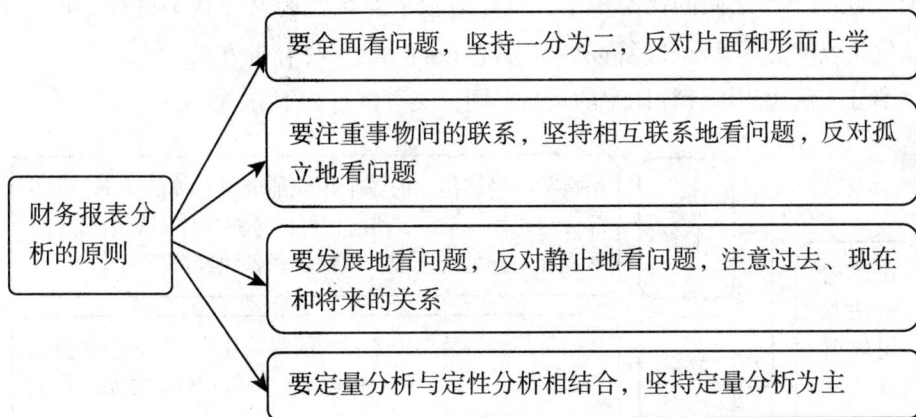

财务报表分析的原则
- 要全面看问题，坚持一分为二，反对片面和形而上学
- 要注重事物间的联系，坚持相互联系地看问题，反对孤立地看问题
- 要发展地看问题，反对静止地看问题，注意过去、现在和将来的关系
- 要定量分析与定性分析相结合，坚持定量分析为主

二、财务报表分析的步骤

企业开展财务报表分析时，应按一定的程序进行，否则会出现重复或遗漏。财务报表分析的步骤一般分为三步：

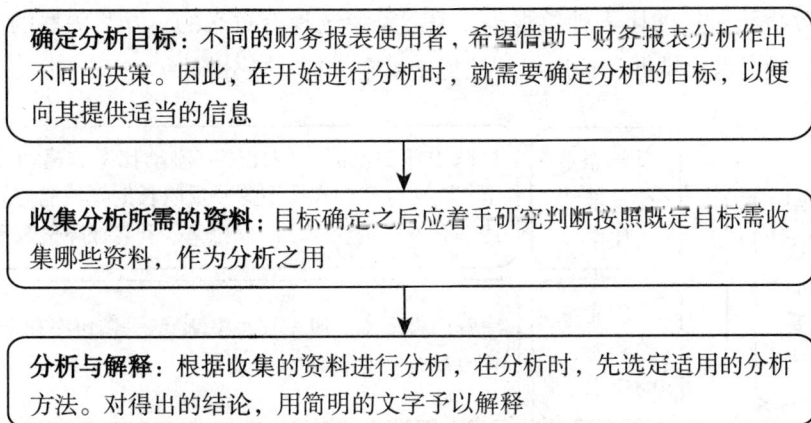

确定分析目标：不同的财务报表使用者，希望借助于财务报表分析作出不同的决策。因此，在开始进行分析时，就需要确定分析的目标，以便向其提供适当的信息

↓

收集分析所需的资料：目标确定之后应着于研究判断按照既定目标需收集哪些资料，作为分析之用

↓

分析与解释：根据收集的资料进行分析，在分析时，先选定适用的分析方法。对得出的结论，用简明的文字予以解释

第四节　财务报表的分析方法

一、比率分析法

比率分析法是指核算同一张财务报表的不同项目、不同类别之间，或两张不同报表中有关联的项目之间的比率关系，从相对数上对企业的财务状况进行分析和考察，借以评价企业的财务状况和经营成果是否存在问题的一种分析方法。

比率分析法按用以计算比率的项目不同，又可进行如下分类。

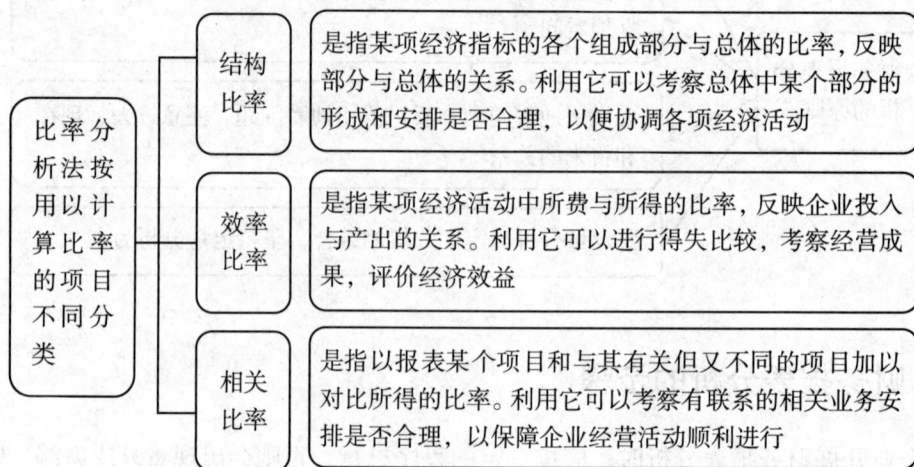

比率分析法按用以计算比率的项目不同分类	结构比率	是指某项经济指标的各个组成部分与总体的比率，反映部分与总体的关系。利用它可以考察总体中某个部分的形成和安排是否合理，以便协调各项经济活动
	效率比率	是指某项经济活动中所费与所得的比率，反映企业投入与产出的关系。利用它可以进行得失比较，考察经营成果，评价经济效益
	相关比率	是指以报表某个项目和与其有关但又不同的项目加以对比所得的比率。利用它可以考察有联系的相关业务安排是否合理，以保障企业经营活动顺利进行

（一）比率分析法的主要形式

比率分析法所用的比率种类很多，关键是要选择有意义的、互相关联的项目数据进行比较。投资者应掌握和运用以下几类比率来进行财务分析。

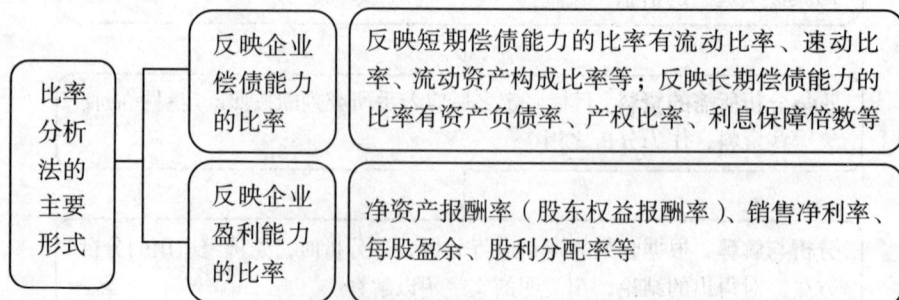

| 比率分析法的主要形式 | 反映企业偿债能力的比率 | 反映短期偿债能力的比率有流动比率、速动比率、流动资产构成比率等；反映长期偿债能力的比率有资产负债率、产权比率、利息保障倍数等 |
| | 反映企业盈利能力的比率 | 净资产报酬率（股东权益报酬率）、销售净利率、每股盈余、股利分配率等 |

比率分析法的主要形式	反映企业营运能力的比率	应收账款周转率、存款周转率、固定资产周转率、资本周转率、总资产周转率等
	反映企业发展能力的比率	主要是通过再投资率来反映公司的内部扩展能力；通过资产负债率、固定资产对长期负债比率来反映企业外部的扩展经营能力

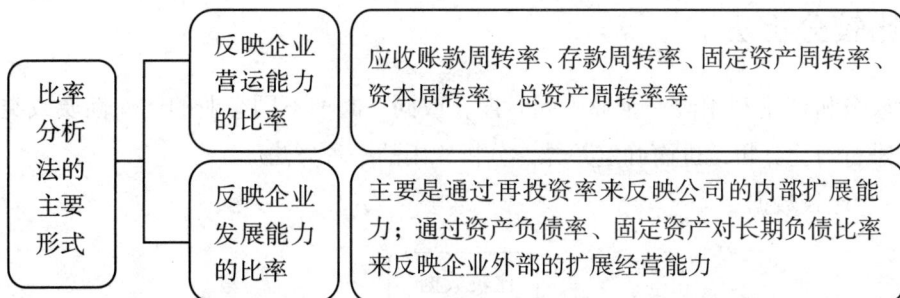

（二）比率分析法的局限性

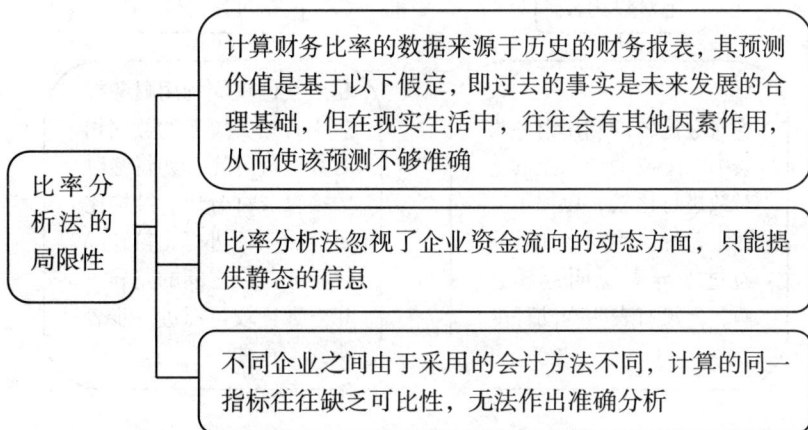

比率分析法的局限性	计算财务比率的数据来源于历史的财务报表，其预测价值是基于以下假定，即过去的事实是未来发展的合理基础，但在现实生活中，往往会有其他因素作用，从而使该预测不够准确
	比率分析法忽视了企业资金流向的动态方面，只能提供静态的信息
	不同企业之间由于采用的会计方法不同，计算的同一指标往往缺乏可比性，无法作出准确分析

（三）运用比率分析法应注意的问题

因为比率分析法具有一定的局限性，所以在使用时应注意几点问题。

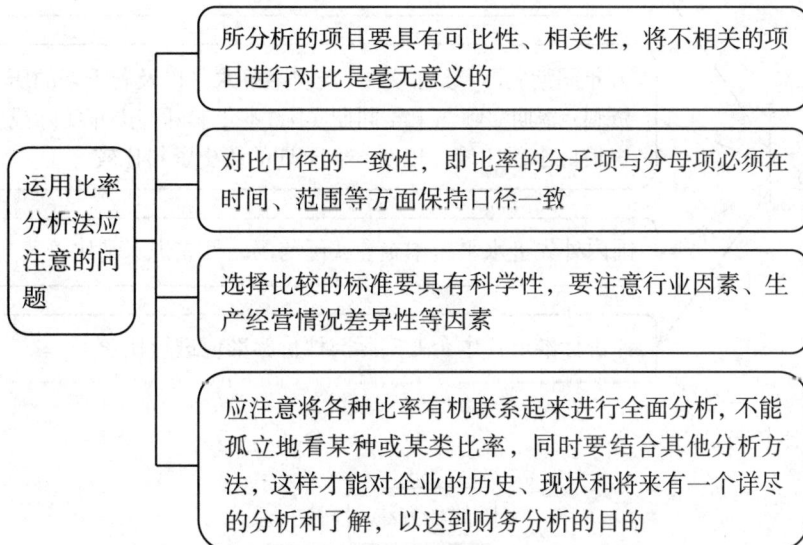

运用比率分析法应注意的问题	所分析的项目要具有可比性、相关性，将不相关的项目进行对比是毫无意义的
	对比口径的一致性，即比率的分子项与分母项必须在时间、范围等方面保持口径一致
	选择比较的标准要具有科学性，要注意行业因素、生产经营情况差异性等因素
	应注意将各种比率有机联系起来进行全面分析，不能孤立地看某种或某类比率，同时要结合其他分析方法，这样才能对企业的历史、现状和将来有一个详尽的分析和了解，以达到财务分析的目的

二、比较分析法

比较分析法是利用同一企业不同时期，或同一时期不同企业的同一性质或类别的指标，进行对比分析，进而确定差异，分析原因的一种方法。

（一）比较数据

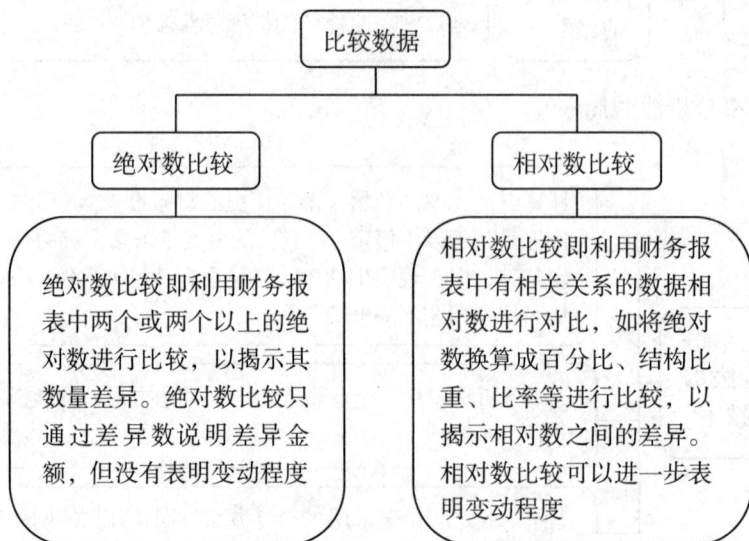

（二）比较标准

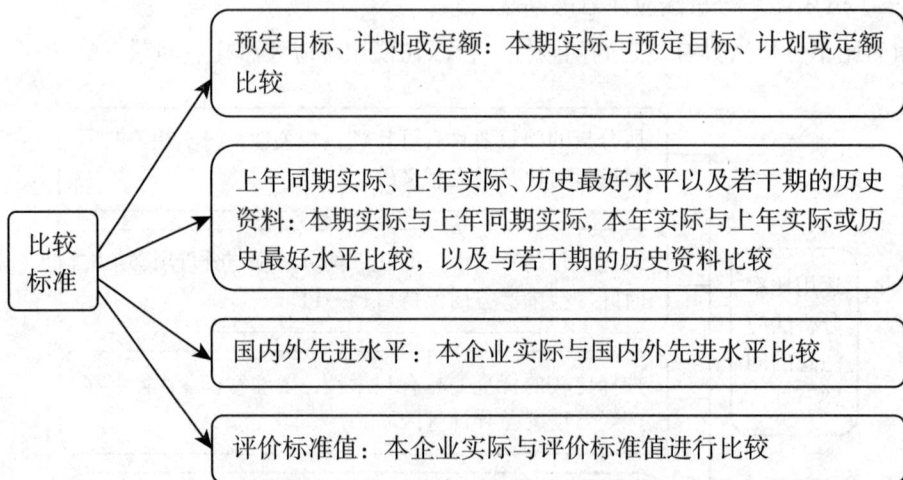

（三）比较方法

横向比较法和纵向比较法的具体内容如下。

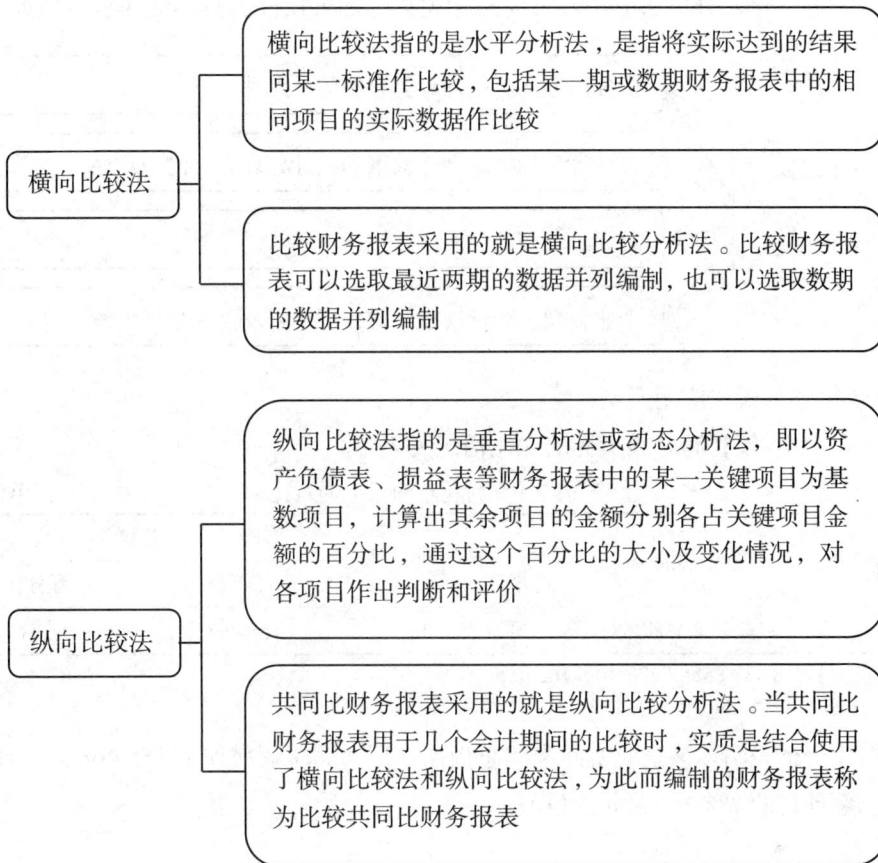

横向比较法 —

横向比较法指的是水平分析法，是指将实际达到的结果同某一标准作比较，包括某一期或数期财务报表中的相同项目的实际数据作比较

比较财务报表采用的就是横向比较分析法。比较财务报表可以选取最近两期的数据并列编制，也可以选取数期的数据并列编制

纵向比较法 —

纵向比较法指的是垂直分析法或动态分析法，即以资产负债表、损益表等财务报表中的某一关键项目为基数项目，计算出其余项目的金额分别各占关键项目金额的百分比，通过这个百分比的大小及变化情况，对各项目作出判断和评价

共同比财务报表采用的就是纵向比较分析法。当共同比财务报表用于几个会计期间的比较时，实质是结合使用了横向比较法和纵向比较法，为此而编制的财务报表称为比较共同比财务报表

（四）比较分析法的主要形式

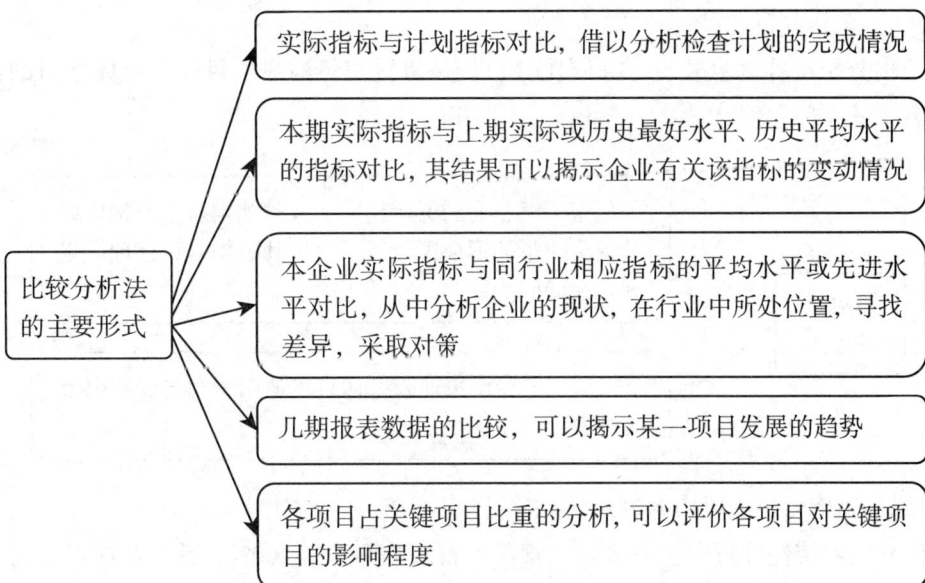

比较分析法的主要形式 —

实际指标与计划指标对比，借以分析检查计划的完成情况

本期实际指标与上期实际或历史最好水平、历史平均水平的指标对比，其结果可以揭示企业有关该指标的变动情况

本企业实际指标与同行业相应指标的平均水平或先进水平对比，从中分析企业的现状，在行业中所处位置，寻找差异，采取对策

几期报表数据的比较，可以揭示某一项目发展的趋势

各项目占关键项目比重的分析，可以评价各项目对关键项目的影响程度

（五）运用比较分析法应注意的问题

总体来说，比较分析法应用时需注意相关指标的可比性。具体的注意事项如下：

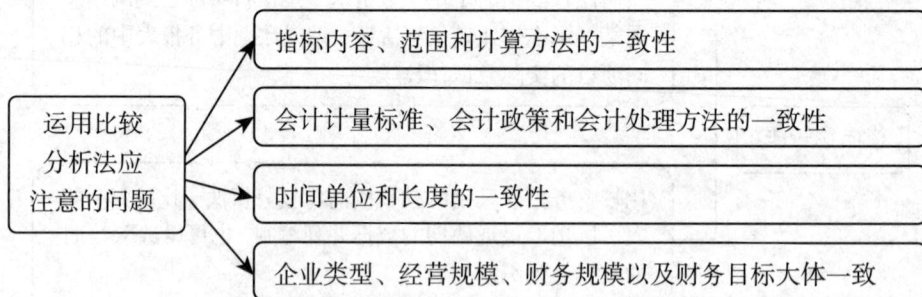

```
                    ┌──────────────────────────────────────────┐
                  ↗ │ 指标内容、范围和计算方法的一致性           │
┌──────────┐     /  └──────────────────────────────────────────┘
│ 运用比较 │    /   ┌──────────────────────────────────────────┐
│ 分析法应 │──┼───→│ 会计计量标准、会计政策和会计处理方法的一致性 │
│ 注意的问题│   \   └──────────────────────────────────────────┘
└──────────┘    \   ┌──────────────────────────────────────────┐
                  ↘ │ 时间单位和长度的一致性                     │
                  ↘ └──────────────────────────────────────────┘
                    ┌──────────────────────────────────────────┐
                    │ 企业类型、经营规模、财务规模以及财务目标大体一致 │
                    └──────────────────────────────────────────┘
```

（六）比较分析法应用案例

某企业 2014 年利润总额指标的对比情况见表 7-1。

表 7-1　利润总额指标的对比　　　　　　　　　　　单位：元

指标	实际数	计划数	差异	
			金额	百分比
利润总额	8 438 868	8 273 400	165 468	2%

注：差异额 =8 438 868-8 273 400=165 468。
　　差异百分比 =165 468÷8 273 400=2%。

该对比分析表明，该企业实际利润总额比计划利润总额增加了 165 468 元，超额完成利润总额计划的 2%，经营状况较好。

三、结构分析法

（一）结构分析法

结构分析也称垂直分析、共同比分析，是将报表各构成项目以占总体项目的百分比来表示的一种方法。

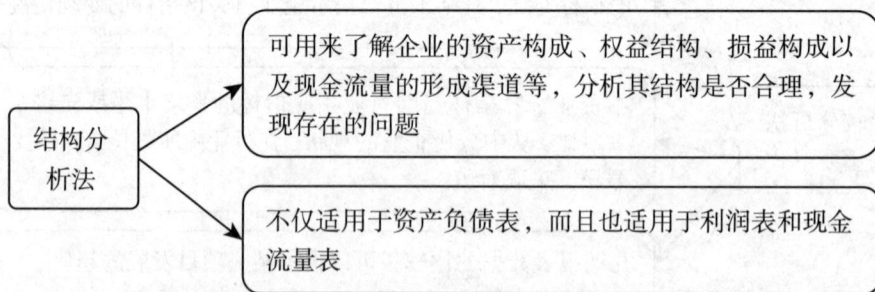

```
               ┌──────────────────────────────────────────┐
             ↗ │ 可用来了解企业的资产构成、权益结构、损益构成以 │
┌────────┐  /  │ 及现金流量的形成渠道等，分析其结构是否合理，发 │
│ 结构分 │ /   │ 现存在的问题                               │
│ 析法   │─┤   └──────────────────────────────────────────┘
└────────┘ \   ┌──────────────────────────────────────────┐
             ↘ │ 不仅适用于资产负债表，而且也适用于利润表和现金 │
               │ 流量表                                     │
               └──────────────────────────────────────────┘
```

（二）结构分析法应用案例

在利润表结构分析中，一般以主营业务收入总额作为 100%，其他各项目分别计算出占主营业务收入项目的百分比。以某钢铁企业的营业情况为例（表7-2），对其2014年营业收入进行结构分析。

表7-2　某钢铁企业的营业收入结构　　　　　　　　单位：百万元

产品	营业收入		营业成本		毛利率	
	2014 年	2013 年	2014 年	2013 年	2014 年	2013 年
冷轧产品	38 043	32 454	32 279	25 201	15.15%	22.35%
热轧产品	47 858	42 341	40 035	32 195	16.35%	23.96%
宽厚板	12 051	7 937	8 573	5 283	28.86%	33.44%
不锈钢产品	14 976	20 582	16 382	21 771	−9.39%	−5.78%
特殊钢	9 650	10 561	9 926	10 756	−2.86%	−1.85%
其他产品	19 781	14 481	17 438	11 449	11.85%	20.93%
合计	142 359	128 357	124 633	106 655	12.45%	16.91%

根据表7-2可知，该钢铁企业2014年的营业收入主要来源于热轧产品和冷轧产品，二者占总营业收入的60%，其次是其他产品占总营业收入的14%。但从产品的毛利率看，毛利率最大的产品是宽厚板，最后才是热轧产品。

四、趋势分析法

趋势分析法是将企业两期或连续数期的财务报告中相同指标进行对比，确定其增减变动金额、方向和幅度，用以说明企业财务状况或经营成果变动趋势的一种方法。

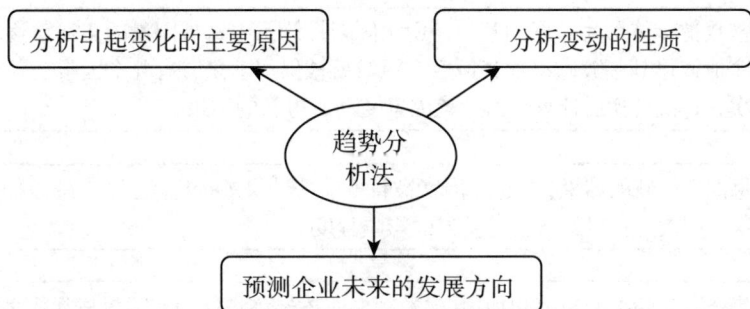

趋势分析法的具体运用主要有三种方式。

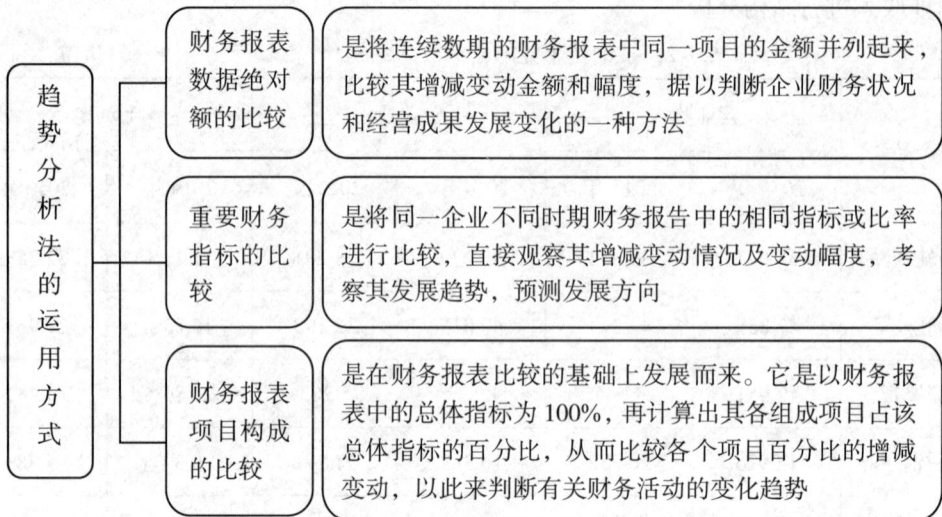

趋势分析法的运用方式	财务报表数据绝对额的比较	是将连续数期的财务报表中同一项目的金额并列起来，比较其增减变动金额和幅度，据以判断企业财务状况和经营成果发展变化的一种方法
	重要财务指标的比较	是将同一企业不同时期财务报告中的相同指标或比率进行比较，直接观察其增减变动情况及变动幅度，考察其发展趋势，预测发展方向
	财务报表项目构成的比较	是在财务报表比较的基础上发展而来。它是以财务报表中的总体指标为100%，再计算出其各组成项目占该总体指标的百分比，从而比较各个项目百分比的增减变动，以此来判断有关财务活动的变化趋势

五、因素分析法

因素分析法是依据分析指标与其影响因素之间的关系，按照一定的程序和要求，从数值上测定各因素对有关经济指标差异影响程度的各种具体方法的总称。通过因素分析法，可以衡量各项因素影响程度的大小，有利于分清原因和责任，使分析结果更有说服力，并可作为定措施、挖潜力的参考。因素分析法包括连环替代法和差额分析法两种主要形式。

（一）连环替代法

连环替代法是因素分析法的基本形式，它的名称是由其采用连环替代程序来测算各因素变动对经济指标影响数额的特点决定的。其计算程序有以下四步：

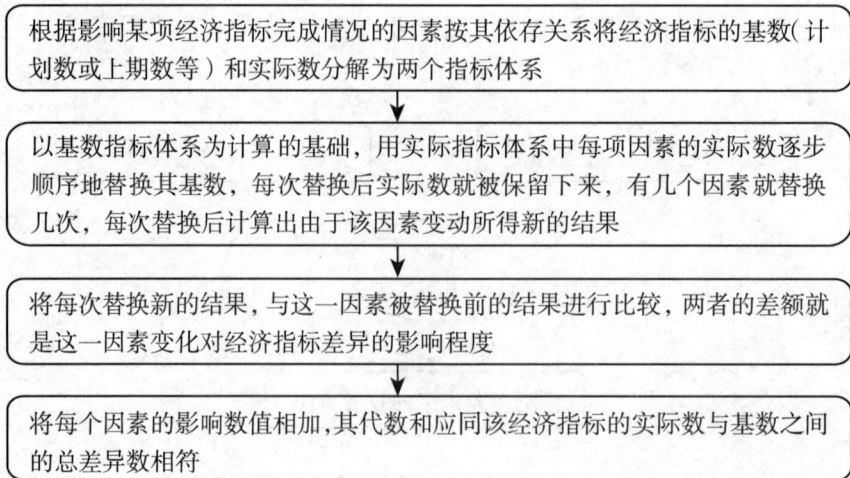

根据影响某项经济指标完成情况的因素按其依存关系将经济指标的基数（计划数或上期数等）和实际数分解为两个指标体系

以基数指标体系为计算的基础，用实际指标体系中每项因素的实际数逐步顺序地替换其基数，每次替换后实际数就被保留下来，有几个因素就替换几次，每次替换后计算出由于该因素变动所得新的结果

将每次替换新的结果，与这一因素被替换前的结果进行比较，两者的差额就是这一因素变化对经济指标差异的影响程度

将每个因素的影响数值相加，其代数和应同该经济指标的实际数与基数之间的总差异数相符

（二）差额分析法

差额分析法是连环替代法的一种简化形式，它是利用各个因素的实际数与基数之间的差额，直接计算各个因素对经济指标差异的影响数值。其计算程序有以下两步：

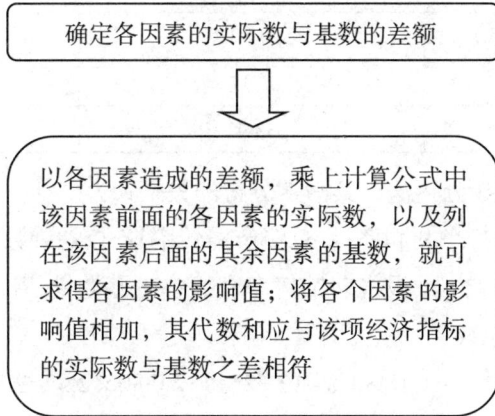

确定各因素的实际数与基数的差额

以各因素造成的差额，乘上计算公式中该因素前面的各因素的实际数，以及列在该因素后面的其余因素的基数，就可求得各因素的影响值；将各个因素的影响值相加，其代数和应与该项经济指标的实际数与基数之差相符

（三）运用因素分析法应注意的问题

因素分析法既可全面分析各因素对某一经济指标的影响，又可单独分析某个因素对某一经济指标的影响，在财务报表分析中应用十分广泛，但该方法在应用时必须注意几点问题。

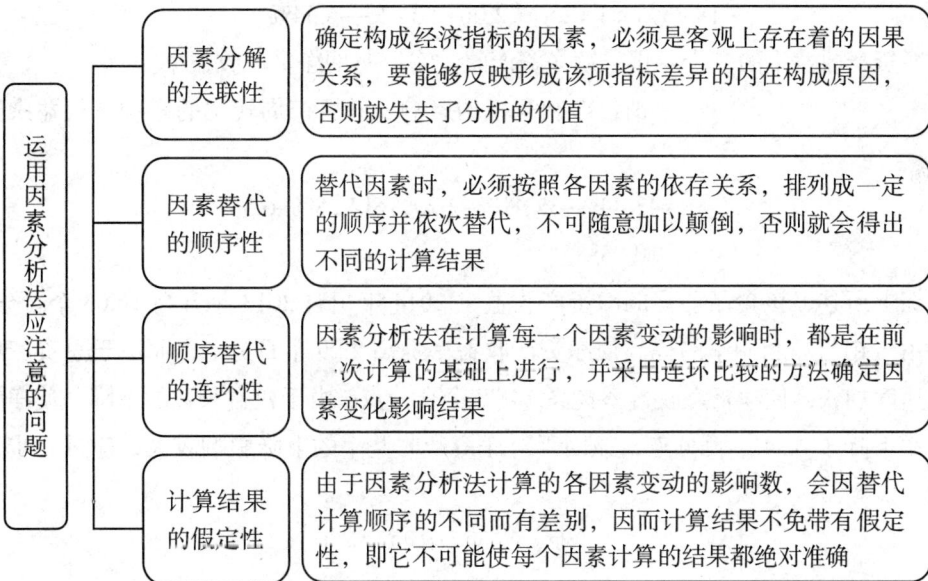

运用因素分析法应注意的问题		
	因素分解的关联性	确定构成经济指标的因素，必须是客观上存在着的因果关系，要能够反映形成该项指标差异的内在构成原因，否则就失去了分析的价值
	因素替代的顺序性	替代因素时，必须按照各因素的依存关系，排列成一定的顺序并依次替代，不可随意加以颠倒，否则就会得出不同的计算结果
	顺序替代的连环性	因素分析法在计算每一个因素变动的影响时，都是在前一次计算的基础上进行，并采用连环比较的方法确定因素变化影响结果
	计算结果的假定性	由于因素分析法计算的各因素变动的影响数，会因替代计算顺序的不同而有差别，因而计算结果不免带有假定性，即它不可能使每个因素计算的结果都绝对准确

（四）因素分析法应用案例

某食品公司 2013 年与 2014 年的财务数据见表 7-3，试分析该公司 2014 年的净资产利润率为什么会比 2013 年升高 10.03%，它的升高又是由哪些因素影响造成的。

表 7-3　食品公司财务报表

指标名称	2013 年	2014 年
销售净利润率（%）	17.62	18.83
总资产周转率（次 / 年）	0.80	1.12
权益乘数	2.37	2.06
净资产收益率（%）	33.41	43.44

采用因素分析的差额分析法，其因素分析的关系式为：

净资产利润率 = 销售净利润率 × 总资产周转率 × 权益乘数

销售净利润率的影响 =（报告期销售净利润率 − 基期销售净利润率）× 基期总资产周转率 × 基期权益乘数

$$=（18.83\% −17.62\%）×0.80×2.37=2.29\%$$

总资产周转率的影响 = 报告期销售净利润率 ×（报告期总资产周转率 − 基期总资产周转率）× 基期权益乘数

$$=18.83\% ×（1.12−0.80）×2.37=14.28\%$$

权益乘数的影响 = 报告期销售净利润率 × 报告期总资产周转率 ×（报告期权益乘数 − 基期权益乘数）

$$=18.83\% ×1.12 ×（2.06−2.37）=−6.54\%$$

净资产收益率的变化 = 报告期净资产收益率 − 基期净资产收益率

= 销售净利润率的影响 + 总资产周转率的影响 + 权益乘数的影响

$$=43.44\%−33.41\%=2.29\%+14.28\%−6.54\%$$

$$=10.03\%$$

综上所述，该食品公司的净资产收益率 2014 年相对 2013 年升高 10.03 个百分点，其中由于销售净利润率的提高使净资产收益率提高 2.29 个百分点；而由于总资产周转率的速度加快，使净资产收益率提高 14.28 个百分点；由于权益乘数的下降，使净资产收益率下降了 6.54 个百分点，该因素对净资产收益率的下降影响较大，应进一步分析原因。

第五节　财务报表分析的注意事项

财务报表分析背后隐藏着企业的玄机，不同的分析人员在解析同一份报表时可能得到相去甚远的结论。可以说只有理解公司财务报表的精髓，才能还原这些数字背后真正的故事，但在财务报表分析中往往存在几大误区。

财务报表分析的误区	重视利润，忽视资产和负债
	重视经营活动现金净流量，忽视投资活动现金净流量
	重视合并财务报表，忽视母公司个别财务报表
	重视年报，忽视季报
	重视报表数据，忽视数据的质量分析
	重视财务信息，忽视非财务信息
	重视财务报表，忽视报表附注
	重视报表数据分析，忽视业务实质判断
	重视经营性损益分析，忽视非经营性损益分析

一、应了解财务报表自身具有局限性

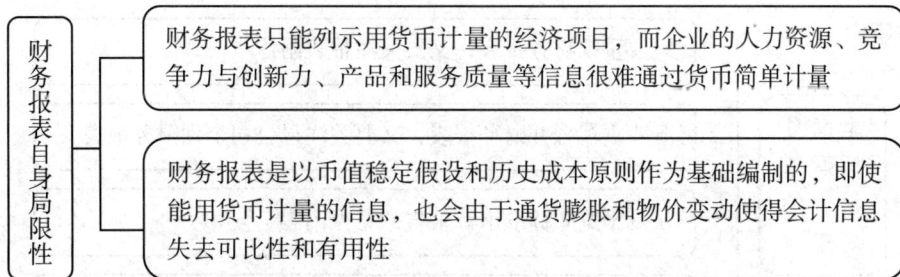

财务报表自身局限性	财务报表只能列示用货币计量的经济项目，而企业的人力资源、竞争力与创新力、产品和服务质量等信息很难通过货币简单计量
	财务报表是以币值稳定假设和历史成本原则作为基础编制的，即使能用货币计量的信息，也会由于通货膨胀和物价变动使得会计信息失去可比性和有用性

财务报表自身局限性	财务报表的数据是企业过去经济活动的结果，是作为对企业过去经营活动的总结，以提供历史信息为主，具有较强的时效性。但这些财务信息往往是滞后的、静态的，用这些数据来预测企业动态、制定未来决策，只有参考价值，并非绝对合理可靠。而且公司对外发布财务报告或报表使用者取得财务报告时，其反映的情况可能已经是过去式了

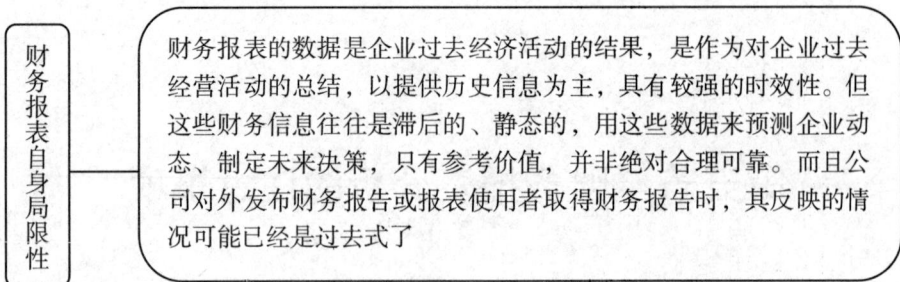

二、注意财务报表分析方法的局限性

　　每种财务报表分析方法都有自己的优缺点，所以在分析同一公司不同时期或不同公司的财务报告时，应注意分析方法的局限性。这里以几种财务报表分析方法为例说明。

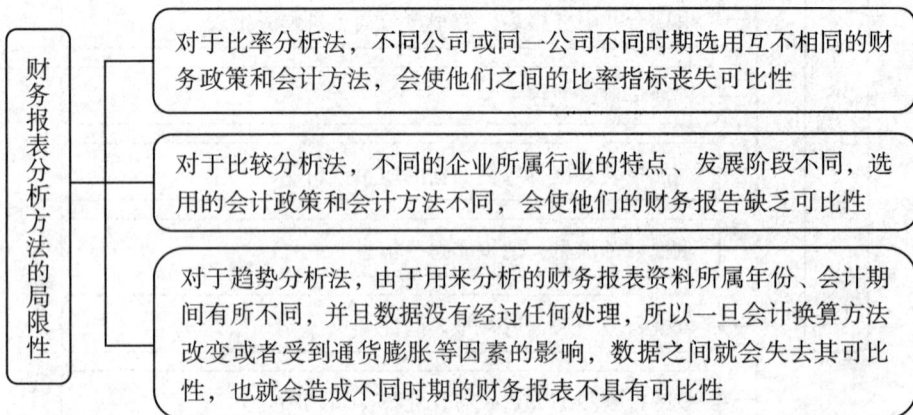

财务报表分析方法的局限性	对于比率分析法，不同公司或同一公司不同时期选用互不相同的财务政策和会计方法，会使他们之间的比率指标丧失可比性
	对于比较分析法，不同的企业所属行业的特点、发展阶段不同，选用的会计政策和会计方法不同，会使他们的财务报告缺乏可比性
	对于趋势分析法，由于用来分析的财务报表资料所属年份、会计期间有所不同，并且数据没有经过任何处理，所以一旦会计换算方法改变或者受到通货膨胀等因素的影响，数据之间就会失去其可比性，也就会造成不同时期的财务报表不具有可比性

三、要全面分析财务报告的内容

　　进行财务报表分析时，一定要把握住整体，应将反映整体的财务报告结合企业经营状态的其他数据一并分析，构成一个完备的信息系统。

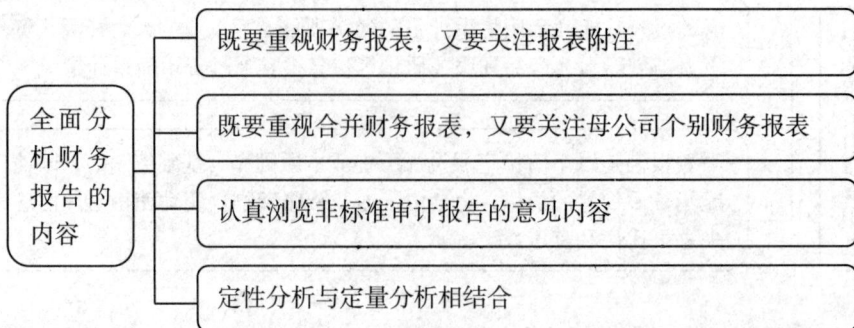

全面分析财务报告的内容	既要重视财务报表，又要关注报表附注
	既要重视合并财务报表，又要关注母公司个别财务报表
	认真浏览非标准审计报告的意见内容
	定性分析与定量分析相结合

第八章 资产负债表掘金分析

本章导读

在前面的章节中，我们已经对资产负债表有了一个清晰的认识，本章我们开始讨论如何对资产负债表进行分析，以从中获得我们所需要的信息并判断企业的资产质量，从而指导我们的投资及其他经济行为。

资产负债表是企业最重要的报表之一，我们通过对资产负债表的分析可以达到以下目的：

（1）对企业的资产质量做出一定的判断。资产负债表向人们揭示了企业拥有或控制的能用货币表现的经济资源即资产的总规模及具体的分布形态。由于不同形态的资产对企业的经营活动有不同的影响，因而对企业资产结构的分析可以对企业的资产质量做出一定的判断。

（2）评价企业的短期偿债能力。把流动资产（1年内可以或准备转化为现金的资产）、速动资产（流动资产中变现能力较强的货币资金、债权、短期投资等）与流动负债（1年内应清偿的债务责任）联系起来分析，可以评价企业的短期偿债能力。这种能力对企业的短期债权人尤为重要。

（3）评价企业的长期偿债能力及举债能力。通过对企业债务规模、债务结构及与所有者权益的对比，可以对企业的长期偿债（偿还债务）能力及举债（继续借债）能力做出评价。一般而言，企业的所有者权益占负债与所有者权益的比重越大，企业清偿长期债务的能力越强，企业进一步举借债务的能力也就越大。

（4）判断企业财务状况的发展趋势。通过对企业不同时点资产负债表的比较，可以对企业财务状况的发展趋势做出判断。可以肯定地说，企业某一特定日期（时点）的资产负债表对信息使用者的作用极其有限。只有把不同时点的资产负债表结合起来分析，才能把握企业财务状况的发展趋势。同样，将不同企业同一时点的资产负债表进行对比，还可对不同企业的相对财务状况做出评价。这也是读者在以后的财务报表分析中要特别注意的。

（5）评价企业各种资源的利用情况并做出评价。通过对资产负债表与利润表有关项目的比较，可以对企业各种资源的利用情况做出评价。如可以考察资产利润率、运用资本报酬率、存货周转率、债权周转率等。

（6）整体评价企业的财务状况和经营成果。通过将资产负债表与利润表、现金流量表联系起来分析，可以对企业的财务状况和经营成果做出整体评价。

第一节　资产负债表各项目分析

资产负债表是财务报表的一项重要项目，其由资产、负债和所有者权益三部分组成。从该表中可以看出企业资产质量的好坏，可以对企业的发展产生深远的影响。

一、资产负债表阅读重点

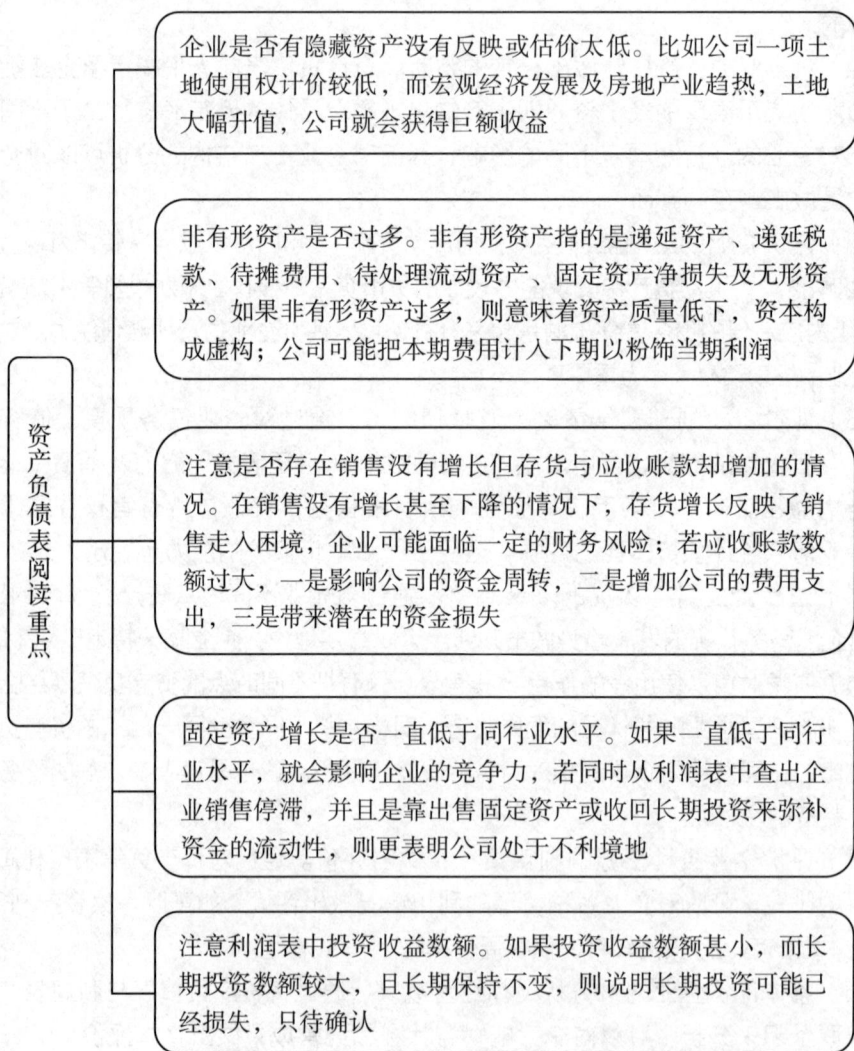

资产负债表阅读重点

- 企业是否有隐藏资产没有反映或估价太低。比如公司一项土地使用权计价较低，而宏观经济发展及房地产业趋热，土地大幅升值，公司就会获得巨额收益

- 非有形资产是否过多。非有形资产指的是递延资产、递延税款、待摊费用、待处理流动资产、固定资产净损失及无形资产。如果非有形资产过多，则意味着资产质量低下，资本构成虚构；公司可能把本期费用计入下期以粉饰当期利润

- 注意是否存在销售没有增长但存货与应收账款却增加的情况。在销售没有增长甚至下降的情况下，存货增长反映了销售走入困境，企业可能面临一定的财务风险；若应收账款数额过大，一是影响公司的资金周转，二是增加公司的费用支出，三是带来潜在的资金损失

- 固定资产增长是否一直低于同行业水平。如果一直低于同行业水平，就会影响企业的竞争力，若同时从利润表中查出企业销售停滞，并且是靠出售固定资产或收回长期投资来弥补资金的流动性，则更表明公司处于不利境地

- 注意利润表中投资收益数额。如果投资收益数额甚小，而长期投资数额较大，且长期保持不变，则说明长期投资可能已经损失，只待确认

二、资产负债表项目分析

某公司 2014 年度的资产负债表见表 8-1，我们据此来对资产负债表中各项目进行分析，以帮助报表使用者充分理解各个项目中"潜伏"的企业信息。

表 8-1　资产负债表

单位：×× 有限责任公司　　　　　　　　　　2014 年 12 月 31 日　　　　　　　　　　单位：元

资产	年初数	期末数	负债和所有者权益（或股东权益）	年初数	期末数
流动资产：			流动负债：		
货币资金	100 000.00	120 000.00	短期借款	60 000.00	50 000.00
短期投资			应付票据		
应收票据			应付账款	183 000.00	155 000.00
应收股利			预收账款	80 000.00	65 000.00
应收利息			应付工资		
应收账款	280 000.00	380 000.00	应付福利费	23 560.00	17 000.00
其他应收款	80 000.00	50 000.00	应付股利		
预付账款		32 000.00	应交税金		70 000.00
应收补贴款			其他应付款	60 000.00	130 000.00
存货	351 000.00	334 000.00	预提费用		
待摊费用	2 560.00	2 000.00	预计负债		32 000.00
一年内到期的长期债权投资			一年内到期的长期负债		
其他流动资产			其他流动负债		
流动资产合计	813 560.00	918 000.00	流动负债合计		
长期投资：					
长期股权投资				406 560.00	519 000.00
长期债权投资			长期负债：		
长期投资合计			长期借款	150 000.00	120 000.00
固定资产：			应付债券		
固定资产原价	325 000.00	500 000.00	长期应付款		
减：累计折旧	32 000.00	79 000.00	专项应付款		
固定资产净值	293 000.00	421 000.00	其他长期负债		
减：固定资产减值准备		200 000.00	长期负债合计	150 000.00	120 000.00
固定资产净额	293 000.00	221 000.00	递延税项：		
工程物资			递延税款贷项		
在建工程			负债合计	556 560.00	639 000.00
固定资产清理					

资产	年初数	期末数	负债和所有者权益（或股东权益）	年初数	期末数
固定资产合计	293 000.00	221 000.00	所有者权益（或股东权益）：		
无形资产及其他资产：			实 收 资 本（或股本）	500 000.00	500 000.00
无形资产			减：已归还投资		90 000.00
长期待摊费用			实收资本（或股本）净额		410 000.00
其他长期资产			资本公积		
无形资产及其他资产合计			盈余公积		
			其中：法定公益金		
递延税项：			未分配利润	50 000.00	90 000.00
递延税款借项			所有者权益（或股东权益）合计	550 000.00	500 000.00
资产总计	1 106 560.00	1 139 000.00	负债和所有者权益（或股东权益）总计	1 106 560.00	1 139 000.00

（一）货币资金变动情况分析

货币资金包括现金、银行存款和其他货币资金。货币资金是企业流动性最强、最有活力的资产，但同时又是获利能力最低，或者说几乎不产生收益的资产。货币资金过多或过少对企业生产经营都会产生不利影响。生产经营过程中，引起货币资金发生变动的主要原因如下。

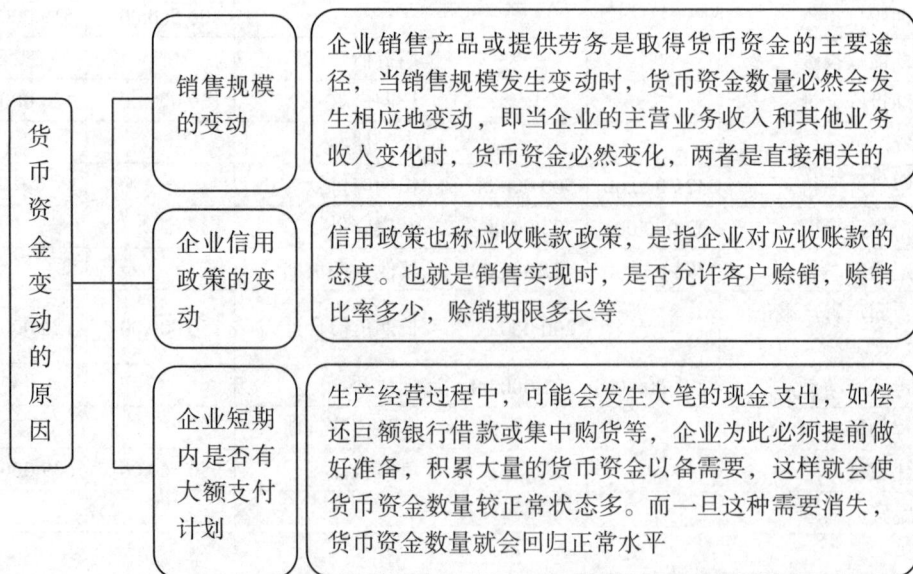

货币资金变动的原因
- 销售规模的变动：企业销售产品或提供劳务是取得货币资金的主要途径，当销售规模发生变动时，货币资金数量必然会发生相应地变动，即当企业的主营业务收入和其他业务收入变化时，货币资金必然变化，两者是直接相关的
- 企业信用政策的变动：信用政策也称应收账款政策，是指企业对应收账款的态度。也就是销售实现时，是否允许客户赊销，赊销比率多少，赊销期限多长等
- 企业短期内是否有大额支付计划：生产经营过程中，可能会发生大笔的现金支出，如偿还巨额银行借款或集中购货等，企业为此必须提前做好准备，积累大量的货币资金以备需要，这样就会使货币资金数量较正常状态多。而一旦这种需要消失，货币资金数量就会回归正常水平

（二）应收账款变动情况分析

应收账款是因为企业提供商业信用产生的。单纯从资金占用角度讲，应收账款的资金占用是一种最不经济的行为，但这种损失企业往往可以通过扩大销售而得到补偿，所以应收账款的资金占用又是必要的。对应收账款变动情况的分析，应从以下几方面进行。

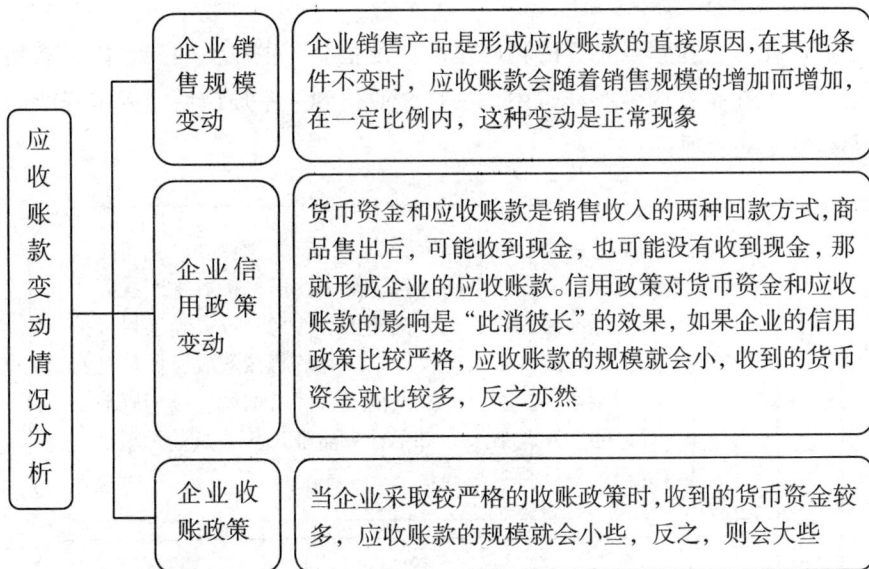

```
┌─────┐        ┌──────────┐   ┌──────────────────────────────────────┐
│应   │   ┌────┤企业销    │   │企业销售产品是形成应收账款的直接原因,在其他条│
│收   │   │    │售规模    ├───┤件不变时, 应收账款会随着销售规模的增加而增加,│
│账   │   │    │变动      │   │在一定比例内, 这种变动是正常现象            │
│款   │   │    └──────────┘   └──────────────────────────────────────┘
│变   │   │
│动   │   │    ┌──────────┐   ┌──────────────────────────────────────┐
│情   ├───┤    │企业信    │   │货币资金和应收账款是销售收入的两种回款方式,商│
│况   │   │    │用政策    │   │品售出后, 可能收到现金, 也可能没有收到现金, 那│
│分   │   ├────┤变动      ├───┤就形成企业的应收账款。信用政策对货币资金和应收│
│析   │   │    │          │   │账款的影响是"此消彼长"的效果, 如果企业的信用│
└─────┘   │    │          │   │政策比较严格, 应收账款的规模就会小, 收到的货币│
          │    └──────────┘   │资金就比较多, 反之亦然                      │
          │                   └──────────────────────────────────────┘
          │    ┌──────────┐   ┌──────────────────────────────────────┐
          │    │企业收    │   │当企业采取较严格的收账政策时,收到的货币资金较│
          └────┤账政策    ├───┤多, 应收账款的规模就会小些, 反之, 则会大些  │
               └──────────┘   └──────────────────────────────────────┘
```

（三）存货变动情况分析

存货是企业流动资产中最重要的组成部分，是生产经营活动重要的物质基础，存货资产的变动，不仅对流动资产的资金占用有极大影响，而且会对生产经营活动产生重大影响。

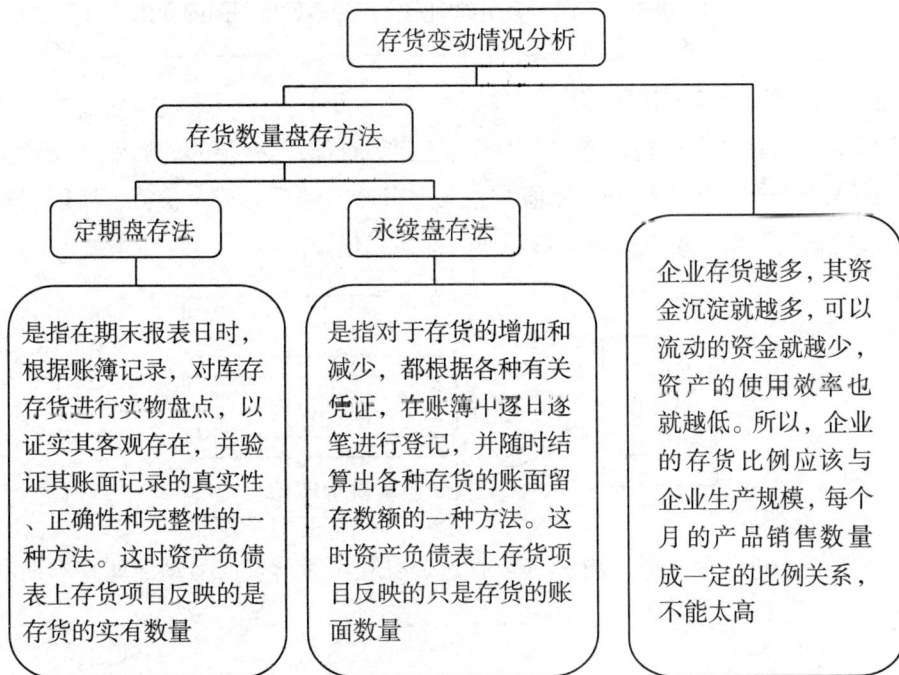

```
                        ┌──────────────┐
                        │ 存货变动情况分析 │
                        └──────┬───────┘
                        ┌──────┴───────┐
                        │ 存货数量盘存方法 │
                        └──────┬───────┘
              ┌──────────────┼──────────────────────┐
         ┌────┴────┐    ┌────┴────┐                │
         │ 定期盘存法 │    │ 永续盘存法 │                │
         └────┬────┘    └────┬────┘                │
    ┌─────────┴─────┐ ┌──────┴────────┐ ┌──────────┴──────────┐
    │是指在期末报表日时,│ │是指对于存货的增加和│ │企业存货越多, 其资    │
    │根据账簿记录, 对库存│ │减少, 都根据各种有关│ │金沉淀就越多, 可以    │
    │存货进行实物盘点, 以│ │凭证, 在账簿中逐日逐│ │流动的资金就越少,    │
    │证实其客观存在, 并验│ │笔进行登记, 并随时结│ │资产的使用效率也    │
    │证其账面记录的真实性│ │算出各种存货的账面留│ │就越低。所以, 企业    │
    │、正确性和完整性的一│ │存数额的一种方法。这│ │的存货比例应该与    │
    │种方法。这时资产负债│ │时资产负债表上存货项│ │企业生产规模, 每个   │
    │表上存货项目反映的是│ │目反映的只是存货的账│ │月的产品销售数量    │
    │存货的实有数量    │ │面数量        │ │成一定的比例关系,    │
    └───────────────┘ └───────────────┘ │不能太高          │
                                        └─────────────────────┘
```

定期盘存法和永续盘存法两种不同的存货数量确认方法会造成资产负债表上存货项目的差异，这种差异不是存货数量本身变动引起的，而是存货数量的会计确认方法不同造成的。因此，在阅读企业会计报表时，需要了解企业是否在年度末对存货进行盘点，以确认其存货的真实性。

（四）固定资产变动情况分析

固定资产作为企业赖以生存的物质基础，是企业产生效益的源泉，关系到企业的运营与发展。但在企业的生产经营中，一旦企业达到一定规模后，固定资产却不是一个频繁大幅度变动的项目。

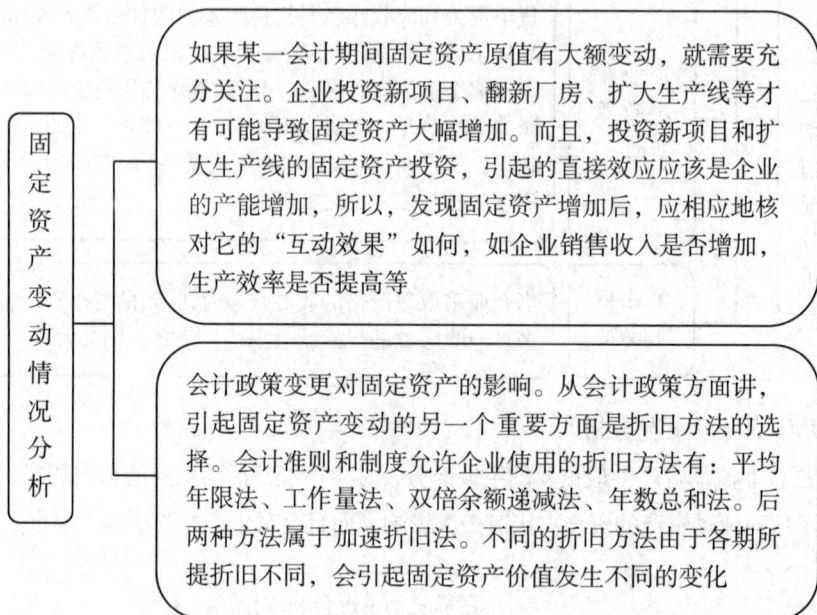

固定资产变动情况分析	如果某一会计期间固定资产原值有大额变动，就需要充分关注。企业投资新项目、翻新厂房、扩大生产线等才有可能导致固定资产大幅增加。而且，投资新项目和扩大生产线的固定资产投资，引起的直接效应应该是企业的产能增加，所以，发现固定资产增加后，应相应地核对它的"互动效果"如何，如企业销售收入是否增加，生产效率是否提高等
	会计政策变更对固定资产的影响。从会计政策方面讲，引起固定资产变动的另一个重要方面是折旧方法的选择。会计准则和制度允许企业使用的折旧方法有：平均年限法、工作量法、双倍余额递减法、年数总和法。后两种方法属于加速折旧法。不同的折旧方法由于各期所提折旧不同，会引起固定资产价值发生不同的变化

（五）无形资产变动情况分析

无形资产虽然没有实物形态，但对企业生产经营活动有很大的影响。资产负债表上列示的无形资产是指无形资产原值减去无形资产摊销后的摊余价值，所以只根据资产负债表提供的资料，难以分析无形资产的增减变化。

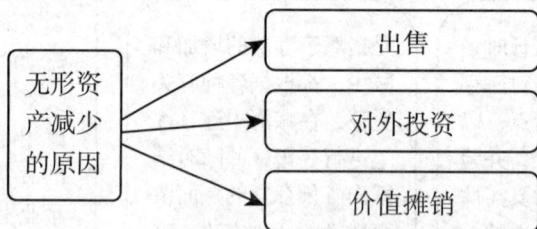

无形资产减少的原因 → 出售
无形资产减少的原因 → 对外投资
无形资产减少的原因 → 价值摊销

对无形资产进行分析时，应注意企业是否有利用无形资产摊销而调整本期利润的行为。

（六）短期借款变动情况分析

短期借款发生变化，其原因主要有两大类，即生产经营需要和企业负债筹资政策变动。具体来说可有如下几种情况。

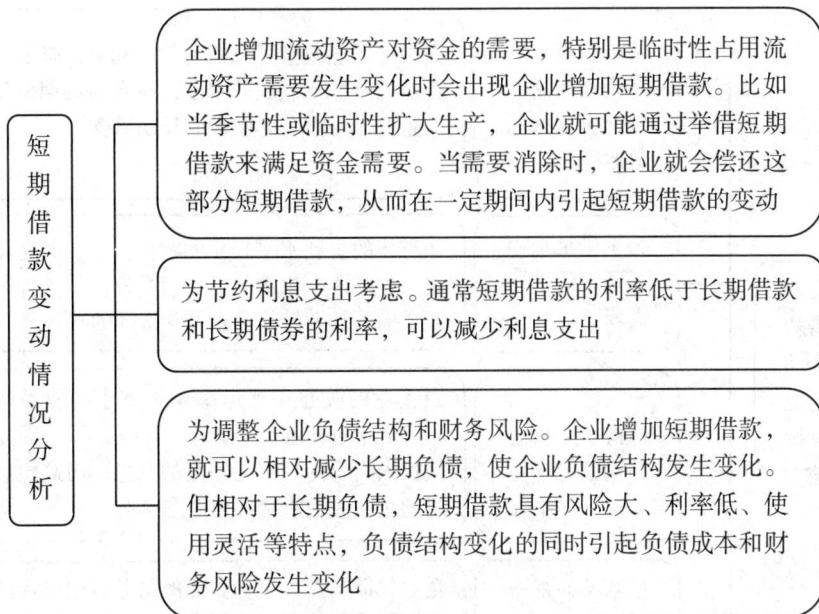

短期借款变动情况分析	企业增加流动资产对资金的需要，特别是临时性占用流动资产需要发生变化时会出现企业增加短期借款。比如当季节性或临时性扩大生产，企业就可能通过举借短期借款来满足资金需要。当需要消除时，企业就会偿还这部分短期借款，从而在一定期间内引起短期借款的变动
	为节约利息支出考虑。通常短期借款的利率低于长期借款和长期债券的利率，可以减少利息支出
	为调整企业负债结构和财务风险。企业增加短期借款，就可以相对减少长期负债，使企业负债结构发生变化。但相对于长期负债，短期借款具有风险大、利率低、使用灵活等特点，负债结构变化的同时引起负债成本和财务风险发生变化

（七）应付账款及应付票据变动情况分析

应付账款及应付票据是在商品交易时产生的，故其金额与企业采购付款政策直接相关。

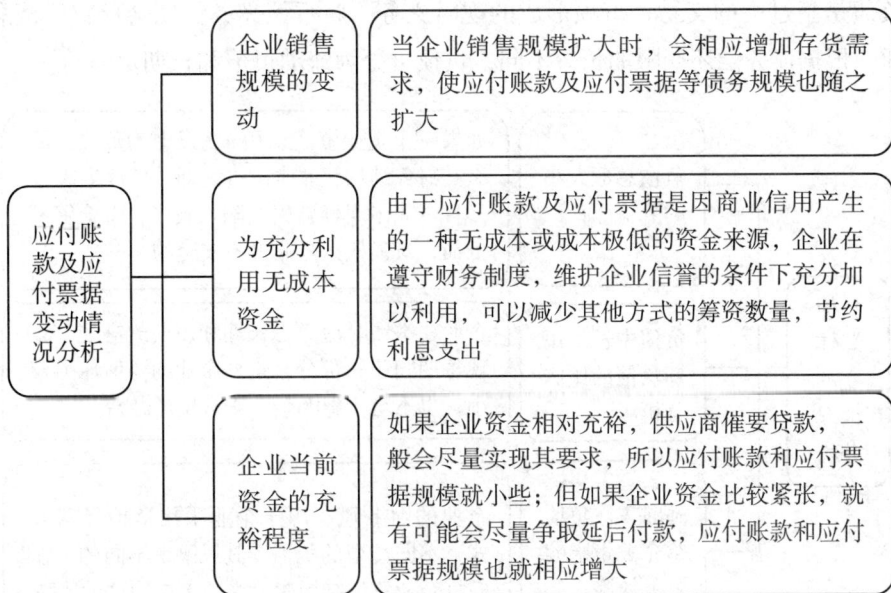

应付账款及应付票据变动情况分析	企业销售规模的变动	当企业销售规模扩大时，会相应增加存货需求，使应付账款及应付票据等债务规模也随之扩大
	为充分利用无成本资金	由于应付账款及应付票据是因商业信用产生的一种无成本或成本极低的资金来源，企业在遵守财务制度，维护企业信誉的条件下充分加以利用，可以减少其他方式的筹资数量，节约利息支出
	企业当前资金的充裕程度	如果企业资金相对充裕，供应商催要贷款，一般会尽量实现其要求，所以应付账款和应付票据规模就小些；但如果企业资金比较紧张，就有可能会尽量争取延后付款，应付账款和应付票据规模也就相应增大

（八）长期借款变动情况分析

长期借款作为企业筹集资金的重要渠道之一，每个期间内发生业务的次数不多，但一旦发生变化，就会立刻改变企业的资本结构和财务风险水平。

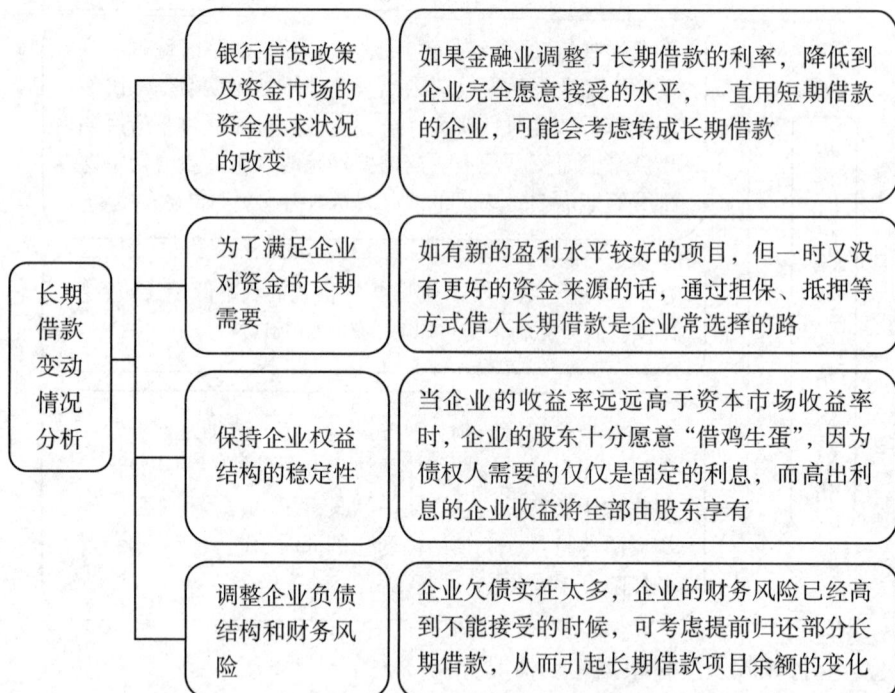

长期借款变动情况分析	银行信贷政策及资金市场的资金供求状况的改变	如果金融业调整了长期借款的利率，降低到企业完全愿意接受的水平，一直用短期借款的企业，可能会考虑转成长期借款
	为了满足企业对资金的长期需要	如有新的盈利水平较好的项目，但一时又没有更好的资金来源的话，通过担保、抵押等方式借入长期借款是企业常选择的路
	保持企业权益结构的稳定性	当企业的收益率远远高于资本市场收益率时，企业的股东十分愿意"借鸡生蛋"，因为债权人需要的仅仅是固定的利息，而高出利息的企业收益将全部由股东享有
	调整企业负债结构和财务风险	企业欠债实在太多，企业的财务风险已经高到不能接受的时候，可考虑提前归还部分长期借款，从而引起长期借款项目余额的变化

（九）负债总体变动情况分析

负债是指过去的交易、事项形成的现时义务，履行该义务预期会导致经济利益流出企业。根据债务偿还期限的长短不同，负债可分为流动负债和长期负债。

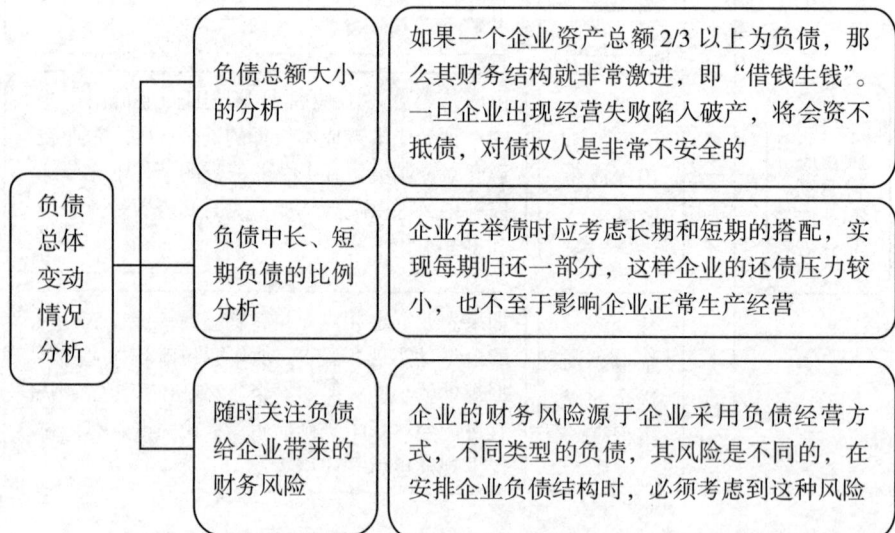

负债总体变动情况分析	负债总额大小的分析	如果一个企业资产总额2/3以上为负债，那么其财务结构就非常激进，即"借钱生钱"。一旦企业出现经营失败陷入破产，将会资不抵债，对债权人是非常不安全的
	负债中长、短期负债的比例分析	企业在举债时应考虑长期和短期的搭配，实现每期归还一部分，这样企业的还债压力较小，也不至于影响企业正常生产经营
	随时关注负债给企业带来的财务风险	企业的财务风险源于企业采用负债经营方式，不同类型的负债，其风险是不同的，在安排企业负债结构时，必须考虑到这种风险

（十）股本变动情况分析

股本是所有者权益项目的主要构成部分，也是企业资金来源的根本。如果企业对外报表显示，本期股本有变动，那么可有以下几方面原因。

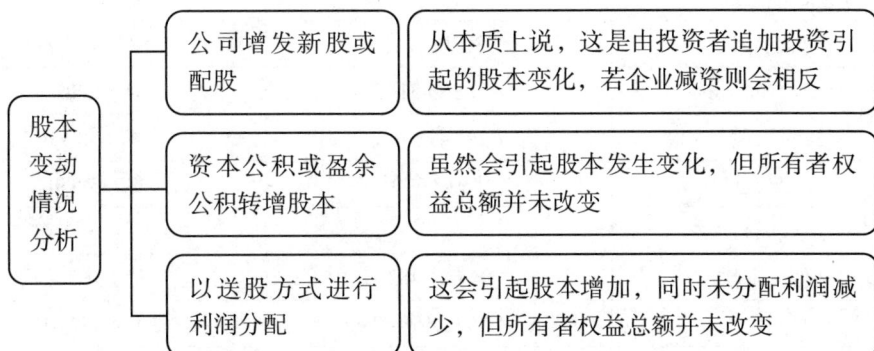

```
          ┌─ 公司增发新股或    从本质上说，这是由投资者追加投资引
          │  配股             起的股本变化，若企业减资则会相反
股本      │
变动      ├─ 资本公积或盈余    虽然会引起股本发生变化，但所有者权
情况      │  公积转增股本      益总额并未改变
分析      │
          └─ 以送股方式进行    这会引起股本增加，同时未分配利润减
             利润分配          少，但所有者权益总额并未改变
```

（十一）未分配利润变动情况分析

未分配利润作为所有者权益的重要项目，来源于利润表历年的积累，每期都在变化。

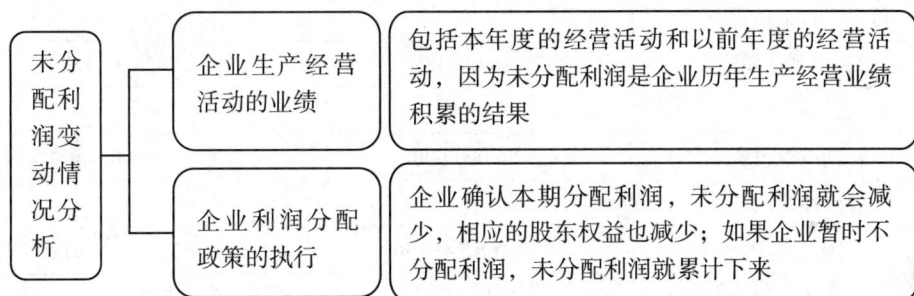

```
未分       ┌─ 企业生产经营    包括本年度的经营活动和以前年度的经营活
配利      │  活动的业绩      动，因为未分配利润是企业历年生产经营业
润变      │                 绩积累的结果
动情      │
况分      └─ 企业利润分配    企业确认本期分配利润，未分配利润就会减
析         政策的执行       少，相应的股东权益也减少；如果企业暂时不
                            分配利润，未分配利润就累计下来
```

所以，不阅读利润表，单独分析资产负债表的未分配利润项目数年的变化状态，也能了解企业的盈利状况和利润分配政策倾向。

三、资产负债表案例分析

某集团公司 2013 ~ 2014 年的资产负债表见表 8-2，试对该公司 2014 年度的资产负债表进行总体分析。

表 8-2　资产负债表

编制单位：××集团公司　　　　　　　　　　　　　　　　　　　　　　　单位：元

项目	12月31日	
	2014 年	2013 年
货币资金	9 743 152 155	8 093 721 891

续表

项目	12 月 31 日	
	2014 年	2013 年
交易性金融资产		
应收票据	380 760 283	170 612 609
应收账款	21 386 314	34 825 095
预付款项	1 203 126 087	741 638 536
应收利息	1 912 600	2 783 550
应收股利		
其他应收款	96 001 483	82 601 388
存货	4 192 246 440	3 114 567 813
一年内到期的非流动资产	17 000 000	
其他流动资产		
流动资产合计	15 655 585 363	12 240 750 883
非流动资产：		
可供出售金融资产		
持有至到期投资	10 000 000	42 000 000
长期应收款		
长期股权投资	4 000 000	4 000 000
投资性房地产		
固定资产	3 168 725 156	2 190 171 912
在建工程	193 956 334	582 860 997
工程物资	24 915 042	62 368 951
固定资产清理		
生产性生物资产		
油气资产		
无形资产	465 550 825	445 207 596
开发支出		
商誉		
长期待摊费用	21 469 625	10 146 521
递延所得税资产	225 420 802	176 680 978
其他非流动资产		
非流动资产合计	4 114 037 784	3 513 436 954
资产总计	19 769 623 148	15 754 187 836

续表

项目	12 月 31 日	
	2014 年	2013 年
短期借款		
交易性金融负债		
应付票据		
应付账款	139 121 352	121 289 074
预收款项	3 516 423 880	2 936 266 375
应付职工薪酬	463 948 637	361 007 479
应交税费	140 524 984	256 300 257
应付利息		
应付股利	137 207 663	
其他应付款	710 831 237	575 906 356
一年内到期的非流动负债		
其他流动负债		
流动负债合计	5 108 057 754	4 250 769 540
非流动负债：		
长期借款		
应付债券		
长期应付款		
专项应付款	10 000 000	
预计负债		
递延所得税负债		
其他非流动负债		
非流动负债合计	10 000 000	
负债合计	5 118 057 754	4 250 769 540
所有者权益：		
实收资本	943 800 000	943 800 000
资本公积	1 374 964 416	1 374 964 416
减：库存股		
盈余公积	1 585 666 147	1 001 133 830
未分配利润	10 561 552 280	79 24 671 271
所有者权益合计	14 651 565 394	11 503 418 296
负债和所有者权益总计	19 769 623 148	15 754 187 836

根据资产负债表可知，该集团公司 2014 年年末的资产总额为 197.70 亿元，较 2014 年年初资产总额 157.5 亿元增长了 25.52%，负债规模 2014 年年末较年初增长了 20%，所有者权益 2014 年年末较年初增长了 25.44%。在所有者权益中，实收资本和资本公积本年度并没有发生变化，所以所有者权益的增长额都是由企业留存收益所贡献的。由此可以看出，该集团公司 2014 年度盈利状况良好，处于正常经营中。

第二节　资产负债表比较分析

资产负债表比较分析是根据企业连续数期的数据，比较各个有关项目的金额、增减方向和幅度，从而揭示当期财务状况的增减变化及其发展趋势的一种方法。

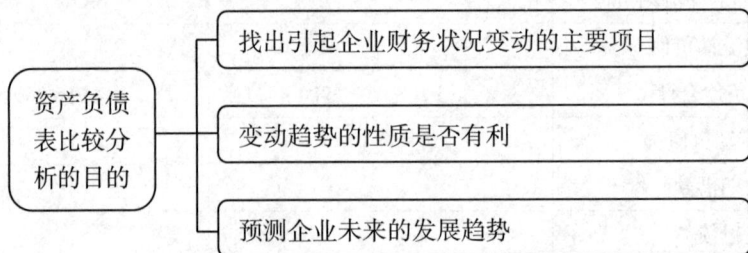

资产负债表比较分析的目的
- 找出引起企业财务状况变动的主要项目
- 变动趋势的性质是否有利
- 预测企业未来的发展趋势

资产负债表比较分析的具体内容如下。

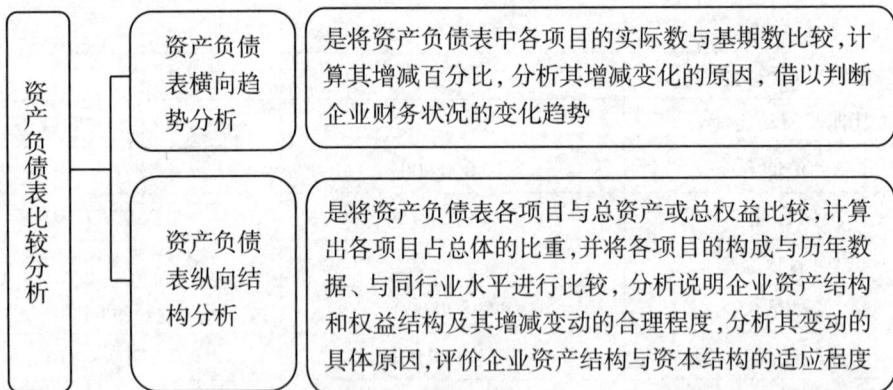

资产负债表比较分析
- 资产负债表横向趋势分析：是将资产负债表中各项目的实际数与基期数比较，计算其增减百分比，分析其增减变化的原因，借以判断企业财务状况的变化趋势
- 资产负债表纵向结构分析：是将资产负债表各项目与总资产或总权益比较，计算出各项目占总体的比重，并将各项目的构成与历年数据、与同行业水平进行比较，分析说明企业资产结构和权益结构及其增减变动的合理程度，分析其变动的具体原因，评价企业资产结构与资本结构的适应程度

资产负债表纵向结构分析，既可以从静态角度分析评价实际报告期构成情况，也可从动态角度将实际构成与标准构成进行对比分析评价；对于标准与基期构成，既可用预算数，也可用上期数，还可用同行业可比企业数。不同的比较标准将实现不同的分析评价目的。

第三节　资产负债表比率分析

　　财务比率分析是将财务报表总的信息和资料加以整理、浓缩、简化后，以百分比或者指数的形式来表现财务报表各个项目之间相互关系的专用报表阅读方式。通过财务比率分析，能够对企业的偿债能力、盈利能力及企业发展能力等作出评价，进而对企业的总体财务状况和未来发展趋势作出预测和判断。

一、短期偿债能力分析

　　短期偿债能力是指企业流动资产对流动负债及时足额偿还的保证程度，是衡量企业当前财务能力，特别是流动资产变现能力的重要标志。企业若缺乏短期偿债能力，不但无法获得进货折扣，还会因无力支付短期债务而被迫出售长期投资或拍卖固定资产，甚至导致破产。

　　（一）影响短期偿债能力的因素

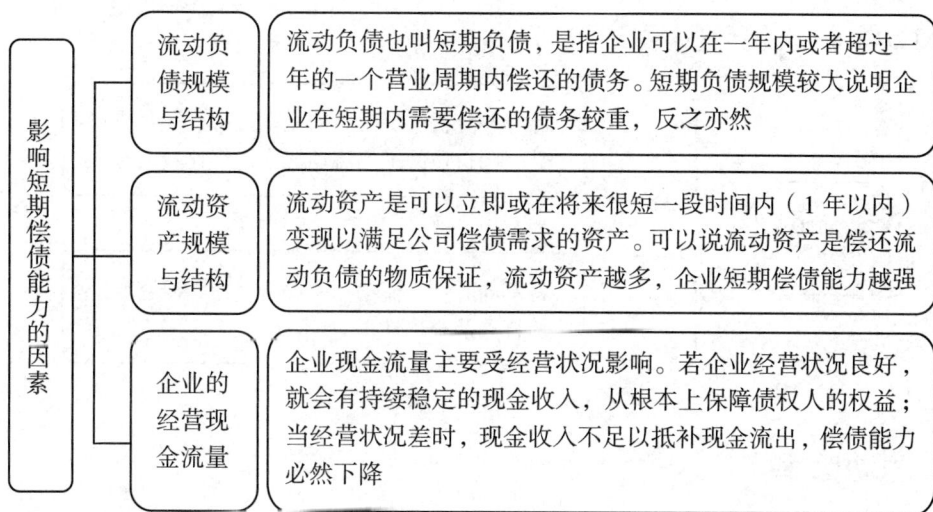

影响短期偿债能力的因素	流动负债规模与结构	流动负债也叫短期负债，是指企业可以在一年内或者超过一年的一个营业周期内偿还的债务。短期负债规模较大说明企业在短期内需要偿还的债务较重，反之亦然
	流动资产规模与结构	流动资产是可以立即或在将来很短一段时间内（1年以内）变现以满足公司偿债需求的资产。可以说流动资产是偿还流动负债的物质保证，流动资产越多，企业短期偿债能力越强
	企业的经营现金流量	企业现金流量主要受经营状况影响。若企业经营状况良好，就会有持续稳定的现金收入，从根本上保障债权人的权益；当经营状况差时，现金收入不足以抵补现金流出，偿债能力必然下降

　　另外，企业的财务管理水平，母公司与子公司之间的资金调拨等也影响企业的偿债能力。同时，企业外部因素也影响企业短期偿债能力，如宏观经济形势、证券市场的发育与完善程度、银行的信贷政策等。

（二）反映短期偿债能力的指标

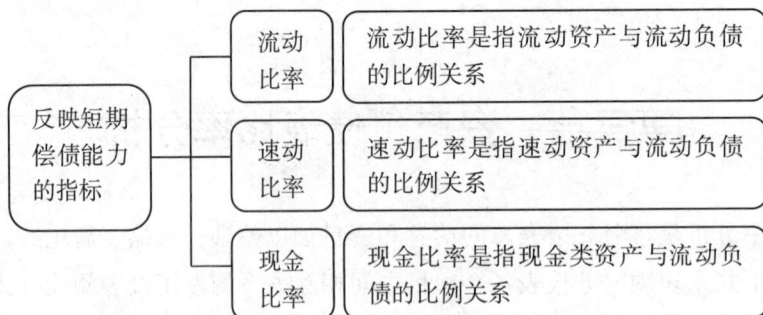

	流动比率	流动比率是指流动资产与流动负债的比例关系
反映短期偿债能力的指标	速动比率	速动比率是指速动资产与流动负债的比例关系
	现金比率	现金比率是指现金类资产与流动负债的比例关系

二、流动比率

流动比率反映企业可在短期内转变为现金的流动资产偿还到期的流动负债的能力，也就是表明每1元的流动负债到期可以有多少元的流动资产来偿还。其计算公式为：

$$流动比率 = \frac{流动资产}{流动负债} \times 100\%$$

一般情况下，流动比率越高，表明企业短期偿债能力越强，债权人权益越有保障。但是流动比率也不应过高，过高则说明企业流动资产占用较多，影响企业资金的使用效果，进而影响企业获利能力。

对流动比率的分析可从两方面进行：

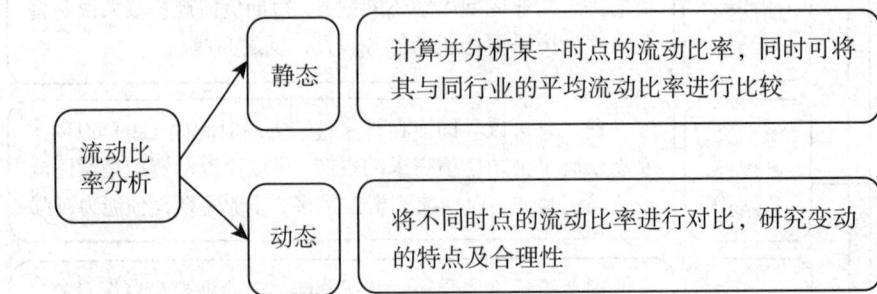

| | 静态 | 计算并分析某一时点的流动比率，同时可将其与同行业的平均流动比率进行比较 |
|流动比率分析| 动态 | 将不同时点的流动比率进行对比，研究变动的特点及合理性 |

三、速动比率

速动比率反映了速动资产对流动负债的比率关系，其中速动资产是指将流动资产中的存货及预付费用等变现速度较慢的资产予以剔除后剩下的资产，包括货币资金、交易性金融资产、应收款项等。速动比率计算公式如下：

$$速动比率 = \frac{速动资产}{流动负债} \times 100\%$$

速动比率比值越大则偿债能力越强，比值小则说明企业短期偿债能力差。但是，比值也并非一定越高越好。

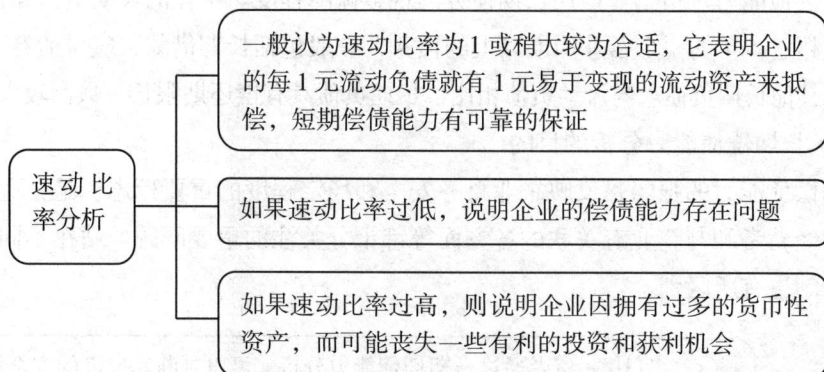

```
           ┌─────────────────────────────────────────────┐
           │ 一般认为速动比率为1或稍大较为合适，它表明企业 │
           │ 的每1元流动负债就有1元易于变现的流动资产来抵 │
           │ 偿，短期偿债能力有可靠的保证                  │
           └─────────────────────────────────────────────┘
 ┌──────┐  ┌─────────────────────────────────────────────┐
 │速动比│──│ 如果速动比率过低，说明企业的偿债能力存在问题  │
 │率分析│  └─────────────────────────────────────────────┘
 └──────┘  ┌─────────────────────────────────────────────┐
           │ 如果速动比率过高，则说明企业因拥有过多的货币性 │
           │ 资产，而可能丧失一些有利的投资和获利机会       │
           └─────────────────────────────────────────────┘
```

四、现金比率

现金比率反映现金类资产对流动负债的比率，其中现金类资产是指包括企业所拥有的货币资金、交易性金融资产，如可随时销售的短期有价证券、可贴现和转让的票据等，它们或者可以随时提现，或者可以随时转让变现，或者可以随时贴现变现，持有它们就等于持有现金。现金比率的计算公式如下：

$$现金比率 = \frac{现金类资产}{流动负债} \times 100\%$$

```
                    ┌────────┐
                    │  存货  │
                    └────────┘
                    ┌────────┐
 ┌──────┐ 扣除      │预付费用│        ┌──────────────────┐
 │流动资产│ ──→    └────────┘   ──→  │ 变现能力几乎为    │
 └──────┘          ┌────────┐        │ 100%的现金类资产  │
                    │应收账款│        └──────────────────┘
                    └────────┘
                    ┌────────┐
                    │其他应收款等│
                    └────────┘
```

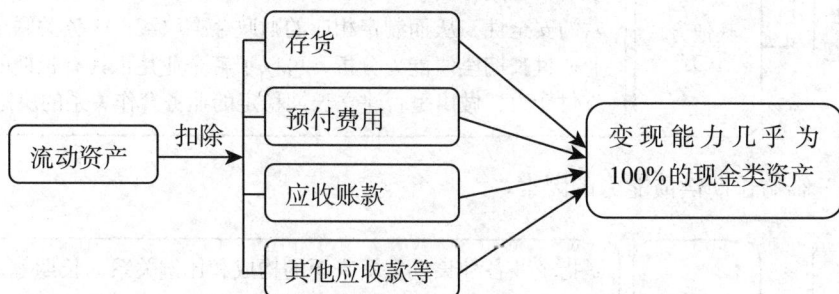

显然，现金比率的比值越高，说明企业短期偿债能力越强，比值越低，则说明企业短期偿债能力越弱。当然，由于现金类资产的获利能力较差，企业不可能也没有必要保留大量的现金类资产。具体是高是低，应结合企业的行业特点、经营活动规模的大小、存货、应收账款等资产质量状况等因素综合分析。

现金比率的不足之处在于，由于所含资产项目过少，显得过于保守；另外，由于计算现金流动负债比率时仅仅涉及流动资产中的现金及其等价物，因此在利用该比率时，必须考虑到各种使用现金的限制。

五、长期偿债能力分析

长期偿债能力是指企业偿还长期债务的现金保障程度。企业的长期负债是指偿还期在 1 年或超过 1 年的一个营业周期以上的债务，一般包括长期借款、应付债券、长期应付款以及其他长期负债。与流动负债相比，长期负债具有偿还期限长、数额较大等特点。

（一）长期偿债能力分析的目的

长期偿债能力的强弱是反映企业财务安全和稳定程度的重要标志，是企业债权人、投资者、经营者和与企业有关联的各方面等都十分关注的重要问题。站在不同的角度，分析的目的也有所区别。

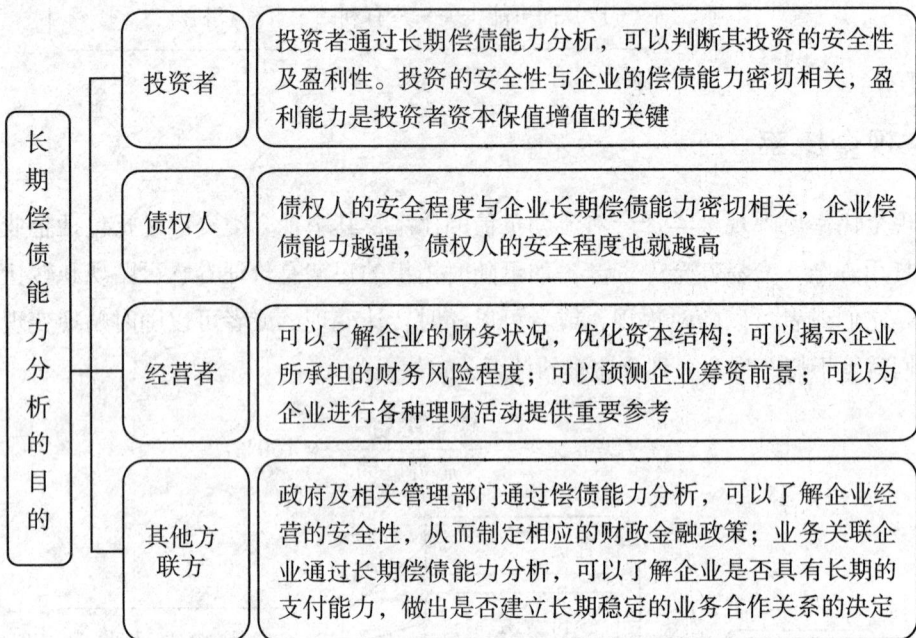

长期偿债能力分析的目的	投资者	投资者通过长期偿债能力分析，可以判断其投资的安全性及盈利性。投资的安全性与企业的偿债能力密切相关，盈利能力是投资者资本保值增值的关键
	债权人	债权人的安全程度与企业长期偿债能力密切相关，企业偿债能力越强，债权人的安全程度也就越高
	经营者	可以了解企业的财务状况，优化资本结构；可以揭示企业所承担的财务风险程度；可以预测企业筹资前景；可以为企业进行各种理财活动提供重要参考
	其他方联方	政府及相关管理部门通过偿债能力分析，可以了解企业经营的安全性，从而制定相应的财政金融政策；业务关联企业通过长期偿债能力分析，可以了解企业是否具有长期的支付能力，做出是否建立长期稳定的业务合作关系的决定

（二）影响长期偿债能力的因素

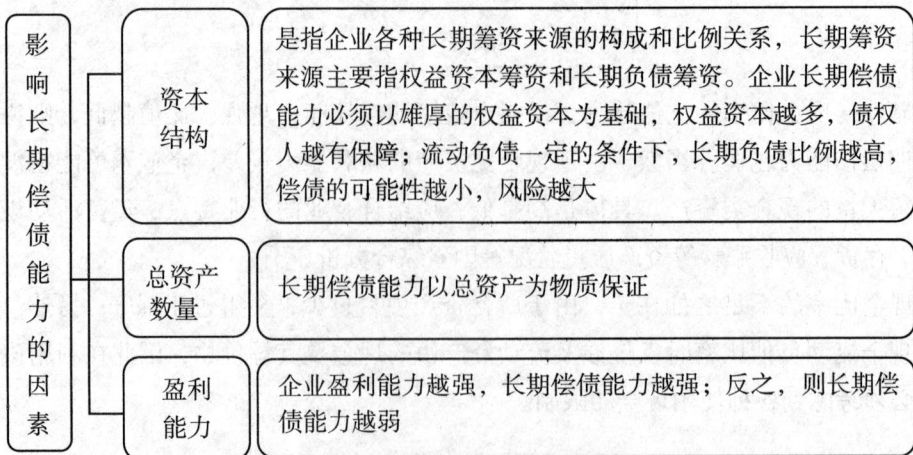

影响长期偿债能力的因素	资本结构	是指企业各种长期筹资来源的构成和比例关系，长期筹资来源主要指权益资本筹资和长期负债筹资。企业长期偿债能力必须以雄厚的权益资本为基础，权益资本越多，债权人越有保障；流动负债一定的条件下，长期负债比例越高，偿债的可能性越小，风险越大
	总资产数量	长期偿债能力以总资产为物质保证
	盈利能力	企业盈利能力越强，长期偿债能力越强；反之，则长期偿债能力越弱

（三）反映长期偿债能力的指标

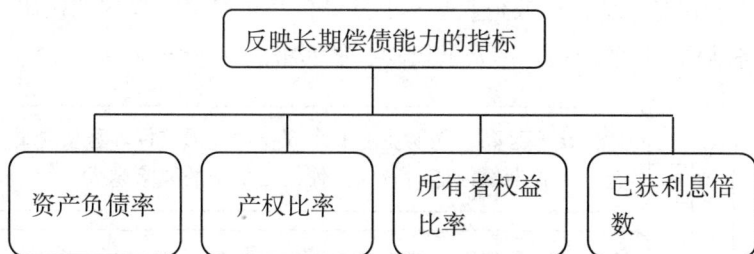

```
        反映长期偿债能力的指标
    ┌──────┬──────┬──────┬──────┐
  资产负债率  产权比率  所有者权益  已获利息倍
                    比率      数
```

六、资产负债率

资产负债率也称负债比率，是企业负债总额与资产总额的比例关系。它反映在资产总额中有多大比例是通过借债筹资的，其计算公式如下：

$$资产负债率 = \frac{负债总额}{资产总额} \times 100\%$$

一般情况下，资产负债率越小，表明企业长期偿债能力越强，反之则相反。但是，也并非该比率对谁都是越小越好。

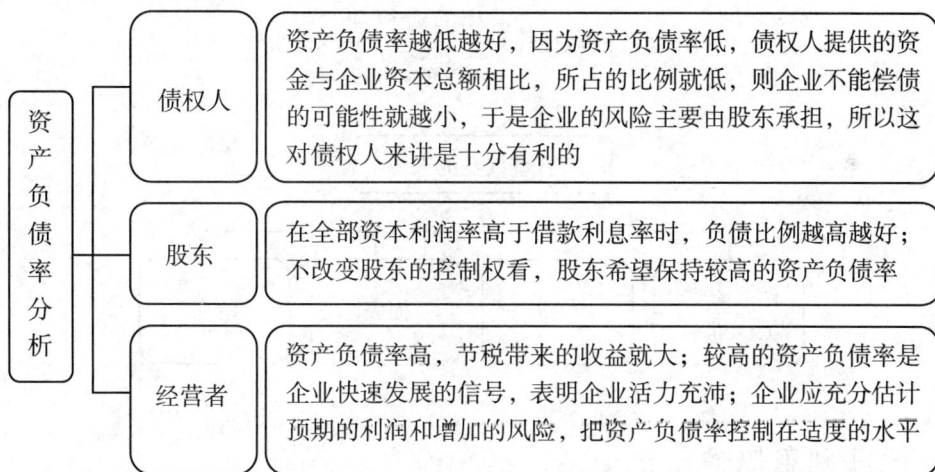

资产负债率分析	债权人	资产负债率越低越好，因为资产负债率低，债权人提供的资金与企业资本总额相比，所占的比例就低，则企业不能偿债的可能性就越小，于是企业的风险主要由股东承担，所以这对债权人来讲是十分有利的
	股东	在全部资本利润率高于借款利息率时，负债比例越高越好；不改变股东的控制权看，股东希望保持较高的资产负债率
	经营者	资产负债率高，节税带来的收益就大；较高的资产负债率是企业快速发展的信号，表明企业活力充沛；企业应充分估计顶期的利润和增加的风险，把资产负债率控制在适度的水平

七、产权比率

产权比率也称债务股权比率，是负债总额与股东权益总额之间的比例关系。其计算公式如下：

$$产权比率 = \frac{负债总额}{股东权益总额} \times 100\%$$

式中"股东权益"即公司的净资产。产权比率指标反映由债权人提供的资本与股东提供的资本的相对关系，反映企业基本财务结构是否稳定。高的产权比率是高风险、高回报的财务结构；低的产权比率是低风险、低回报的财务结构。

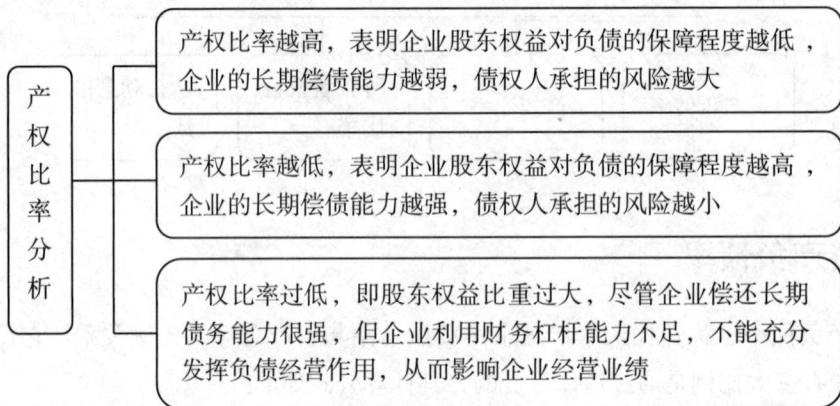

产权比率分析

- 产权比率越高，表明企业股东权益对负债的保障程度越低，企业的长期偿债能力越弱，债权人承担的风险越大
- 产权比率越低，表明企业股东权益对负债的保障程度越高，企业的长期偿债能力越强，债权人承担的风险越小
- 产权比率过低，即股东权益比重过大，尽管企业偿还长期债务能力很强，但企业利用财务杠杆能力不足，不能充分发挥负债经营作用，从而影响企业经营业绩

八、所有者权益比率

所有者权益是指企业所有者对企业净资产的要求权。其计算公式如下：

$$所有者权益比率=\frac{所有者权益}{总资产} \times 100\%$$

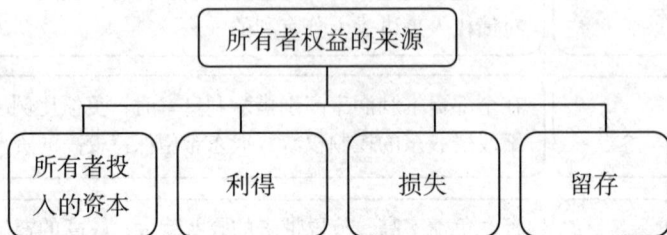

所有者权益的来源

- 所有者投入的资本
- 利得
- 损失
- 留存

九、已获利息倍数

已获利息倍数是企业息税前利润与债务利息的比值，反映企业的获利能力对债务偿付的保证程度。其计算公式如下：

$$已获利息倍数 = \frac{息税前利润}{利息}$$

其中，息税前利润是指扣除利息和所得税前的正常业务经营利润；利息包括财务费用中的利息和资本化了的利息两部分。

若已获利息倍数较低，说明企业的利润难以支付利息提供充分保障，会使企业失去对债权人的吸引力

已获利息倍数分析

通常已获利息倍数至少应大于1，否则企业就不能举债经营

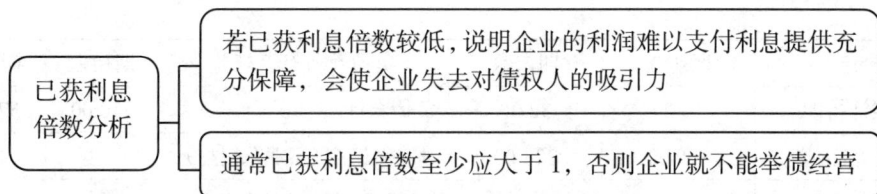

为了正确评价企业偿债能力的稳定性，一般需要计算连续数年的已获利息倍数，并且通常选择一个指标最低的会计年度考核企业长期偿债能力的状况，以保证企业最低的偿债能力。

第四节　资产负债表结构分析

资产负债表结构分析，就是通过对报表各个组成部分占总资产的比率分析来评价和衡量企业的财务状况。资产负债表结构分析包括资产结构分析和负债结构分析等。

一、资产负债表列示

为了直观、有效地分析企业资产负债表，这里提供某餐饮公司的一个资产负债表（表8-3），该公司业务以送餐为主。

表8-3　资产负债表

编制单位：××餐饮公司　　　　　　2014年12月31日　　　　　　单位：万元

资产	期初数	期末数	负债及所有者权益	期初数	期末数
流动资产：			流动负债：		
货币资金	82.30	567.10	短期借款		
应收账款	140.00	210.00	应付账款		169.00
其他应收款	100.00	35.00	预收款项	50.00	60.00
预付账款		11.00	应付职工薪酬		70.00
			应交税费		25.00
存货	22.00	341.60	应付股利		200.00
			其他应付款	120.00	10.00
流动资产合计	344.30	1 164.70	流动负债合计	170.00	534.00
长期股权投资	120.00	120.00	长期负债：		
固定资产：			长期借款	40.00	40.00
固定资产原值	200.00	260.00	长期负债合计	40.00	40.00

资产	期初数	期末数	负债及所有者权益	期初数	期末数
减：累计折旧	10.00	32.00	负债合计	210.00	574.00
固定资产净值	190.00	228.00	所有者权益（或股东权益）：		
			实收资本（或股本）	400.00	400.00
无形资产		16.00	资本公积		
			盈余公积		71.04
			未分配利润	44.30	483.66
非流动资产合计	310.00	364.00	股东权益合计	444.30	954.70
资产合计	654.30	1 528.70	负债和股东权益合计	654.30	1 528.70

二、资产结构分析

资产负债表的资产结构是指企业的流动资产、长期投资、固定资产、无形资产及其他资产占资产总额的比重。通过分析不同流动性的资产占总资产的比率，可以了解企业的资产结构是否合理。

报表使用者分析资产结构时，关注的指标主要是流动资产率，其计算公式如下：

$$流动资产率 = \frac{流动资产额}{资产总额} \times 100\%$$

依据表 8-3 中 2014 年底资产负债表数据，其流动资产率 $= \frac{1164.7}{1528.7} \times 100\% = 76.19\%$。

一般情况下，流动资产占资产总额的比例越高，则说明企业的资金流动性、可变现能力越强。

但是该指标受行业差异的影响较大，因此不同企业在计算出本企业的流动资产率后，可进行如下操作：

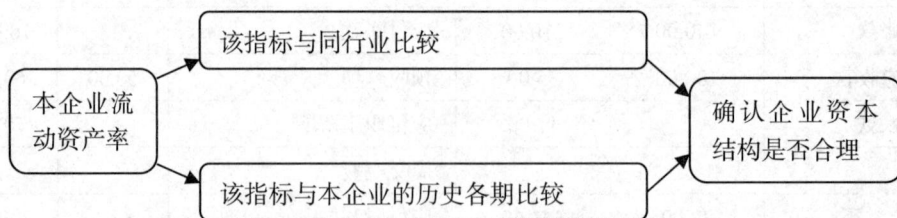

三、负债结构分析

负债结构主要包括负债总额与所有者权益之间的比例关系，以及中长期负债与短期负债的分布情况等。通过分析能够知道企业的债务情况，了解企业自有资金与债务的比率关系。

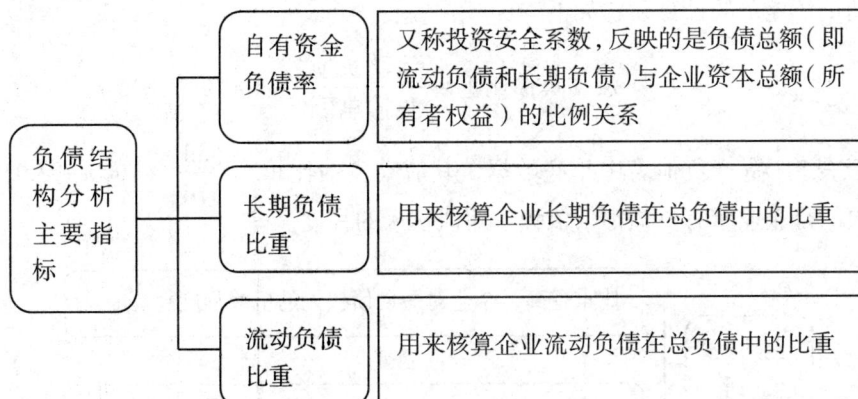

（一）自有资金负债率

自有资金负债率的计算公式如下：

$$自有资金负债率 = \frac{负债总额}{所有者权益} \times 100\%$$

依据表 8-3 资产负债表中年底数据，其自有资金负债率 $= \frac{574}{954.7} \times 100\% = 60.12\%$。
从计算结果可以看出：

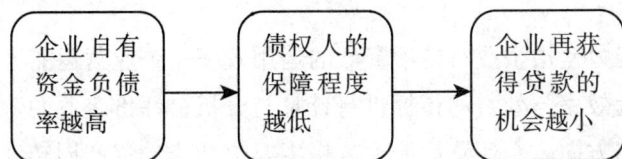

自有资金负债率的计算结果可以用于衡量投资者对偿还债务的保障程度和评估债权人向企业投资的安全程度。

（二）长期负债比重

长期负债比重的计算公式如下：

$$长期负债比重 = \frac{长期负债}{负债总额} \times 100\%$$

对于表 8-3 资产负债表中年底数据，其长期负债比重 $= \frac{40}{574} \times 100\% = 6.97\%$。该比重反映的是企业所有负债中，对外来长期资金的依赖程度。

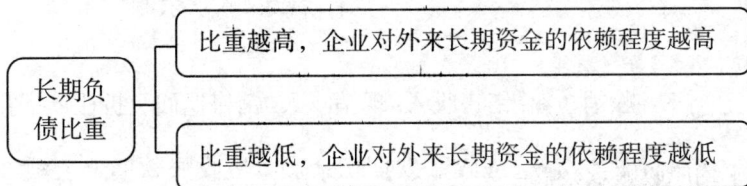

（三）流动负债比重

流动负债比重的计算公式如下：

$$流动负债比重 = \frac{流动负债}{负债总额} \times 100\%$$

对于表 8-3 资产负债表中年底数据，其流动负债比重 $= \frac{534}{574} \times 100\% = 93.03\%$。该比重反映的是企业所有负债中，依赖短期债权人的程度。

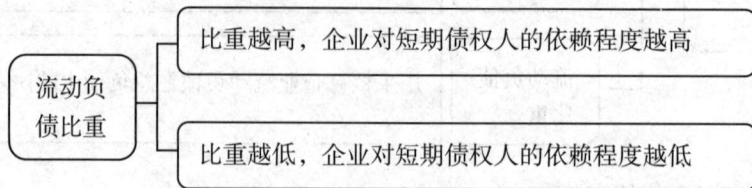

```
          ┌─── 比重越高，企业对短期债权人的依赖程度越高
流动负
债比重 ───┤
          └─── 比重越低，企业对短期债权人的依赖程度越低
```

第五节　企业营运能力分析

资产的营运能力是指企业对各项资产的运用效率。企业营运能力分析就是通过对反映企业资产营运效率与效益的指标进行计算与分析，评价企业的营运能力，为企业提高经济效益指明方向。企业营运能力分析主要包括流动资产周转情况分析、固定资产周转情况分析和总资产周转情况分析。

一、流动资产周转情况分析

（一）应收账款周转率

应收账款周转率又称收账比率，是企业一定时期内赊销净额（销售收入净额）与平均应收账款余额的比率。它是反映公司应收账款周转速度的比率，表明本期内应收账款转为现金的平均次数，说明应收账款流动的速度。

$$应收账款周转率（次数）= \frac{赊销净额}{平均应收账款余额} \times 100\%$$

其中：

$$赊销净额 = 销售收入 - 现销收入 - 销售退回、折让、折扣$$

$$平均应收账款余额 = \frac{应收账款期初余额 + 应收账款期末余额}{2}$$

用时间表示的应收账款周转速度为应收账款周转天数，又称平均应收账款回收期或平均收现期，表示企业从取得应收账款的权利到收回款项、转换为现金所需要的时间。

$$年度应收账款周转天数 = \frac{360}{年应收账款周转次数}$$

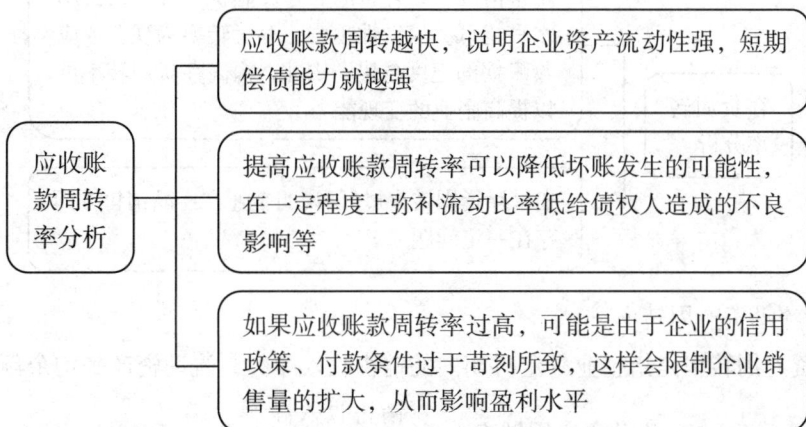

应收账款周转率分析

- 应收账款周转越快，说明企业资产流动性强，短期偿债能力就越强
- 提高应收账款周转率可以降低坏账发生的可能性，在一定程度上弥补流动比率低给债权人造成的不良影响等
- 如果应收账款周转率过高，可能是由于企业的信用政策、付款条件过于苛刻所致，这样会限制企业销售量的扩大，从而影响盈利水平

另外，某些因素在特殊情况下会影响应收账款周转率计算的正确性，所以报表使用者应将当期指标和该企业前期指标与行业平均水平或类似企业的指标相比较，以判断该指标的高低。这些影响因素具体如下：

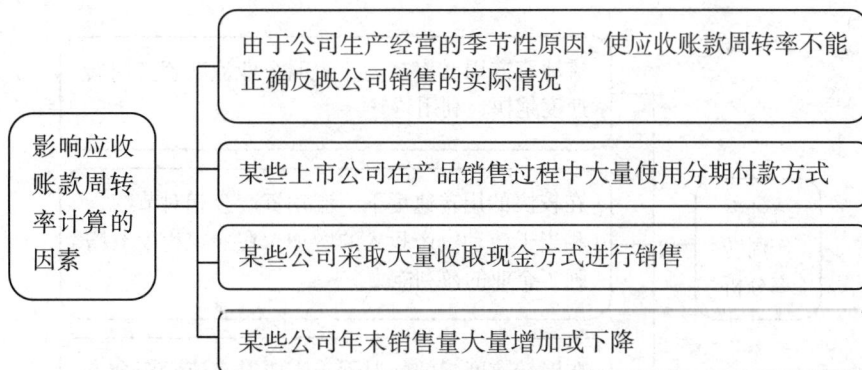

影响应收账款周转率计算的因素

- 由于公司生产经营的季节性原因，使应收账款周转率不能正确反映公司销售的实际情况
- 某些上市公司在产品销售过程中大量使用分期付款方式
- 某些公司采取大量收取现金方式进行销售
- 某些公司年末销售量大量增加或下降

（二）存货周转率

存货周转率又称存货利用率，是指企业一定时期的销售成本与平均存货的比率。它反映了企业的销售效率和存货实际销售速度。

$$存货周转率 = \frac{销售成本}{平均存货} \times 100\%$$

其中，销售成本可以从利润表中得到。

$$平均存货 = \frac{期初存货余额 + 期末存货余额}{2}$$

存货周转状况也可用存货周转天数来表示，即：

$$存货周转天数 = \frac{360}{存货周转率}$$

存货周转天数表示存货周转一次所需要的时间，天数越短，存货周转越快。

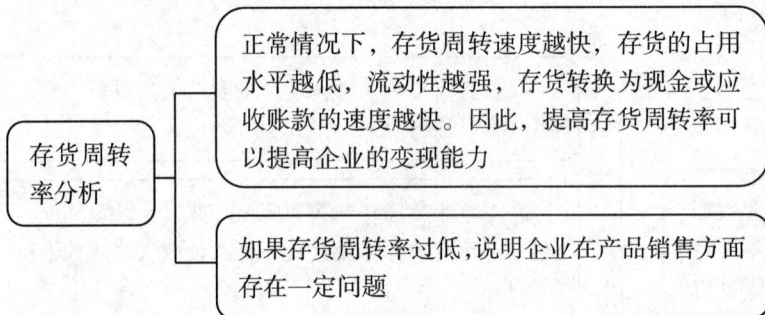

存货周转率分析
- 正常情况下，存货周转速度越快，存货的占用水平越低，流动性越强，存货转换为现金或应收账款的速度越快。因此，提高存货周转率可以提高企业的变现能力
- 如果存货周转率过低，说明企业在产品销售方面存在一定问题

（三）流动资产周转率

流动资产周转率是指企业一定时期内的销售收入净额与流动资产平均余额的比率。

$$流动资产周转率 = \frac{销售收入净额}{流动资产平均余额} \times 100\%$$

其中，销售收入净额 = 销售收入 – 销售退回 – 销售折扣与折让

$$流动资产平均净额 = \frac{期初流动资产余额 + 期末流动资产余额}{2}$$

流动资产周转率分析
- 流动资产周转率越高，表明企业流动资产周转速度越快，利用越好
- 在较快的周转速度下，流动资产会相对节约，相当于流动资产投入的增加，在一定程度上增强了企业的盈利能力
- 在周转速度慢的情况下，需要补充流动资金参加周转，否则会形成资金浪费，降低企业盈利能力

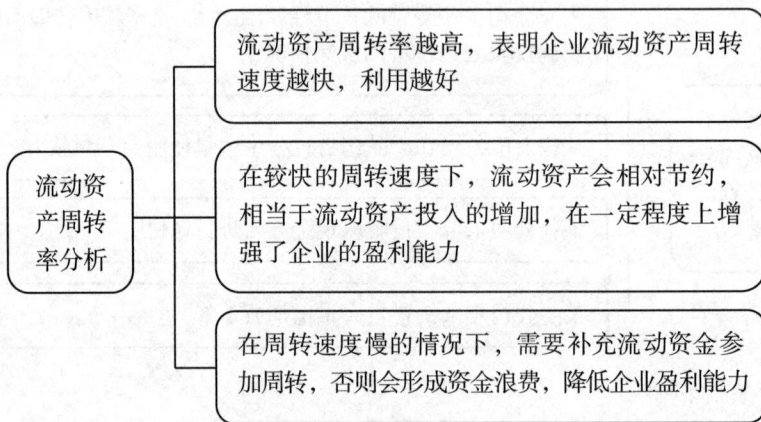

二、固定资产周转情况分析

一般情况下，用固定资产周转率来对一个企业的固定资产的营运状况进行分析评价。所谓固定资产周转率是指企业年销售收入净额与固定资产平均净值的比率，它是

反映企业固定资产周转情况，从而衡量固定资产利用效率的一项指标。

$$固定资产周转率 = \frac{销售收入净额}{固定资产平均净值} \times 100\%$$

$$固定资产平均净值 = \frac{期初固定资产净值 + 期末固定资产净值}{2}$$

$$固定资产周转天数 = \frac{360}{固定资产周转率}$$

```
固定资
产周转    ┬── 固定资产周转率越高，表明企业固定资产利用越
率分析    │    充分，也表明企业固定资产投资得当，固定资产
         │    结构合理，能够充分发挥效率
         │
         └── 固定资产周转率不高，表明固定资产使用效率不
              高，提供的生产成果不多，企业的营运能力不强
```

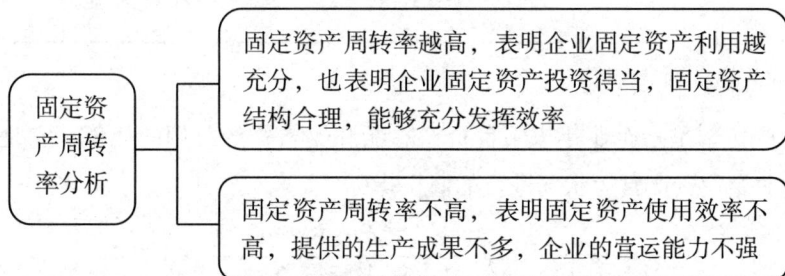

运用固定资产周转率时，还应考虑下面几点。

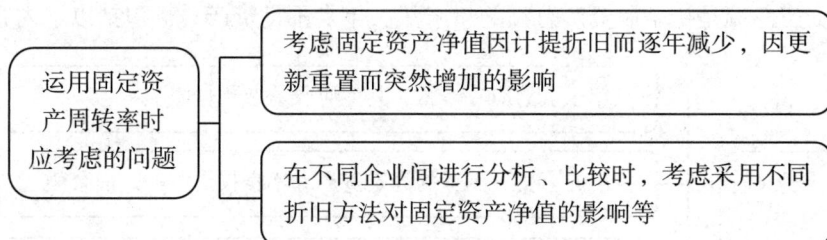

```
运用固定资    ┬── 考虑固定资产净值因计提折旧而逐年减少，因更
产周转率时    │    新重置而突然增加的影响
应考虑的问题  │
            └── 在不同企业间进行分析、比较时，考虑采用不同
                 折旧方法对固定资产净值的影响等
```

三、总资产周转情况分析

（一）总资产周转率分析

反映总资产周转情况的指标是总资产周转率。所谓总资产周转率是指企业一定时期营业收入净额同平均资产总额的比值，它体现了企业经营期间全部资产从投入到产出周而复始的流转速度，反映了企业全部资产的管理质量和利用效率。

$$总资产周转率（次） = \frac{营业收入净额}{平均资产总额} \times 100\%$$

$$平均资产总额 = \frac{期初资产总额 + 期末资产总额}{2}$$

$$总资产周转期（天数） = \frac{360}{总资产周转率}$$

总资产周转率指标通过当年已实现的营业价值与全部资产进行比较，反映出企业一定时期的实际产出量以及对每单位资产实现的价值补偿。

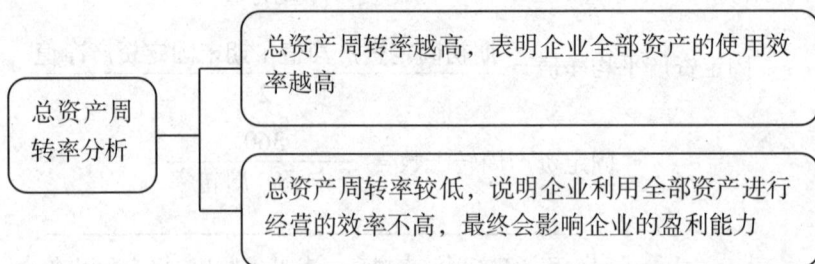

```
                    ┌─────────────────────────────────────┐
                    │ 总资产周转率越高，表明企业全部资产的使用效 │
        ┌───────────┤ 率越高                                 │
┌───────────┐       └─────────────────────────────────────┘
│ 总资产周  │
│ 转率分析  │       ┌─────────────────────────────────────┐
└───────────┘       │ 总资产周转率较低，说明企业利用全部资产进行 │
        └───────────┤ 经营的效率不高，最终会影响企业的盈利能力   │
                    └─────────────────────────────────────┘
```

（二）不良资产比率分析

不良资产比率是指企业年末不良资产总额和年末资产总额的比值，它是从企业资产管理角度对企业资产营运状况进行的修正指标。

$$不良资产比率 = \frac{年末不良资产总额}{年末资产总额} \times 100\%$$

其中，年末不良资产总额是指企业资产中存在问题、难以参加正常经营运转的部分；年末资产总额是指企业资产总额的年末数。年末不良资产总额包括以下内容：

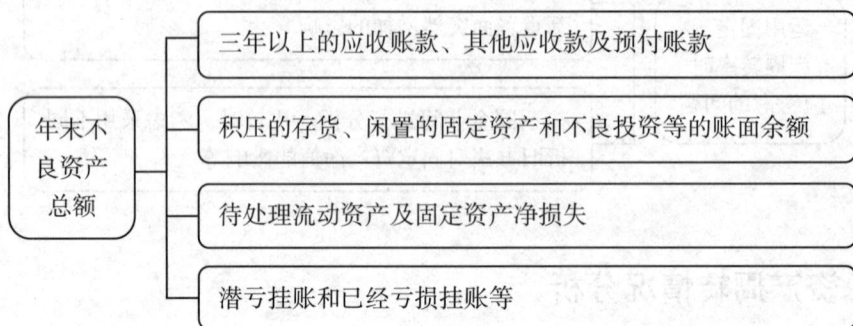

```
                    ┌─────────────────────────────────────┐
                    │ 三年以上的应收账款、其他应收款及预付账款   │
              ┌─────┤                                       │
              │     └─────────────────────────────────────┘
              │     ┌─────────────────────────────────────┐
              │     │ 积压的存货、闲置的固定资产和不良投资等的账面余额 │
┌───────────┐ ├─────┤                                       │
│ 年末不   │ │     └─────────────────────────────────────┘
│ 良资产   ├─┤     ┌─────────────────────────────────────┐
│ 总额     │ │     │ 待处理流动资产及固定资产净损失           │
└───────────┘ ├─────┤                                       │
              │     └─────────────────────────────────────┘
              │     ┌─────────────────────────────────────┐
              │     │ 潜亏挂账和已经亏损挂账等                 │
              └─────┤                                       │
                    └─────────────────────────────────────┘
```

不良资产比率分析着重从资产损失、资金挂账、不良投资及账款、积压商品物资等方面反映了企业资产的质量，揭示企业在资产管理和使用上存在的问题，用以对企业资产的营运状况进行补充修正。不良资产比率分析在运用时应注意以下事项：

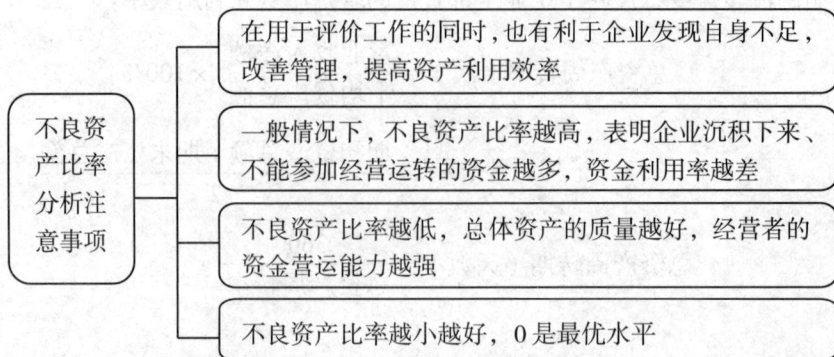

```
                    ┌─────────────────────────────────────┐
                    │ 在用于评价工作的同时，也有利于企业发现自身不足， │
              ┌─────┤ 改善管理，提高资产利用效率              │
              │     └─────────────────────────────────────┘
              │     ┌─────────────────────────────────────┐
┌───────────┐ │     │ 一般情况下，不良资产比率越高，表明企业沉积下来、 │
│ 不良资   │ ├─────┤ 不能参加经营运转的资金越多，资金利用率越差 │
│ 产比率   │ │     └─────────────────────────────────────┘
│ 分析注   ├─┤     ┌─────────────────────────────────────┐
│ 意事项   │ │     │ 不良资产比率越低，总体资产的质量越好，经营者的 │
└───────────┘ ├─────┤ 资金营运能力越强                       │
              │     └─────────────────────────────────────┘
              │     ┌─────────────────────────────────────┐
              │     │ 不良资产比率越小越好，0是最优水平       │
              └─────┤                                       │
                    └─────────────────────────────────────┘
```

四、营运能力指标分析的特点

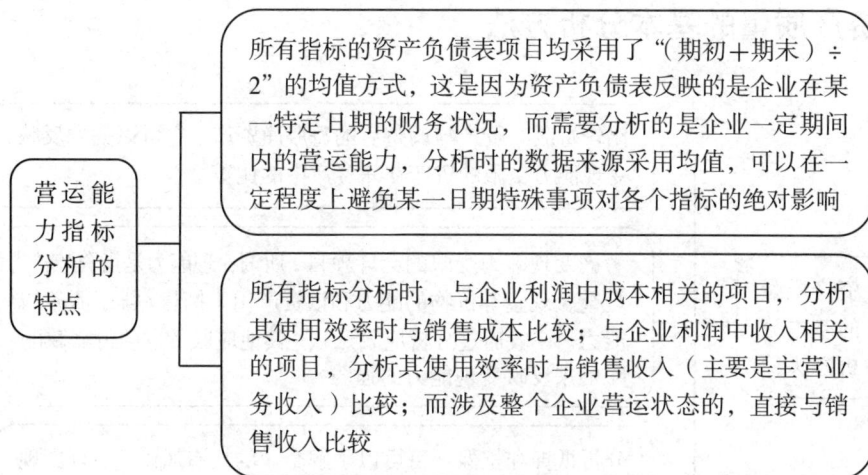

营运能力指标分析的特点

- 所有指标的资产负债表项目均采用了"（期初＋期末）÷2"的均值方式，这是因为资产负债表反映的是企业在某一特定日期的财务状况，而需要分析的是企业一定期间内的营运能力，分析时的数据来源采用均值，可以在一定程度上避免某一日期特殊事项对各个指标的绝对影响

- 所有指标分析时，与企业利润中成本相关的项目，分析其使用效率时与销售成本比较；与企业利润中收入相关的项目，分析其使用效率时与销售收入（主要是主营业务收入）比较；而涉及整个企业营运状态的，直接与销售收入比较

五、营运能力指标分析的作用

资产营运是企业在生产、经营过程中实现资本增值的过程，通过对营运能力各个指标的分析，可以了解企业资产的营运效率与效益。

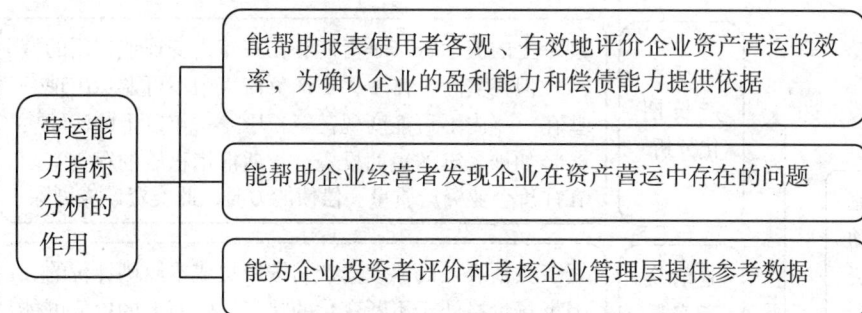

营运能力指标分析的作用

- 能帮助报表使用者客观、有效地评价企业资产营运的效率，为确认企业的盈利能力和偿债能力提供依据

- 能帮助企业经营者发现企业在资产营运中存在的问题

- 能为企业投资者评价和考核企业管理层提供参考数据

第六节　资产质量分析

资产的质量是指资产的变现质量、被企业在未来进一步利用或与其他资产组合增值的质量。资产质量的好坏主要表现在资产的账面价值与变现价值或被进一步利用的潜在价值（可以是资产的可变现价值、资产的公允价值或资产在未来与企业的其他资

产组合增值之后的价值来计量）之间的差异上。

一、资产质量的基本分析方法

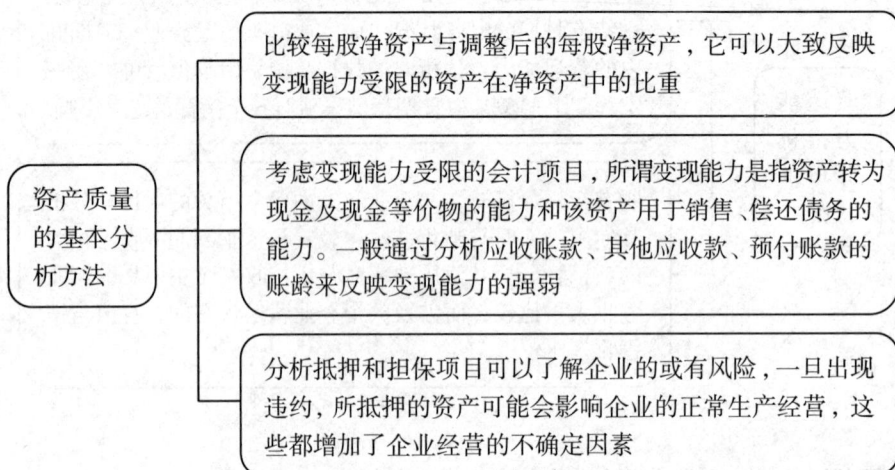

```
                    ┌─────────────────────────────────────────────────┐
                    │ 比较每股净资产与调整后的每股净资产，它可以大致反映 │
                    │ 变现能力受限的资产在净资产中的比重                 │
                    └─────────────────────────────────────────────────┘
                    ┌─────────────────────────────────────────────────┐
  资产质量           │ 考虑变现能力受限的会计项目，所谓变现能力是指资产转为 │
  的基本分           │ 现金及现金等价物的能力和该资产用于销售、偿还债务的 │
  析方法             │ 能力。一般通过分析应收账款、其他应收款、预付账款的 │
                    │ 账龄来反映变现能力的强弱                           │
                    └─────────────────────────────────────────────────┘
                    ┌─────────────────────────────────────────────────┐
                    │ 分析抵押和担保项目可以了解企业的或有风险，一旦出现 │
                    │ 违约，所抵押的资产可能会影响企业的正常生产经营，这 │
                    │ 些都增加了企业经营的不确定因素                     │
                    └─────────────────────────────────────────────────┘
```

二、流动资产质量分析

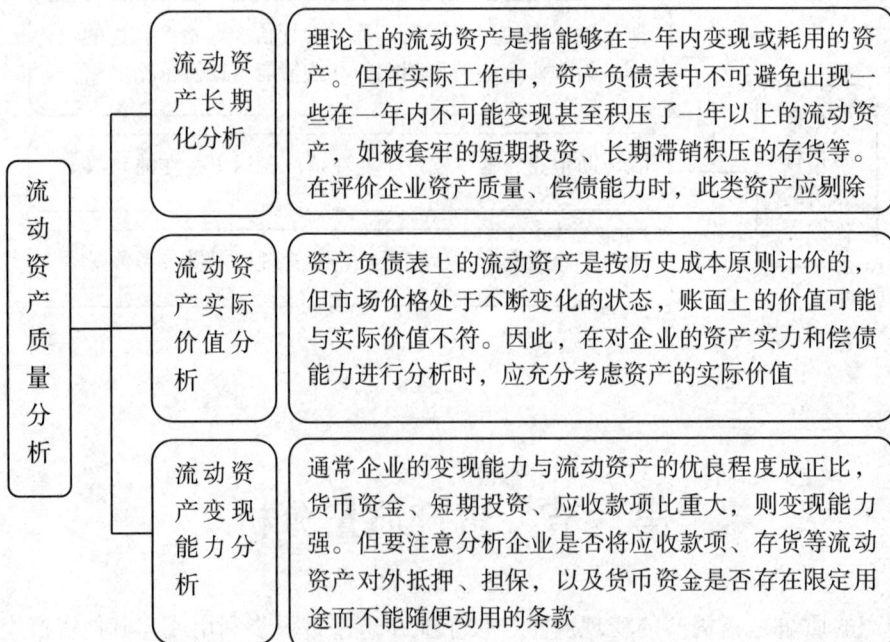

```
           ┌──────────┐ ┌─────────────────────────────────────────────────┐
           │ 流动资    │ │ 理论上的流动资产是指能够在一年内变现或耗用的资 │
           │ 产长期    │ │ 产。但在实际工作中，资产负债表中不可避免出现一 │
           │ 化分析    │ │ 些在一年内不可能变现甚至积压了一年以上的流动资 │
           │          │ │ 产，如被套牢的短期投资、长期滞销积压的存货等。 │
           │          │ │ 在评价企业资产质量、偿债能力时，此类资产应剔除 │
           └──────────┘ └─────────────────────────────────────────────────┘
  流动      ┌──────────┐ ┌─────────────────────────────────────────────────┐
  资产      │ 流动资    │ │ 资产负债表上的流动资产是按历史成本原则计价的， │
  质量      │ 产实际    │ │ 但市场价格处于不断变化的状态，账面上的价值可能 │
  分析      │ 价值分    │ │ 与实际价值不符。因此，在对企业的资产实力和偿债 │
           │ 析        │ │ 能力进行分析时，应充分考虑资产的实际价值         │
           └──────────┘ └─────────────────────────────────────────────────┘
           ┌──────────┐ ┌─────────────────────────────────────────────────┐
           │ 流动资    │ │ 通常企业的变现能力与流动资产的优良程度成正比， │
           │ 产变现    │ │ 货币资金、短期投资、应收款项比重大，则变现能力 │
           │ 能力分    │ │ 强。但要注意分析企业是否将应收款项、存货等流动 │
           │ 析        │ │ 资产对外抵押、担保，以及货币资金是否存在限定用 │
           │          │ │ 途而不能随便动用的条款                           │
           └──────────┘ └─────────────────────────────────────────────────┘
```

三、固定资产质量分析

固定资产的质量分析可以从多角度来进行。

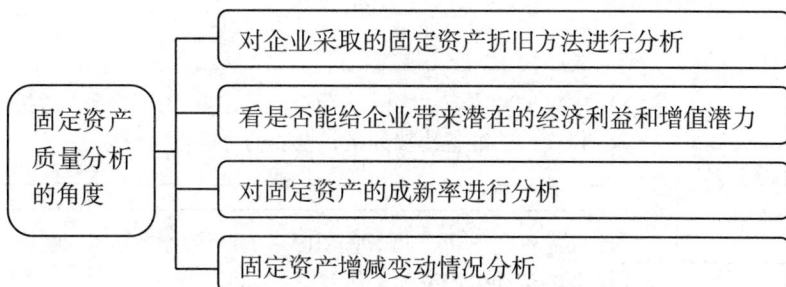

```
┌──────────┐    ┌─────────────────────────────────────┐
│          │────│ 对企业采取的固定资产折旧方法进行分析   │
│ 固定资产  │    └─────────────────────────────────────┘
│ 质量分析  │    ┌─────────────────────────────────────┐
│ 的角度    │────│ 看是否能给企业带来潜在的经济利益和增值潜力 │
│          │    └─────────────────────────────────────┘
│          │    ┌─────────────────────────────────────┐
│          │────│ 对固定资产的成新率进行分析            │
│          │    └─────────────────────────────────────┘
│          │    ┌─────────────────────────────────────┐
│          │────│ 固定资产增减变动情况分析              │
└──────────┘    └─────────────────────────────────────┘
```

（一）对企业采取的固定资产折旧方法进行分析

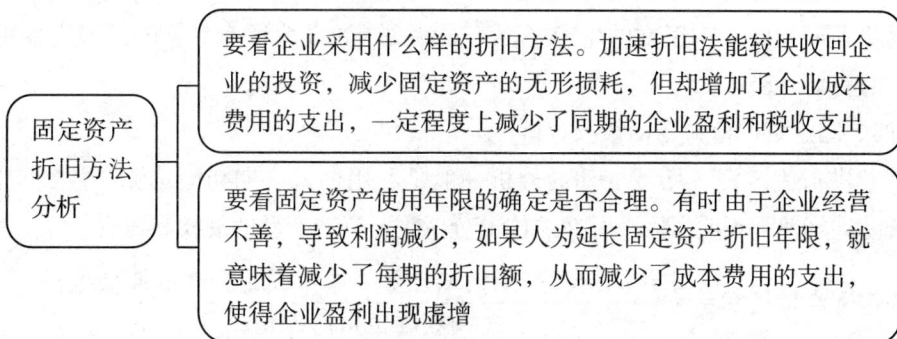

```
┌──────────┐    ┌─────────────────────────────────────┐
│          │────│ 要看企业采用什么样的折旧方法。加速折旧法能较快收回企 │
│ 固定资产  │    │ 业的投资，减少固定资产的无形损耗，但却增加了企业成本 │
│ 折旧方法  │    │ 费用的支出，一定程度上减少了同期的企业盈利和税收支出 │
│ 分析      │    └─────────────────────────────────────┘
│          │    ┌─────────────────────────────────────┐
│          │────│ 要看固定资产使用年限的确定是否合理。有时由于企业经营 │
│          │    │ 不善，导致利润减少，如果人为延长固定资产折旧年限，就 │
│          │    │ 意味着减少了每期的折旧额，从而减少了成本费用的支出， │
│          │    │ 使得企业盈利出现虚增                  │
└──────────┘    └─────────────────────────────────────┘
```

（二）看是否能给企业带来潜在的经济利益和增值潜力

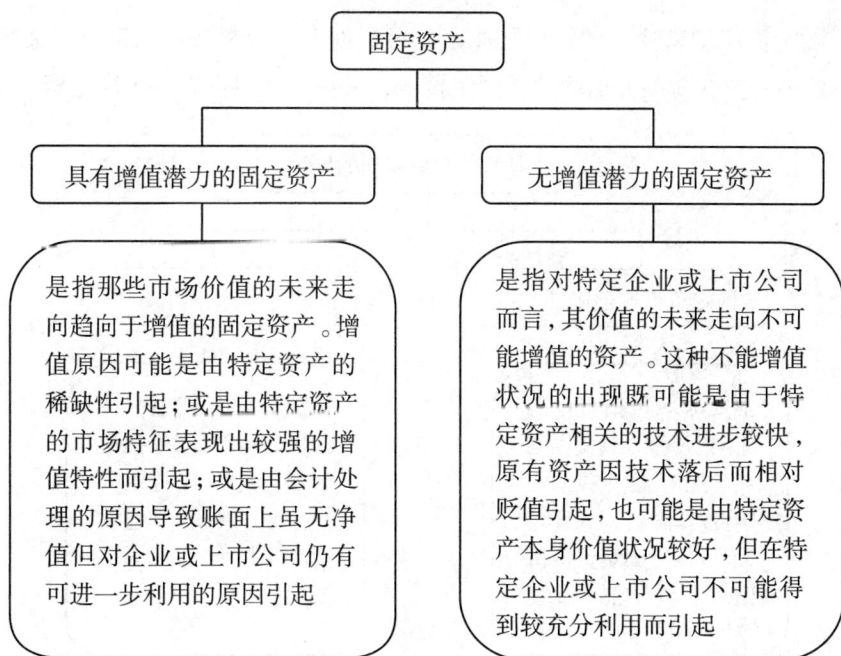

```
                    ┌──────────┐
                    │ 固定资产  │
                    └──────────┘
          ┌───────────────┴───────────────┐
┌────────────────────┐          ┌────────────────────┐
│ 具有增值潜力的固定资产 │          │ 无增值潜力的固定资产 │
└────────────────────┘          └────────────────────┘
┌────────────────────┐          ┌────────────────────┐
│ 是指那些市场价值的未来走 │          │ 是指对特定企业或上市公司 │
│ 向趋向于增值的固定资产。增 │          │ 而言,其价值的未来走向不可 │
│ 值原因可能是由特定资产的 │          │ 能增值的资产。这种不能增值 │
│ 稀缺性引起;或是由特定资产 │          │ 状况的出现既可能是由于特 │
│ 的市场特征表现出较强的增 │          │ 定资产相关的技术进步较快, │
│ 值特性而引起;或是由会计处 │          │ 原有资产因技术落后而相对 │
│ 理的原因导致账面上虽无净 │          │ 贬值引起,也可能是由特定资 │
│ 值但对企业或上市公司仍有 │          │ 产本身价值状况较好,但在特 │
│ 可进一步利用的原因引起 │          │ 定企业或上市公司不可能得 │
│                    │          │ 到较充分利用而引起 │
└────────────────────┘          └────────────────────┘
```

（三）对固定资产的成新率进行分析

固定资产成新率是企业当期平均固定资产净值同固定资产平均原值的比率。它反映了企业所拥有的固定资产的新旧程度，体现了企业固定资产更新的快慢和持续发展能力。

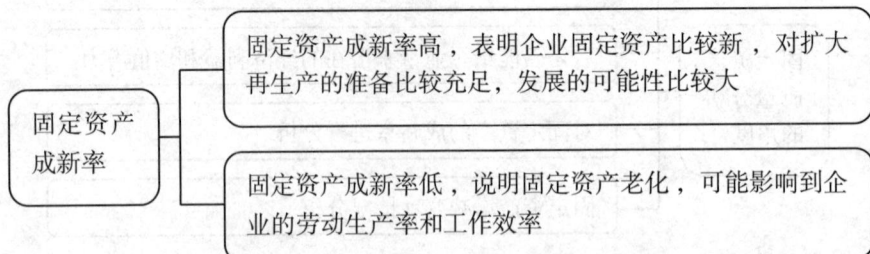

```
                ┌─────────────────────────────────────────┐
                │ 固定资产成新率高，表明企业固定资产比较新，对扩大 │
          ┌─────┤ 再生产的准备比较充足，发展的可能性比较大      │
 ┌───────┐│     └─────────────────────────────────────────┘
 │固定资产││
 │成新率 ├┤     ┌─────────────────────────────────────────┐
 └───────┘│     │ 固定资产成新率低，说明固定资产老化，可能影响到企 │
          └─────┤ 业的劳动生产率和工作效率                   │
                └─────────────────────────────────────────┘
```

固定资产成新率指标低时，企业可考虑固定资产的更新，特别是固定资产待到后期容易出现问题，影响正常的生产经营，这就要求企业应留有足够的折旧资金用于固定资产的更新改造。

（四）固定资产增减变动情况分析

企业进行固定资产增减变动的分析一般是利用期末、期初固定资产数额相比较，研究其变动规律，查明原因，并在总体上分析固定资产变动的规模和速度。

$$固定资产增长率 = \frac{本年固定资产原值增加额 - 本年固定资产原值减少额}{期初固定资产原值} \times 100\%$$

$$= \frac{本年固定资产增加净额}{期初固定资产原值} \times 100\%$$

对于固定资产增减变动的情况和原因，可根据会计资料按照固定资产类别详细分析一定时期内企业在哪些方面增加了固定资产，又在哪些方面减少了固定资产。

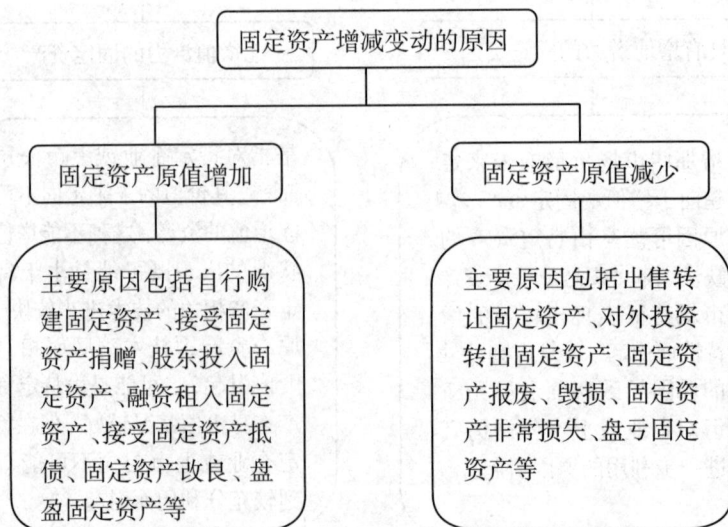

```
                    ┌──────────────────┐
                    │ 固定资产增减变动的原因 │
                    └─────────┬────────┘
              ┌───────────────┴───────────────┐
     ┌────────────────┐              ┌────────────────┐
     │ 固定资产原值增加  │              │ 固定资产原值减少  │
     └────────────────┘              └────────────────┘
     ┌────────────────┐              ┌────────────────┐
     │ 主要原因包括自行购 │              │ 主要原因包括出售转 │
     │ 建固定资产、接受固定│              │ 让固定资产、对外投资│
     │ 资产捐赠、股东投入固│              │ 转出固定资产、固定资│
     │ 定资产、融资租入固定│              │ 产报废、毁损、固定资│
     │ 资产、接受固定资产抵│              │ 产非常损失、盘亏固定│
     │ 债、固定资产改良、盘│              │ 资产等           │
     │ 盈固定资产等      │              │                │
     └────────────────┘              └────────────────┘
```

四、无形资产质量分析

根据无形资产的特点，在分析无形资产质量时，首先要分析记入无形资产的内容是否正确，摊销期是否符合实际情况。其次要分析无形资产质量的重要指标完成情况。

分析无形资产质量的重要指标内容如下。

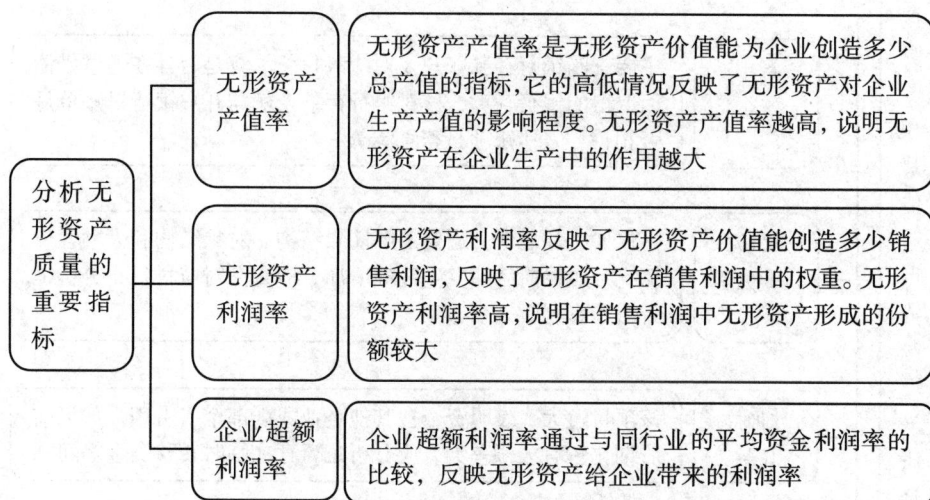

```
                    ┌─────────────┐   ┌──────────────────────────────┐
                    │ 无形资产    │   │ 无形资产产值率是无形资产价值能为企业创造多少 │
                    │ 产值率      │   │ 总产值的指标，它的高低情况反映了无形资产对企业 │
                    │             │   │ 生产产值的影响程度。无形资产产值率越高，说明无 │
                    │             │   │ 形资产在企业生产中的作用越大        │
┌─────────┐         └─────────────┘   └──────────────────────────────┘
│ 分析无  │         ┌─────────────┐   ┌──────────────────────────────┐
│ 形资产  │         │ 无形资产    │   │ 无形资产利润率反映了无形资产价值能创造多少销 │
│ 质量的  ├─────────┤ 利润率      │   │ 售利润，反映了无形资产在销售利润中的权重。无形 │
│ 重要指  │         │             │   │ 资产利润率高，说明在销售利润中无形资产形成的份 │
│ 标      │         │             │   │ 额较大                    │
└─────────┘         └─────────────┘   └──────────────────────────────┘
                    ┌─────────────┐   ┌──────────────────────────────┐
                    │ 企业超额    │   │ 企业超额利润率通过与同行业的平均资金利润率的 │
                    │ 利润率      │   │ 比较，反映无形资产给企业带来的利润率      │
                    └─────────────┘   └──────────────────────────────┘
```

五、长期投资质量分析

长期投资是指短期投资以外的投资，即企业不准备随时变现、持有时间在一年以上的投资。长期投资的目的主要是从企业的长期发展战略上考虑，或是为控制或影响其他企业，或是为获取稳定的利息收入。

对长期投资进行质量评估要经历以下步骤：

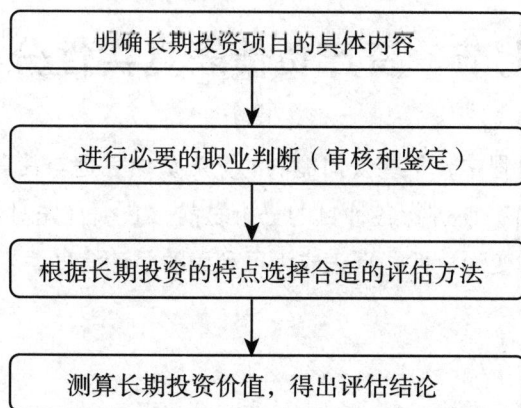

```
┌──────────────────────────────┐
│ 明确长期投资项目的具体内容      │
└──────────────────────────────┘
              ↓
┌──────────────────────────────┐
│ 进行必要的职业判断（审核和鉴定） │
└──────────────────────────────┘
              ↓
┌──────────────────────────────┐
│ 根据长期投资的特点选择合适的评估方法 │
└──────────────────────────────┘
              ↓
┌──────────────────────────────┐
│ 测算长期投资价值，得出评估结论   │
└──────────────────────────────┘
```

六、虚拟资产和其他重点资产项目质量分析

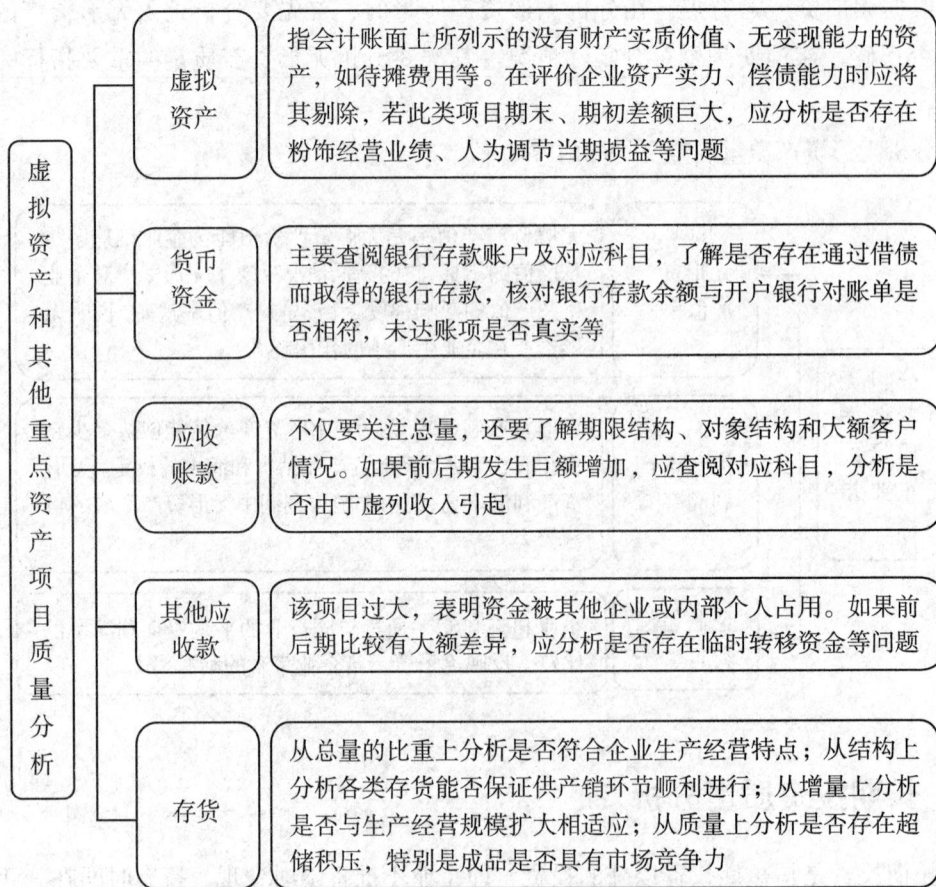

虚拟资产和其他重点资产项目质量分析

- **虚拟资产**：指会计账面上所列示的没有财产实质价值、无变现能力的资产，如待摊费用等。在评价企业资产实力、偿债能力时应将其剔除，若此类项目期末、期初差额巨大，应分析是否存在粉饰经营业绩、人为调节当期损益等问题

- **货币资金**：主要查阅银行存款账户及对应科目，了解是否存在通过借债而取得的银行存款，核对银行存款余额与开户银行对账单是否相符，未达账项是否真实等

- **应收账款**：不仅要关注总量，还要了解期限结构、对象结构和大额客户情况。如果前后期发生巨额增加，应查阅对应科目，分析是否由于虚列收入引起

- **其他应收款**：该项目过大，表明资金被其他企业或内部个人占用。如果前后期比较有大额差异，应分析是否存在临时转移资金等问题

- **存货**：从总量的比重上分析是否符合企业生产经营特点；从结构上分析各类存货能否保证供产销环节顺利进行；从增量上分析是否与生产经营规模扩大相适应；从质量上分析是否存在超储积压，特别是成品是否具有市场竞争力

第七节　资产负债表真实性分析

在实际生产经营过程中，某些公司提供的资产负债表是与其真实情况相差很远的。因此，作为报表使用者，在进行各种目的分析之前，必须首先对其真实性进行判断和分析，使其信息由隐性变为显性，真正成为可利用的会计信息。

一、资产负债表真实性分析的方法

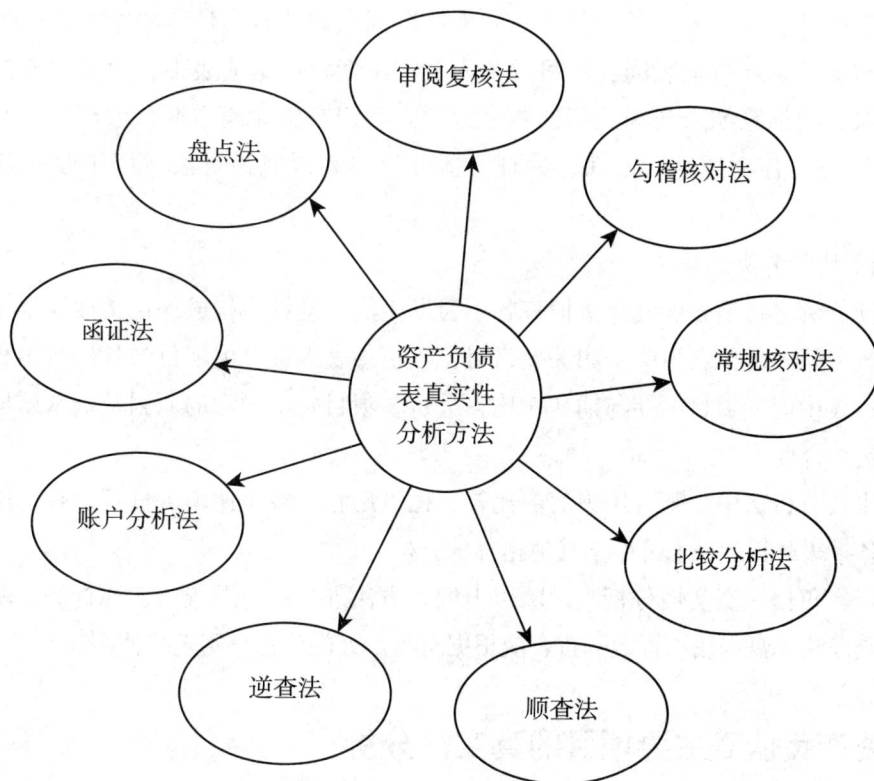

（一）审阅复核法

审阅复核法主要是分析资产负债表项目完整性和计算的正确性，具体流程如下。

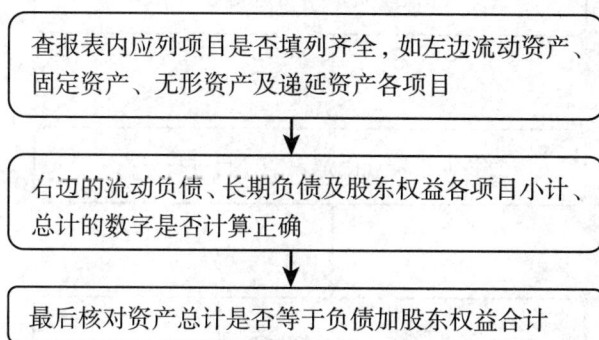

（二）勾稽核对法

勾稽核对法就是分析资产负债表各指标与其他各个报表的有关指标所存在的依存关系。按现行会计制度规定，企业对外编制的除了资产负债表外，还有利润表、现金流量表、股东权益变动表，这些报表中有关相同或相关项目数字应保持相等。勾稽核对法适用于各类报表使用者。

（三）常规核对法

常规核对法就是分析资产负债表各项目数据来源的真实性。如本期资产负债表期初数与上期资产负债表同类项目的期末数，本期资产负债表中各项目期末数与各有关总账、明细账期末余额或相加减余额，本期资产负债表中期末数与实物数，同时还要将表中各项目进行账账、账证、证证核对。常规核对法适用于政府及审计部门。

（四）比较分析法

比较分析法就是分析资产负债表各项目发生的合理性，构成的正常性及企业财务状况、盈利状况，如表内两个相关项目对比分析，表中各有关项目与其他报表相关项目对比，表中同一项目本期与期初对比，分析各项目发生异常的原因及资本结构、资金结构是否合理。

在比较分析法中，既可用绝对数比较，也可用相对数（比率）进行比较，该方法适用于各报表分析者，也可用于其他指标的分析。

在资产负债表真实性分析中，除以上四种方法外，还有顺查法、逆查法、账户分析法、函证法、盘点法，报表分析者应根据自身所处的位置分别选择使用。

二、资产负债表主要项目的真实性分析

对资产负债表主要项目进行真实性分析，一般按以下步骤进行。

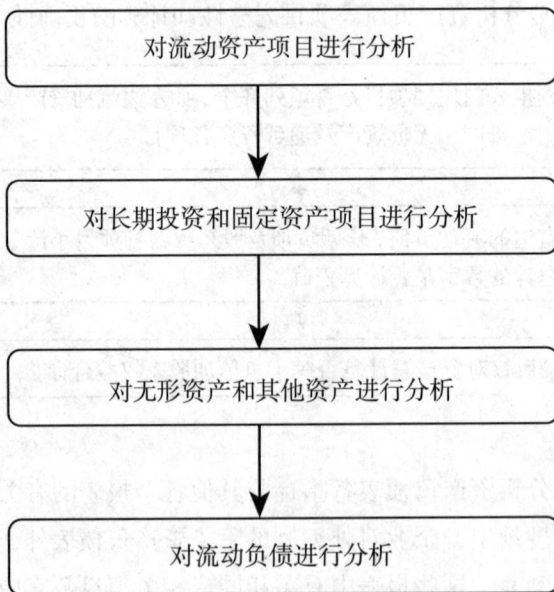

对流动资产项目进行分析

对长期投资和固定资产项目进行分析

对无形资产和其他资产进行分析

对流动负债进行分析

（一）对流动资产项目进行分析

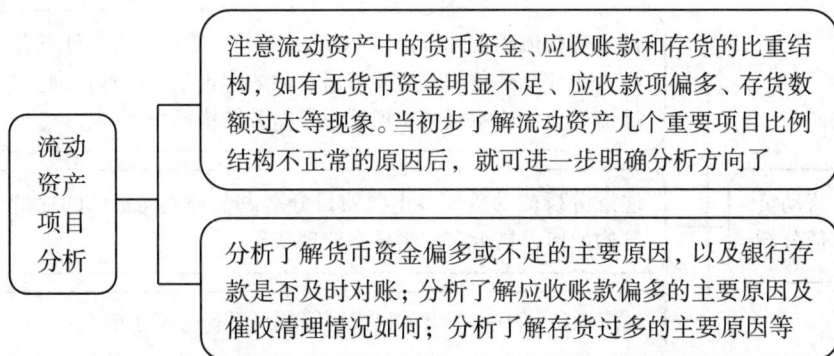

```
┌────────┐   ┌──────────────────────────────────────────┐
│ 流      │───│ 注意流动资产中的货币资金、应收账款和存货的比重结 │
│ 动      │   │ 构，如有无货币资金明显不足、应收款项偏多、存货数 │
│ 资      │   │ 额过大等现象。当初步了解流动资产几个重要项目比例 │
│ 产      │   │ 结构不正常的原因后，就可进一步明确分析方向了     │
│ 项      │   └──────────────────────────────────────────┘
│ 目      │   ┌──────────────────────────────────────────┐
│ 分      │───│ 分析了解货币资金偏多或不足的主要原因，以及银行存 │
│ 析      │   │ 款是否及时对账；分析了解应收账款偏多的主要原因及 │
│        │   │ 催收清理情况如何；分析了解存货过多的主要原因等   │
└────────┘   └──────────────────────────────────────────┘
```

（二）对长期投资和固定资产项目进行分析

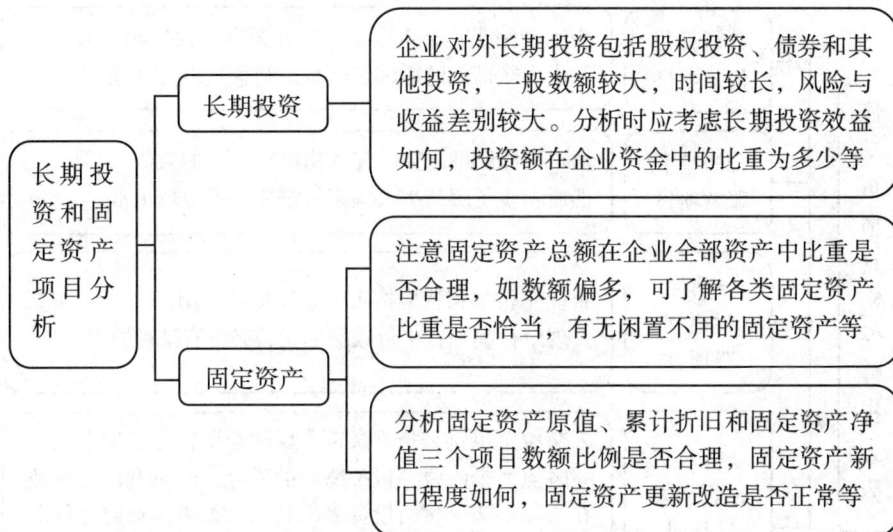

```
┌────────┐   ┌────────┐   ┌──────────────────────────────────────────┐
│ 长      │   │ 长期投资 │───│ 企业对外长期投资包括股权投资、债券和其 │
│ 期      │   └────────┘   │ 他投资，一般数额较大，时间较长，风险与 │
│ 投      │               │ 收益差别较大。分析时应考虑长期投资效益 │
│ 资      │───            │ 如何，投资额在企业资金中的比重为多少等 │
│ 和      │               └──────────────────────────────────────────┘
│ 固      │               ┌──────────────────────────────────────────┐
│ 定      │               │ 注意固定资产总额在企业全部资产中比重是 │
│ 资      │   ┌────────┐   │ 否合理，如数额偏多，可了解各类固定资产 │
│ 产      │───│ 固定资产 │───│ 比重是否恰当，有无闲置不用的固定资产等 │
│ 项      │   └────────┘   └──────────────────────────────────────────┘
│ 目      │               ┌──────────────────────────────────────────┐
│ 分      │               │ 分析固定资产原值、累计折旧和固定资产净 │
│ 析      │               │ 值三个项目数额比例是否合理，固定资产新 │
│        │               │ 旧程度如何，固定资产更新改造是否正常等 │
└────────┘               └──────────────────────────────────────────┘
```

（三）对无形资产和其他资产进行分析

无形资产包括专利权、非专利技术、商标权、著作权、土地使用权、特许权、商誉等。无形资产的数额大小是分析的重点。如果无形资产数额过大，要审阅无形资产明细账，了解各种无形资产的构成是否有不够合理的无形资产；同时要了解无形资产摊销是否正常，有无存在不摊销的现象，或者是否存在无形资产出售、转让后未及时转账的现象。

其他资产项目分析的重点是递延资产的数额大小。开办企业的摊销期限及是否按月均衡摊销是影响该项资产数额的重要因素。分析中还要注意其他长期资产项目中（如冻结物资、冻结存款、特种储备物资）的数额是否正常，如发现疑问，应了解其原因。此外，对资产负债表中待处理财产损益项目也要注意数额是否过大，可审阅明细账户资料，分析待处理财产损益的发生原因等。

（四）对流动负债进行分析

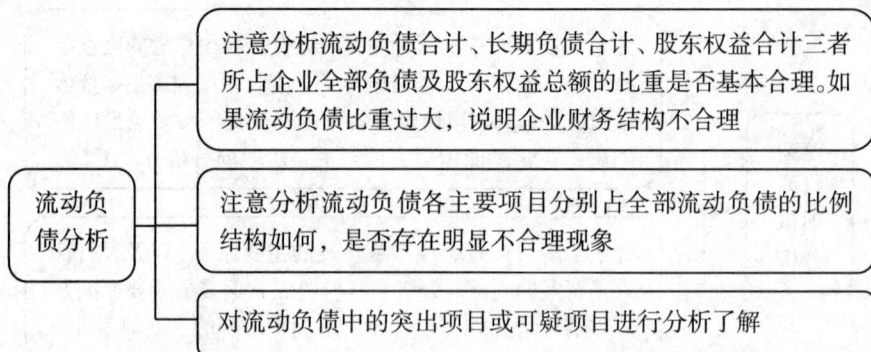

流动负债分析
- 注意分析流动负债合计、长期负债合计、股东权益合计三者所占企业全部负债及股东权益总额的比重是否基本合理。如果流动负债比重过大，说明企业财务结构不合理
- 注意分析流动负债各主要项目分别占全部流动负债的比例结构如何，是否存在明显不合理现象
- 对流动负债中的突出项目或可疑项目进行分析了解

对流动负债进行真实性分析，具体在操作过程中可以使用的方法如下。

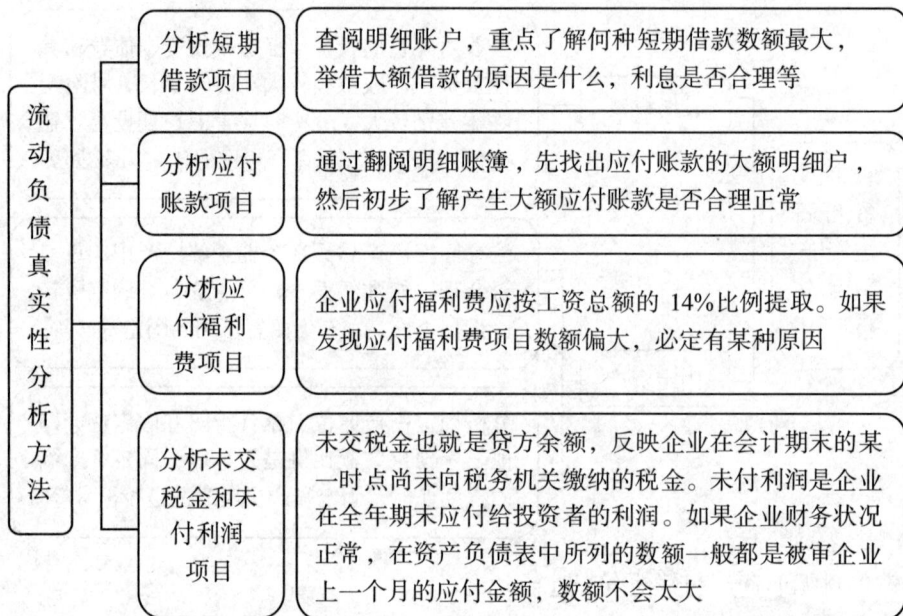

流动负债真实性分析方法
- 分析短期借款项目 —— 查阅明细账户，重点了解何种短期借款数额最大，举借大额借款的原因是什么，利息是否合理等
- 分析应付账款项目 —— 通过翻阅明细账簿，先找出应付账款的大额明细户，然后初步了解产生大额应付账款是否合理正常
- 分析应付福利费项目 —— 企业应付福利费应按工资总额的 14% 比例提取。如果发现应付福利费项目数额偏大，必定有某种原因
- 分析未交税金和未付利润项目 —— 未交税金也就是贷方余额，反映企业在会计期末的某一时点尚未向税务机关缴纳的税金。未付利润是企业在全年期末应付给投资者的利润。如果企业财务状况正常，在资产负债表中所列的数额一般都是被审企业上一个月的应付金额，数额不会太大

三、对长期负债项目的分析

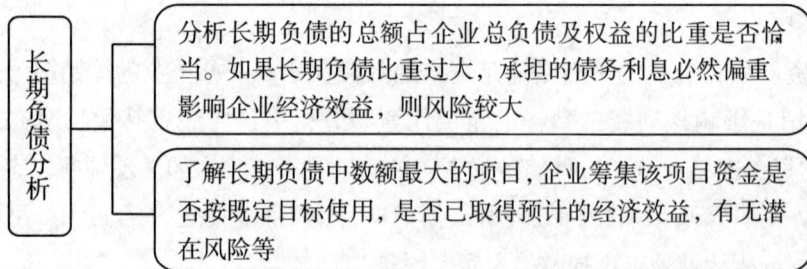

长期负债分析
- 分析长期负债的总额占企业总负债及权益的比重是否恰当。如果长期负债比重过大，承担的债务利息必然偏重影响企业经济效益，则风险较大
- 了解长期负债中数额最大的项目，企业筹集该项目资金是否按既定目标使用，是否已取得预计的经济效益，有无潜在风险等

四、对股东权益项目的分析

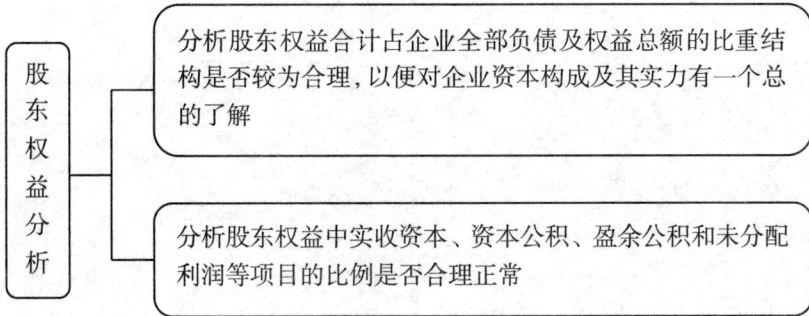

股东权益分析

分析股东权益合计占企业全部负债及权益总额的比重结构是否较为合理，以便对企业资本构成及其实力有一个总的了解

分析股东权益中实收资本、资本公积、盈余公积和未分配利润等项目的比例是否合理正常

第九章 利润表掘金分析

本章导读

　　利润表分析是以利润表为对象进行的财务分析。在分析企业的盈利状况和经营成果时，必须要从利润表中获取财务资料。而且，即使分析企业偿债能力，也应结合利润表，因为一个企业的偿债能力同其他能力密切相关。

　　通过对利润表的阅读和分析，我们可以从中了解的信息主要有：企业在过去的一段时间内从事营业活动的成果如何？盈利还是亏损？不同时期营业利润的变化受哪些因素影响？利润总额受营业活动收益影响大还是受营业外收支净额的影响大？如果发生亏损，其原因是什么？通过对利润表的分析，报表使用人再与资产负债表相结合，可以对企业的经营业绩做出基本的评价，进而可以对企业在行业中的竞争地位、自身的持续发展能力等做出有效的判断。

　　希望通过本章学习，读者能够掌握利润表的项目分析、水平分析、结构与趋势分析方法。

第一节　利润表各项目分析

一、利润表阅读重点

利润表中上下项目之间存在计算程序上的承接关系，阅读利润表应按从上至下的顺序进行。另外，通过一定的阅读技巧，可以做到对利润表的初步分析，发现比较突出的问题。

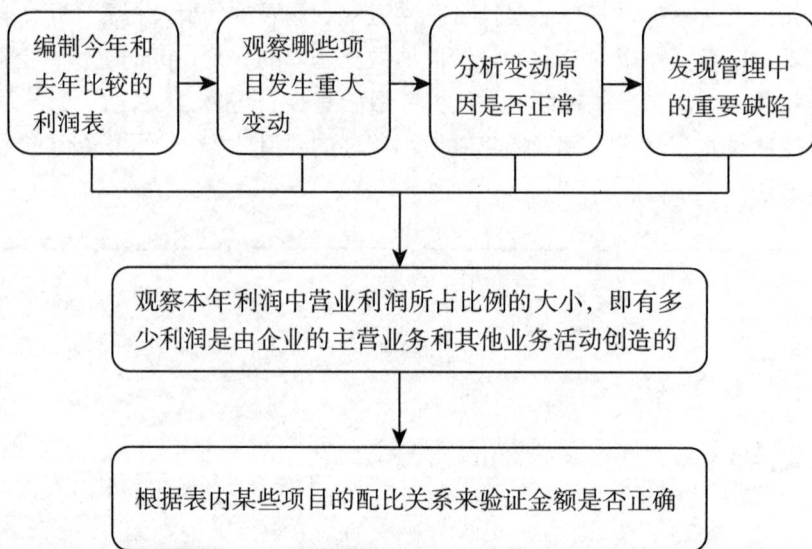

```
┌──────────┐   ┌──────────┐   ┌──────────┐   ┌──────────┐
│ 编制今年和 │→ │ 观察哪些项 │→ │ 分析变动原 │→ │ 发现管理中 │
│ 去年比较的 │   │ 目发生重大 │   │ 因是否正常 │   │ 的重要缺陷 │
│ 利润表    │   │ 变动      │   │          │   │          │
└──────────┘   └──────────┘   └──────────┘   └──────────┘
```

┌───┐
│ 观察本年利润中营业利润所占比例的大小，即有多│
│ 少利润是由企业的主营业务和其他业务活动创造的│
└───┘

┌───┐
│ 根据表内某些项目的配比关系来验证金额是否正确│
└───┘

二、利润表项目分析

某公司 2014 年的资产负债表见表 8-1，其对应的利润表见表 9-1。现以该利润表为例对各项目数据进行简要分析。

表 9-1　利润表

单位：×× 有限责任公司	2014 年 12 月 31 日	单位：元
项目	本月发生数	本年累计发生数
一、营业收入	125 000.00	1 500 000.00

续表

项目	本月发生数	本年累计发生数
减：营业成本	99 000.00	119 000 0.00
营业税金及附加	2 333.00	280 00.00
销售费用	5 000.00	60 000.00
管理费用	13 000.00	152 000.00
财务费用	1 160.00	14 000.00
二、营业利润	4 507.00	56 000.00
加：营业外收入	200.00	5 000.00
减：营业外支出		1 298.51
三、利润总额	4 707.00	59 701.49
减：所得税费	1 553.31	19 701.49
四、净利润	3 153.69	40 000.00

根据表 8-1 和表 9-1 可以分析出以下数据：

（1）销售利润率。销售利润率反映的是企业销售收入的获利水平。

$$销售利润率 = \frac{利润总额}{营业收入} \times 100\% = \frac{59701.49}{1500000} \times 100\% = 4\%$$

（2）资本收益率。从资本收益率可以看出企业运用投资者投入资本获得收益的能力。

$$资本收益率 = \frac{净利润}{实收资本净额} \times 100\% = \frac{40000}{410000} \times 100\% = 9.8\%$$

（3）资本保值增值率。资本保值增值率反映了投资者投入企业的资本的完整性和保全性。

$$资本保值增值率 = \frac{年末所有者权益}{年初所有者权益} \times 100\% = \frac{500000}{550000} \times 100\% = 91\%$$

（4）应收账款周转率。应收账款周转率可用来衡量企业应收账款周转快慢，通常以 500% 以上为佳。

应收账款周转率 = 主营业务收入贷方发生额 ÷[（应收账款期初余额＋应收账款期末余额）÷2]×100%=1500000÷[（280000＋380000）÷2]×100%=454.55%

（5）存货周转率。存货周转率可用于衡量企业在一定时期内存货资产的周转次数，通常以 400% 以上为佳。

存货周转率=销货成本÷[（期初存货＋期末存货）÷2]×100%=1190000÷[（351000＋334000）÷2]×100%=347.45%

第二节　利润表比较分析

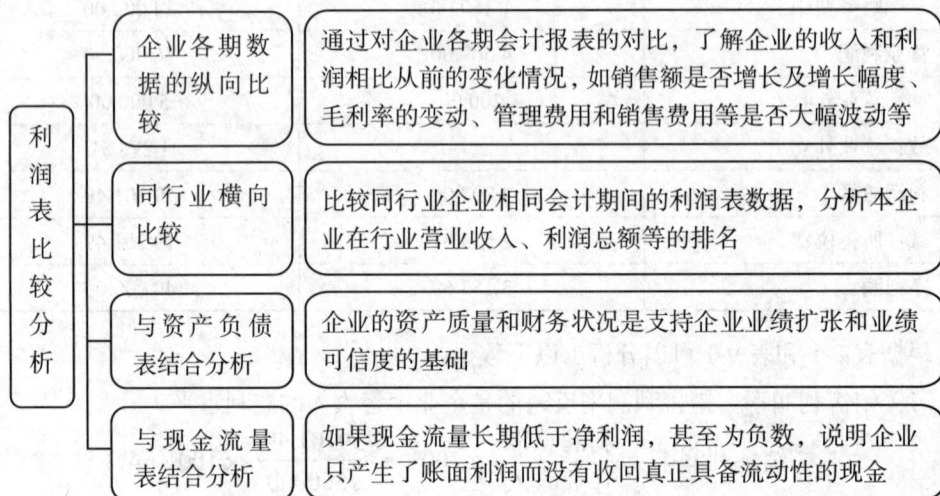

利润表比较分析	企业各期数据的纵向比较	通过对企业各期会计报表的对比，了解企业的收入和利润相比从前的变化情况，如销售额是否增长及增长幅度、毛利率的变动、管理费用和销售费用等是否大幅波动等
	同行业横向比较	比较同行业企业相同会计期间的利润表数据，分析本企业在行业营业收入、利润总额等的排名
	与资产负债表结合分析	企业的资产质量和财务状况是支持企业业绩扩张和业绩可信度的基础
	与现金流量表结合分析	如果现金流量长期低于净利润，甚至为负数，说明企业只产生了账面利润而没有收回真正具备流动性的现金

第三节　盈利能力分析

　　企业的盈利水平是衡量企业经营业绩的重要指标，也是投资人正确决定其投资去向，判断企业能否保全其资本的依据，债权人也要通过盈利状况的分析以准确评价企业债务的偿还能力，控制信贷风险。因此，不论是投资人、债权人还是企业经营管理人员，都十分重视企业盈利能力的分析。

一、盈利能力分析与企业财务分析的关系

　　盈利能力分析是企业财务分析的重点，对企业的盈利能力进行分析非常重要。

盈利能力是企业各环节经营活动的具体表现，企业经营的好坏，都会通过盈利能力表现出来

盈利能力分析与企业财务分析的关系

盈利能力是评价企业经营管理水平的重要依据。通过对盈利能力的深入分析，可以发现经营管理中的重大问题，进而采取措施加以解决，以提高企业的收益水平

企业的各项经营活动都会影响企业的盈利

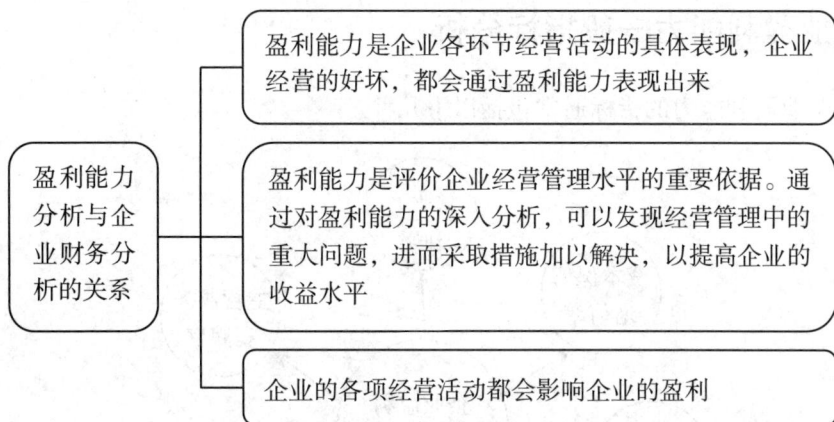

二、盈利能力分析的内容

盈利能力又称获利能力，是指企业获得利润的能力。盈利能力的分析应包括盈利水平及盈利的稳定性、持久性两方面内容。企业盈利能力分析中，经营者往往重视企业获得利润的多少，而忽视企业盈利的稳定性、持久性的分析。实际上，企业盈利能力的强弱不能仅以企业利润总额的高低水平来衡量。

虽然利润总额可以揭示企业当期的盈利总规模或总水平，但是它不能表明这一利润总额是怎样形成的，也不能反映企业的盈利能否按照现在的水平维持或按照一定的速度增长下去，即无法揭示这一盈利的内在品质。所以，对盈利能力的分析不仅要进行总量的分析，还要在此基础上进行盈利结构的分析，把握企业盈利的稳定性和持久性。

三、盈利能力分析的方法

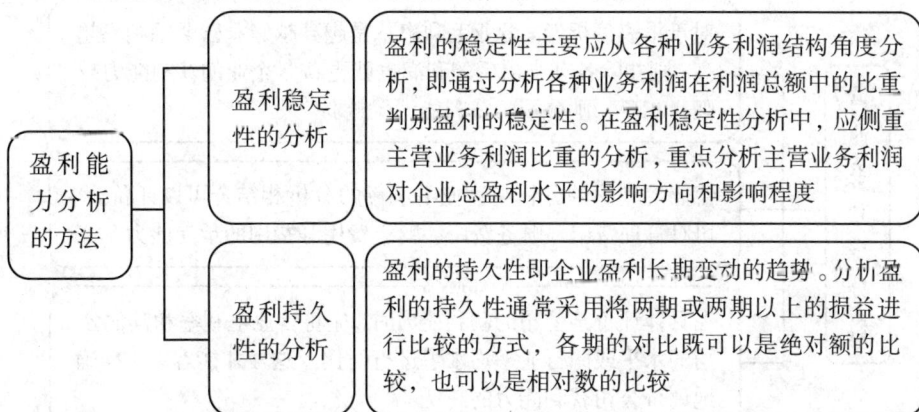

盈利能力分析的方法

盈利稳定性的分析

盈利的稳定性主要应从各种业务利润结构角度分析，即通过分析各种业务利润在利润总额中的比重判别盈利的稳定性。在盈利稳定性分析中，应侧重主营业务利润比重的分析，重点分析主营业务利润对企业总盈利水平的影响方向和影响程度

盈利持久性的分析

盈利的持久性即企业盈利长期变动的趋势。分析盈利的持久性通常采用将两期或两期以上的损益进行比较的方式，各期的对比既可以是绝对额的比较，也可以是相对数的比较

四、企业盈利能力一般指标分析

反映企业盈利能力的指标通常包括以下几种。

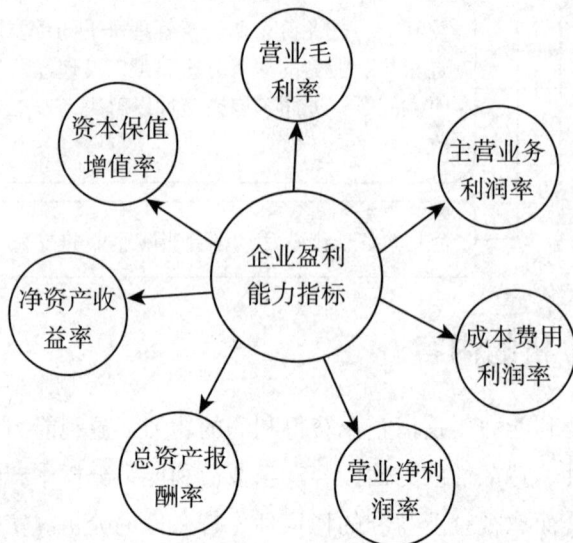

（一）营业毛利率

营业毛利率是指公司本期获得营业毛利和营业收入净额之间的比率。它可以精确地反映每1元营业收入中营业毛利的比重，通过它可以知道企业产品销售的初始获利能力。

$$营业毛利率 = \frac{营业毛利}{营业收入净额} \times 100\% = \frac{营业收入净额 - 营业成本}{营业收入净额} \times 100\%$$

其中，营业收入净额是指公司营业投入总额减去营业退回与折让之后的差额。

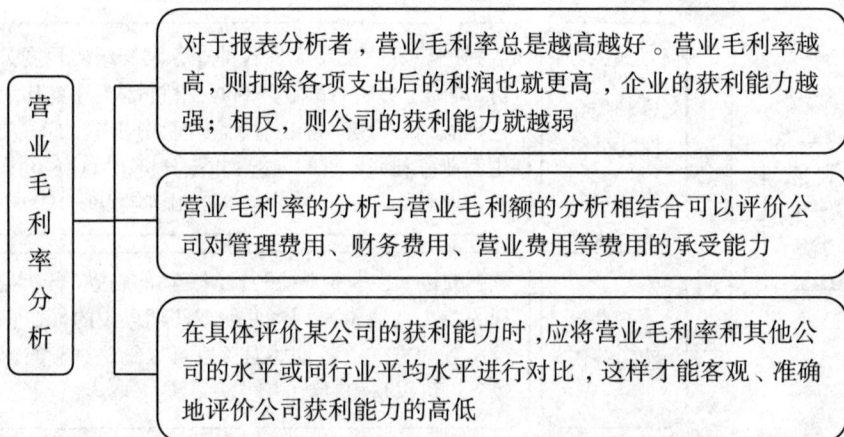

对于报表分析者，营业毛利率总是越高越好。营业毛利率越高，则扣除各项支出后的利润也就更高，企业的获利能力越强；相反，则公司的获利能力就越弱

营业毛利率的分析与营业毛利额的分析相结合可以评价公司对管理费用、财务费用、营业费用等费用的承受能力

在具体评价某公司的获利能力时，应将营业毛利率和其他公司的水平或同行业平均水平进行对比，这样才能客观、准确地评价公司获利能力的高低

（二）主营业务利润率

主营业务利润率是指企业一定时期主营业务利润与主营业务收入净额的比率。它反映公司的主营业务获利水平。

$$主营业务利润率 = \frac{主营业务利润}{主营业务收入净额} \times 100\%$$

主营业务利润率分析

- 主营业务利润率越高，说明企业主营业务市场竞争力越强，发展潜力越大，盈利能力也越强；反之，盈利能力越弱
- 企业只有保持较高的主营业务利润率，才能在竞争中占据优势地位

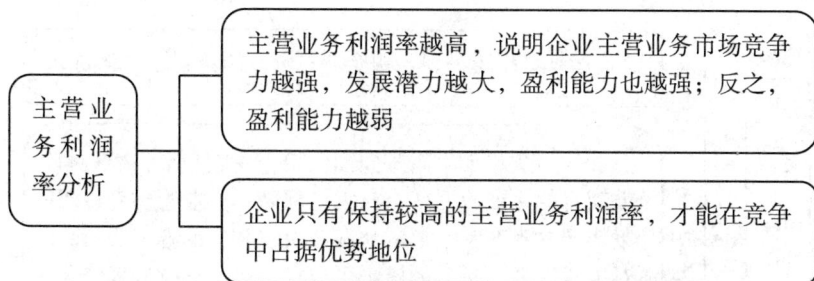

（三）成本费用利润率

成本费用利润率是指企业一定时期的利润总额同企业成本费用总额的比率。它反映企业为取得利润而付出的代价，从企业支出方面补充评价其收益能力。

$$成本费用利润率 = \frac{利润总额}{成本费用总额} \times 100\%$$

成本费用利润率分析

- 成本费用利润率是从企业内部管理等方面，对资本权益状况的进一步修正。它表明每付出1元成本费用可获得多少利润，体现了经营耗费所带来的经营成果
- 成本费用利润率越高，表明企业为取得收益所付出的代价越低，企业成本费用控制得越好，企业的经济效益越好，获利能力越强

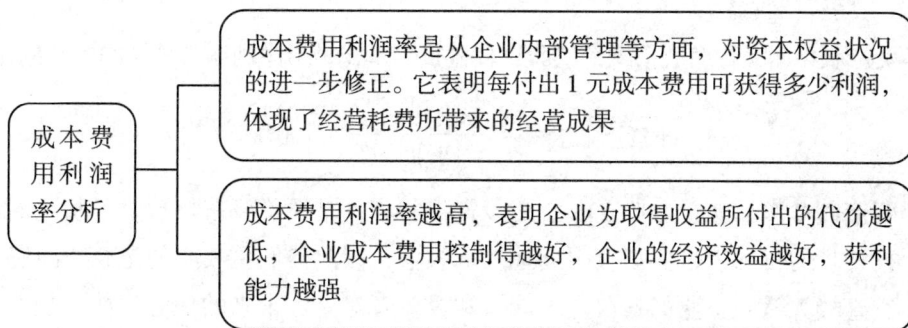

（四）营业净利润率

营业净利润率是指净利润与营业收入净额的比率。它反映企业每经营1元钱所获得的净利润。

$$营业净利润率 = \frac{净利润}{营业收入净额} \times 100\%$$

营业净利润率越高，说明企业通过销售产品或经营业务获取利润的能力越强。有时通过营业净利润率和营业毛利率的比较还可以看出企业生产部门和销售管理部门的工作情况。如果企业营业毛利率很高，而营业净利率很低，则说明企业生产部门工作做得较好，销售和管理部门工作做得不好。

（五）总资产报酬率

总资产报酬率又称总资产利润率，是企业利润总额与资产平均总额的比率。它表明企业每 1 元资产的营运能带来多少利润，全面反映了企业的获利能力和投入产出状况。

$$总资产报酬率=\frac{息税前的利润}{资产平均总额}\times100\%=\frac{利润总额+利息费用}{（期初资产+期末资产）\div2}\times100\%$$

总资产报酬率分析

- 总资产报酬率越高，表明企业总资产的获利能力越高
- 总资产报酬率如果高于同期的银行贷款利率，银行贷款利息的逐期收回就有较大的保障；企业管理者也可以依照总资产利润率的状况，决定相应的筹资决策；对于投资者，投出的资本可以获得高于银行同期贷款利息的收益，还能获得企业资本增值的潜在收益
- 总资产报酬率越低，说明企业资产利用效率越低，应分析差异原因，提高销售利润率，加速资金周转，提高企业经营管理水平

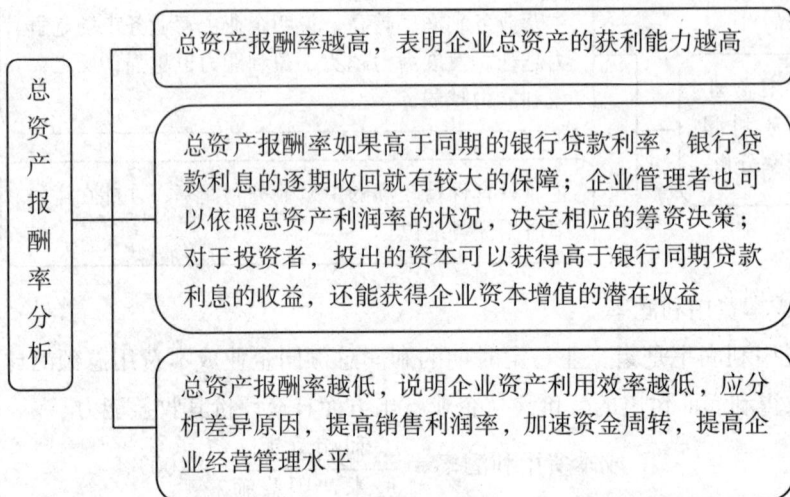

（六）净资产收益率

净资产收益率又称净值报酬率或股东权益报酬率，是指净利润与平均净资产的比率。

$$净资产收益率=\frac{净利润}{平均净资产}\times100\%$$

净资产收益率反映企业股东权益的投资报酬率，是评价股东权益财务状况的重要指标。投资者的目的就是要最大限度地获取收益，因此他们更关心的是企业净资产收益率，它直接关系到企业的长久发展能力和投资者对企业未来的信心。如果是上市公司，净资产收益率的大小将直接影响公司的每股收益和一系列市场表现指标。

企业从事财务管理活动的最终目的是实现所有者财富最大化，从静态角度来讲，首先就是最大限度地提高净资产收益率。因此，该指标是企业盈利能力指标的核心，而且也是整个财务指标体系的核心。一般来讲，企业净资产收益率越高，说明权益资本盈利能力越强，意味着投资者所拥有的财富在不断增长。如果企业净资产收益率能在较长一段时期内持续增长，说明企业的盈利能力稳定上升。如果是上市公司，公司的股价就会上扬，公司的价值就会不断增长。

（七）资本保值增值率

资本保值增值率是指期末所有者权益总额与期初所有者权益总额的比率。它反映投资者投入企业的资本的保全性和增值性。

$$资本保值增值率=\frac{期末所有者权益总额}{期初所有者权益总额}\times100\%$$

资本保值增值率表示企业当年资本在企业自身努力下的实际增减变动情况，是评价企业财务效益状况的辅助指标。它从以下两方面考核企业经营者对所有者权益的保障程度。

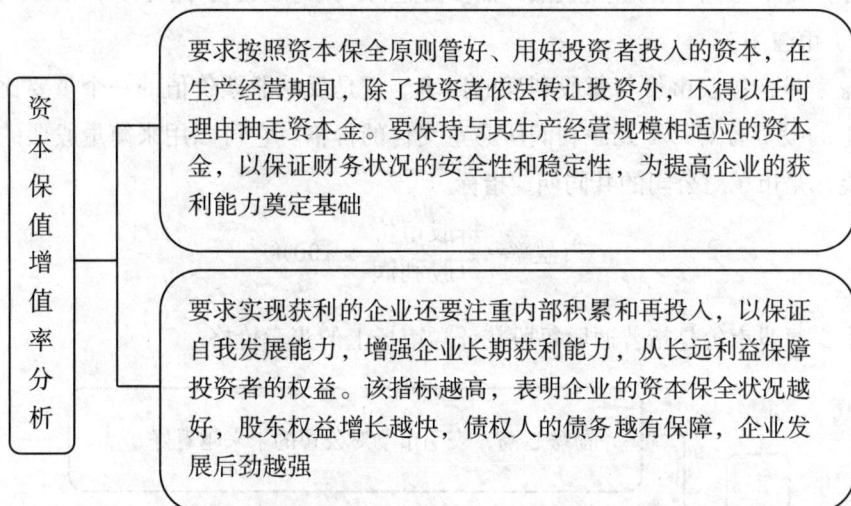

资本保值增值率分析
- 要求按照资本保全原则管好、用好投资者投入的资本，在生产经营期间，除了投资者依法转让投资外，不得以任何理由抽走资本金。要保持与其生产经营规模相适应的资本金，以保证财务状况的安全性和稳定性，为提高企业的获利能力奠定基础
- 要求实现获利的企业还要注重内部积累和再投入，以保证自我发展能力，增强企业长期获利能力，从长远利益保障投资者的权益。该指标越高，表明企业的资本保全状况越好，股东权益增长越快，债权人的债务越有保障，企业发展后劲越强

五、股份公司税后利润指标分析

股份公司税后利润分析常用的指标如下。

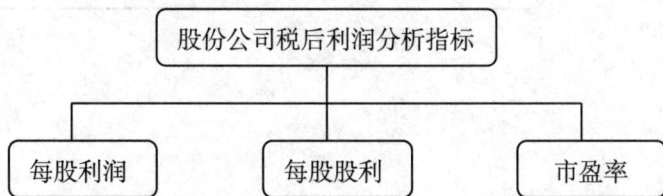

股份公司税后利润分析指标
- 每股利润
- 每股股利
- 市盈率

（一）每股利润

每股利润是指普通股每股税后利润。该指标中的利润是利润总额扣除应缴所得税的税后利润，如果发行了优先股还要扣除优先股应分的股利，然后除以流通股数，即发行在外的普通股平均股数。

$$普通股每股利润=\frac{税后利润-优先股股利}{流通股数}$$

每股利润为每一个普通股可以分得当期企业获取利润的总额，反映企业普通股股东的获利水平。企业的每股利润越高表明企业的获利能力越强。

（二）每股股利

每股股利是指现金股利总额与年末普通股股数之比。

$$每股股利=\frac{现金股利总额}{年末普通股股数}$$

每股股利表现的是每一普通股获取股利的大小，该指标越高，股本获利能力越强。每股股利的高低，一方面取决于该公司的盈利能力，另一方面还受公司股利政策的影响。如果公司为扩大再生产，增强企业的后劲而多留盈利，则每股股利可能就少；相反，则变多。

（三）市盈率

市盈率是指每股市价与每股利润的比率。它是反映股票价值的一个重要比率，表明市场上的投资者对每1元净利润所愿意支付的价格。它可以用来衡量股票的投资报酬和风险，是市场对公司的共同期望指标。

$$市盈率=\frac{每股市价}{每股利润}\times100\%$$

其中，每股市价是指普通股每股在证券市场上的买卖价格。

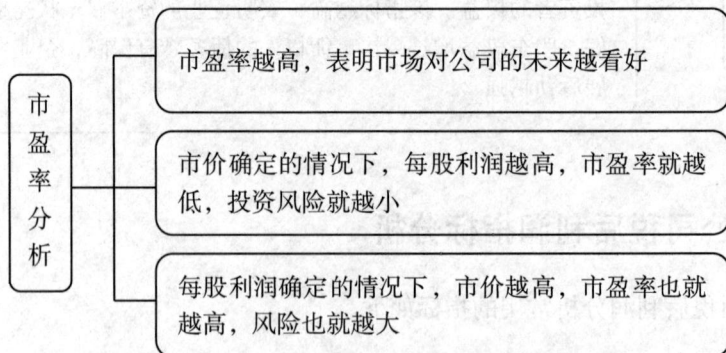

市盈率分析
- 市盈率越高，表明市场对公司的未来越看好
- 市价确定的情况下，每股利润越高，市盈率就越低，投资风险就越小
- 每股利润确定的情况下，市价越高，市盈率也就越高，风险也就越大

第四节　长期偿债能力分析

与利润表项目相关的长期偿债能力分析，就是企业利润对与负债相关项目的比率分析，主要的指标是利息保障倍数。

利息保障倍数也称已获利息倍数，是指企业生产经营所获得的息税前利润与利息费用的比率。它反映企业利润用于所需支付的长期偿债利息的倍数，是衡量企业支付负债利息能力的指标。

$$利息保障倍数=\frac{息税前利润}{利息费用}$$

其中，"息税前利润"是指利润表中未扣除利息费用和所得税之前的利润，可以用"利润总额"加"利息费用"测算。"利息费用"是指本期发生的全部应付利息，包括财务费用中的利息费用和计入固定资产成本的资本化利息。

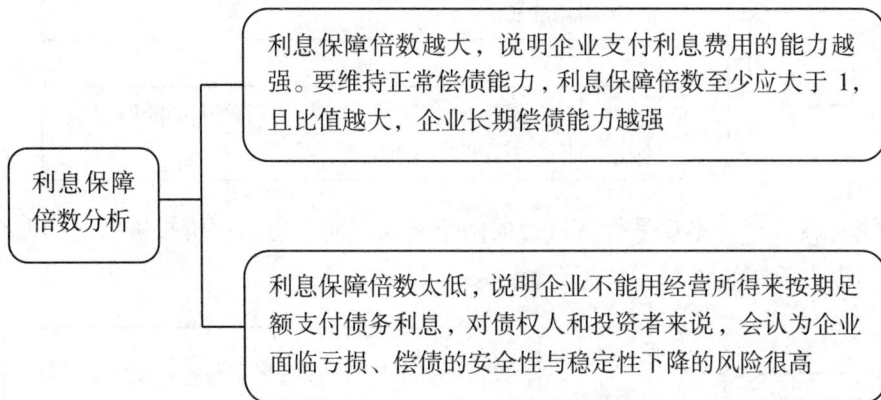

利息保障倍数分析

- 利息保障倍数越大，说明企业支付利息费用的能力越强。要维持正常偿债能力，利息保障倍数至少应大于 1，且比值越大，企业长期偿债能力越强

- 利息保障倍数太低，说明企业不能用经营所得来按期足额支付债务利息，对债权人和投资者来说，会认为企业面临亏损、偿债的安全性与稳定性下降的风险很高

为了正确评价企业的利息保障倍数，一般需将该企业的这一指标与其他企业，特别是本行业平均水平进行比较，来分析决定本企业的指标水平。另外，从稳健性的角度出发，最好连续计算出本企业几个年度的利息保障倍数，从中选取最低年度作为代表企业偿债能力的指标。一般来说，往往需要连续计算五个或五个以上的会计年度的利息保障倍数，才能确定其偿债能力的稳定性。这是因为，企业在经营好的年头要偿债，而在经营不好的年头也要偿还基本等量的债务。采用指标最低年度的数据，可保证最低的偿债能力。

第五节 企业投资效益分析

投资效益是指投资活动中成果和消耗的比例关系，即投资活动中投入和产出的比例关系。它反映的是投资活动"所得"与"所费"的关系，一定量所得的所费最小或一定量所费的所得最大，效益最佳；否则效益不佳或无效益。对投资效益进行分析，就是从投资者的角度出发，通过不同比率计算，对每百元投资额所产生的经济效益进行分析。通过投资效益的分析，可以判断企业的发展潜力，为报表使用者进行未来的投资决策提供参考依据。

一、投资效益的表示方法

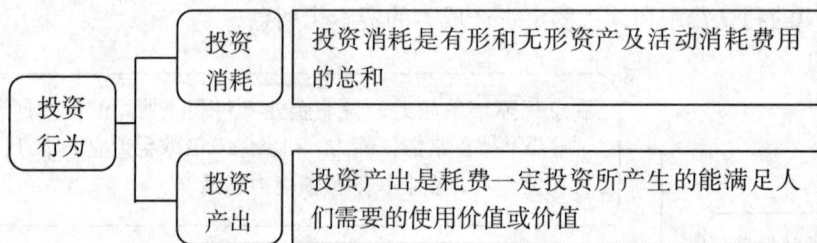

投资行为
├─ 投资消耗 —— 投资消耗是有形和无形资产及活动消耗费用的总和
└─ 投资产出 —— 投资产出是耗费一定投资所产生的能满足人们需要的使用价值或价值

投资消耗与产出不仅是投资行为的两个方面，而且也是评价投资效益的两个基本要素。所以，投资效益的基本表示方法为：

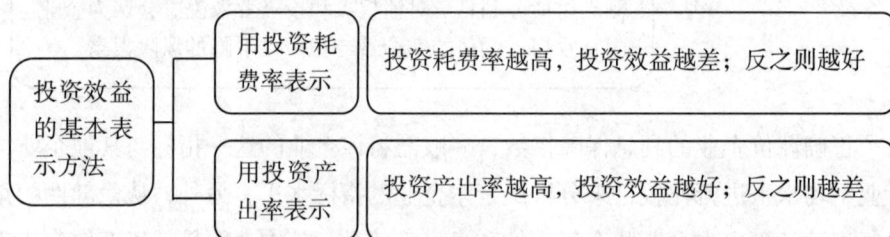

投资效益的基本表示方法
├─ 用投资耗费率表示 —— 投资耗费率越高，投资效益越差；反之则越好
└─ 用投资产出率表示 —— 投资产出率越高，投资效益越好；反之则越差

$$投资耗费率=\frac{投资额}{通过投资取得的经济效果}$$

$$投资产出率=\frac{通过投资取得的经济效果}{投资额}$$

二、反映投资效益的基本指标

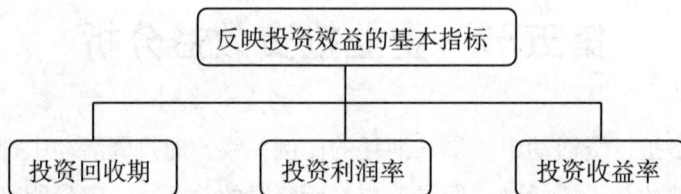

反映投资效益的基本指标
├─ 投资回收期
├─ 投资利润率
└─ 投资收益率

（一）投资回收期

投资回收期是指通过项目的现金净流量来回收初始投资所需要的时间，一般以年为单位。投资回收期的计算，根据每年的经营现金净流量是否相等，可有两种不同的计算方式。

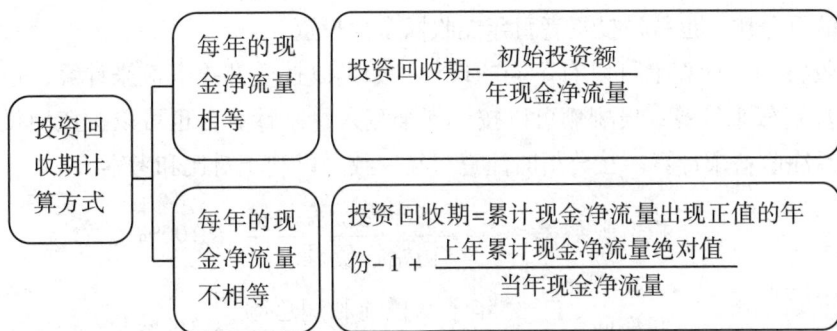

利用投资回收期标准进行项目衡量的原则是：如果投资回收期小于基准回收期（企业自行确定或根据行业标准确定），可接受该项目；反之，则放弃。这是因为对于未来的情况，时间越长的越难以把握。所以投资回收期越长，该投资项目越难以确定是否能按时回收投资额，因此其风险也就越大。

在实务分析中，一般认为投资回收期小于项目周期一半时方为可行，如果项目回收期大于项目周期的一半，则认为项目不可行；在互斥项目比较分析时，应以回收期最短的方案作为中选方案。

投资回收期以收回初始投资所需时间的长短作为判断是否接受某项投资的标准，方法简单，反映直观，被企业广泛使用。

（二）投资利润率

投资利润率是指项目的年利润总额与总投资的比率，它能够简单、直观地表明整个项目的年利润。

$$投资利润率 = \frac{年利润总额}{总投资} \times 100\%$$

年利润总额 = 年产品销售收入－年总成本费用－年销售税金及附加

其中，年利润总额通常为项目达到正常生产能力的年利润总额，也可以是生产期平均年利润总额。

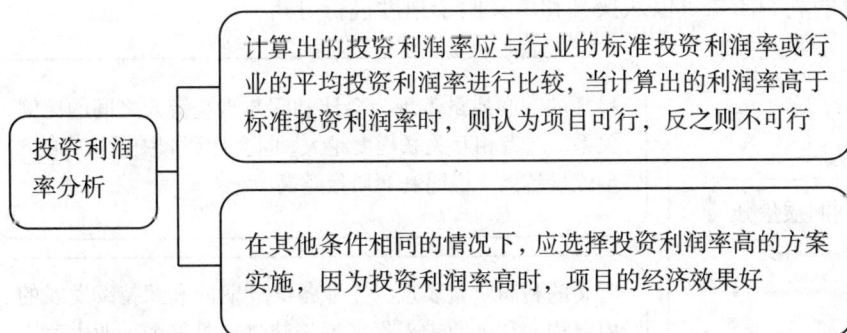

（三）投资收益率

投资收益率又称投资报酬率，是指投资项目寿命周期内各年度平均报酬额占该项投资总额的百分比，也就是投资者每年能收回多少投资。

投资收益率在计算上可以有不同的口径，如可以按全部投资额来计算，也可以按年度平均投资额来计算；报酬额可以按净现金流入量来计算，也可以按该项投资税前收益或税后净收益来计算。在分析时注意口径一致，以利于对比和考察。

$$投资收益率 = \frac{年平均净现金流入量}{初始投资额} \times 100\%$$

或
$$投资收益率 = \frac{年平均税前利润总额}{年平均投资额} \times 100\%$$

或
$$投资收益率 = \frac{年平均税后净利润额}{年平均投资额} \times 100\%$$

投资收益率是考察分析投资收益的常用指标，指标越高越好，这也是同原定计划对比的参照标准和进行优选的依据。

第六节　利润质量分析

利润质量是指企业利润的形成过程以及利润结果的合规性、效益性及公允性，也就是利润的含金量。对于反映企业目前的利润增长和未来的利润水平而言，利润中各组成部分的重要性并不都一样。理智的财务报表阅读者应分析企业目前利润和未来利润的主要来源，判断企业利润在多大程度上反映了企业创造价值的能力。

一、利润质量分析的角度

企业的利润质量可以从狭义和广义两个角度进行分析。

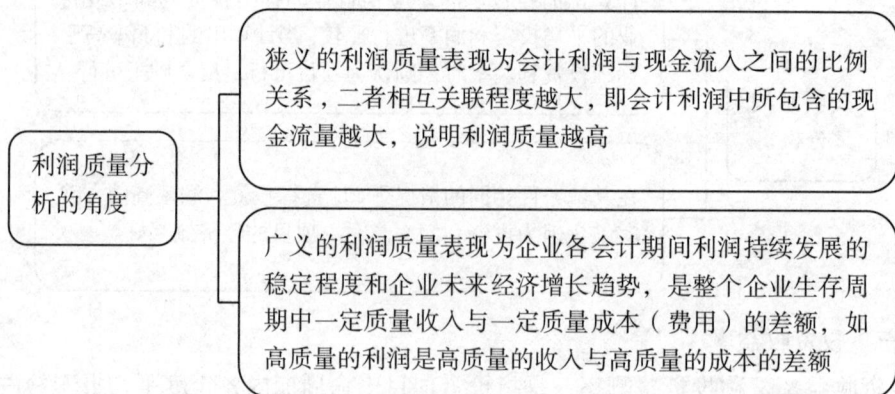

```
利润质量分    ┌─ 狭义的利润质量表现为会计利润与现金流入之间的比例
析的角度      │   关系，二者相互关联程度越大，即会计利润中所包含的现
             │   金流量越大，说明利润质量越高
             │
             └─ 广义的利润质量表现为企业各会计期间利润持续发展的
                 稳定程度和企业未来经济增长趋势，是整个企业生存周
                 期中一定质量收入与一定质量成本（费用）的差额，如
                 高质量的利润是高质量的收入与高质量的成本的差额
```

二、利润质量高的企业特点

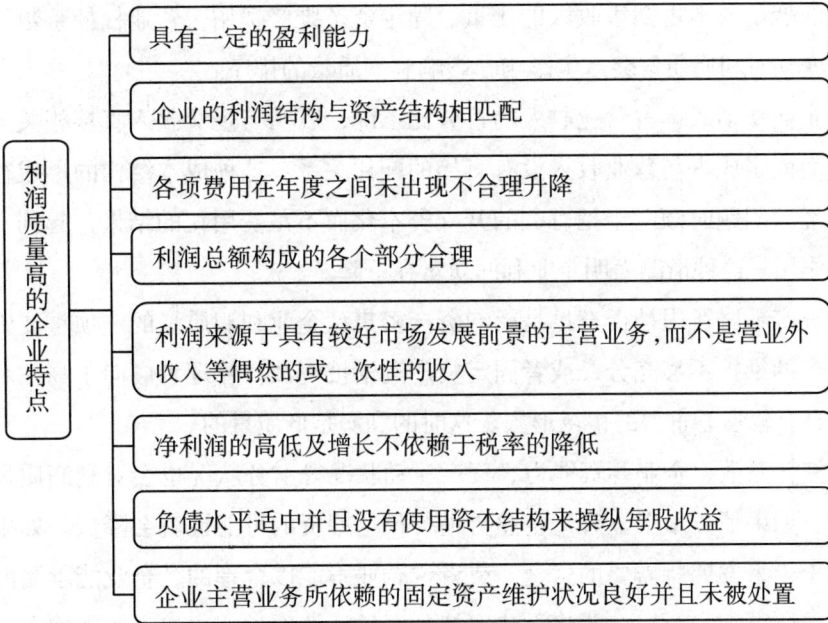

```
                  ┌─ 具有一定的盈利能力
                  │
                  ├─ 企业的利润结构与资产结构相匹配
                  │
                  ├─ 各项费用在年度之间未出现不合理升降
利                 │
润                 ├─ 利润总额构成的各个部分合理
质                 │
量                 ├─ 利润来源于具有较好市场发展前景的主营业务，而不是营业外
高 ────────────────┤   收入等偶然的或一次性的收入
的                 │
企                 ├─ 净利润的高低及增长不依赖于税率的降低
业                 │
特                 ├─ 负债水平适中并且没有使用资本结构来操纵每股收益
点                 │
                  └─ 企业主营业务所依赖的固定资产维护状况良好并且未被处置
```

三、影响利润质量的因素

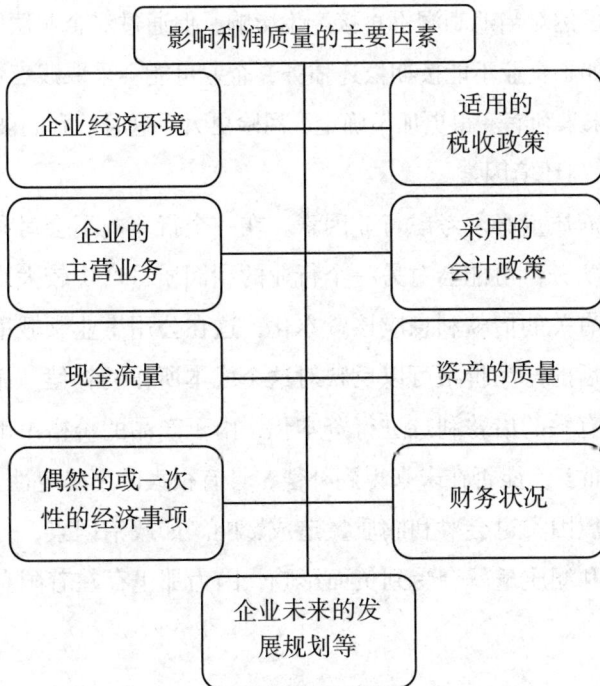

```
                    影响利润质量的主要因素

   企业经济环境                         适用的
                                      税收政策

   企业的                              采用的
   主营业务                            会计政策

   现金流量                            资产的质量

   偶然的或一次                         财务状况
   性的经济事项

              企业未来的发
              展规划等
```

影响利润质量的因素一般可从以下两方面考虑。

（一）企业的财务状况和经营状况

企业的变动成本占销售收入的比重、固定资产维修费用、营业杠杆系数等经营活动和财务变动对利润质量会产生影响，影响利润质量的排序。

如果企业变动成本占营业收入的百分比下降，表明与企业收入直接相关的费用越来越少，而固定成本与营业收入没有直接的配比关系。这种成本结构的形成往往是管理者遇到经营问题时倾向于把有关的开支资本化而不是费用化的结果，起到了推迟确认费用的作用。这种情况表明企业利润质量在下降。

固定资产维修费用是否充足是影响资产密集型企业利润质量的一项重要因素。如果固定资产的维护不够充分，或者固定资产逐渐被淘汰，管理者倾向于高估利润，以维护企业具有较强竞争力的市场形象。这时的利润是低质量的。

营业杠杆系数、企业筹资能力、资产流动状况等财务状况也会对利润质量的排序造成影响。如果债务水平上升，企业再进行债务筹资的可能性就会降低。如果企业无法取得用于未来发展所需要的资金，或者说企业不能以合理的、企业能承受的成本获取企业发展所需的资金，企业将无法保持利润的持续增长，这将直接影响企业利润的稳定性。随着债权人承担风险的加大，他们所要求的报酬随之提高，因此，资金成本会伴随着债务水平的上升而上升。利息支出的增加，将带来财务杠杆系数提高，企业利润的波动性也随之增大，利润质量则随之下降。

资产的流动性虽然对当期利润不直接产生影响，但通过对企业偿债能力的影响同样会影响利润质量。如果企业不能按期偿还债务，企业可能会采取贱卖资产等不适当的行为，这些行为会使未来利润变得更加不确定，风险更大。这时的利润被认为是低质量的。

（二）行业状况与环境因素

分析企业的利润质量必须考虑行业因素。在一个行业内不会对利润质量产生负面影响的会计或财务实务，可能会对另一个行业的利润质量产生较大影响。如会计准则规定，与建筑活动有关的借款利息应该资本化，这在公用事业领域里不会影响利润质量，因为未来调整后的产品价格可以反映对这个成本所作的补偿。相反，在工业领域内，将与建筑活动有关的借款利息进行资本化，由于产品的价格由市场决定，对于那部分资本化的成本而言，能否在未来得到补偿，具有很大的不确定性。

企业所处的环境因素也会对利润质量造成影响。如政治因素，一个处于政治不稳定国家的企业，其利润质量就会受到负面影响，因为那里存在着国有化和限制返还的风险。

四、利润质量的分析方法

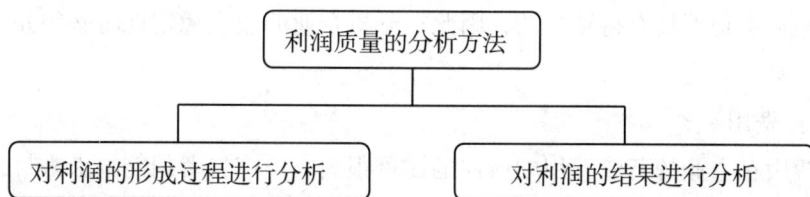

```
            ┌─────────────────────┐
            │   利润质量的分析方法    │
            └─────────────────────┘
                      │
        ┌─────────────┴─────────────┐
┌──────────────────┐      ┌──────────────────┐
│ 对利润的形成过程进行分析 │      │  对利润的结果进行分析  │
└──────────────────┘      └──────────────────┘
```

（一）对利润的形成过程进行分析

对利润的形成过程进行分析，主要应关注构成利润的各个主要项目。

1．主营业务收入

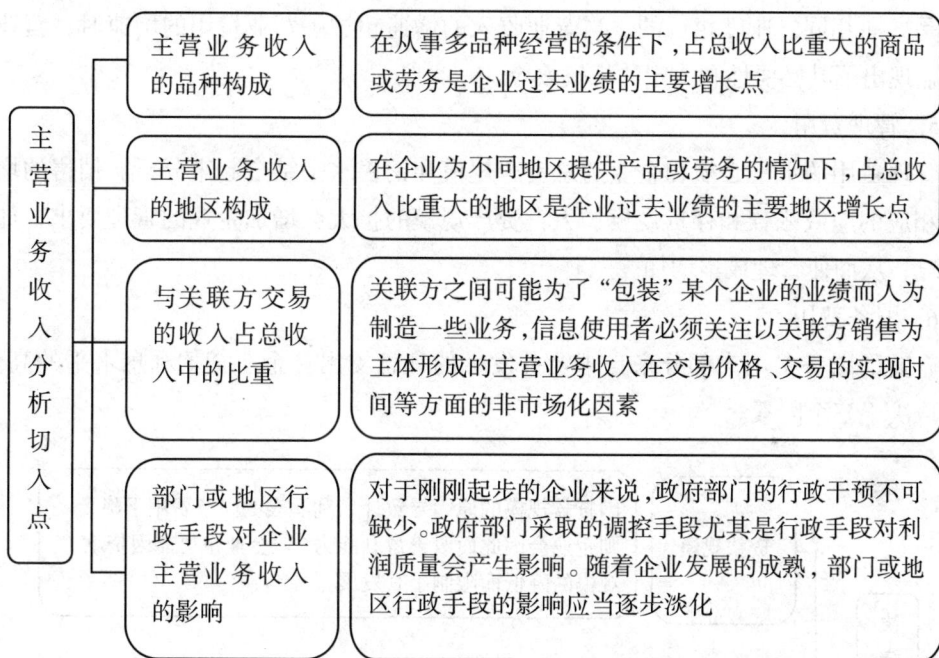

主营业务收入分析切入点	主营业务收入的品种构成	在从事多品种经营的条件下,占总收入比重大的商品或劳务是企业过去业绩的主要增长点
	主营业务收入的地区构成	在企业为不同地区提供产品或劳务的情况下,占总收入比重大的地区是企业过去业绩的主要地区增长点
	与关联方交易的收入占总收入中的比重	关联方之间可能为了"包装"某个企业的业绩而人为制造一些业务,信息使用者必须关注以关联方销售为主体形成的主营业务收入在交易价格、交易的实现时间等方面的非市场化因素
	部门或地区行政手段对企业主营业务收入的影响	对于刚刚起步的企业来说,政府部门的行政干预不可缺少。政府部门采取的调控手段尤其是行政手段对利润质量会产生影响。随着企业发展的成熟,部门或地区行政手段的影响应当逐步淡化

2．主营业务成本

企业的主营业务成本水平的高低，既有企业不可控的因素，如受市场因素的影响而引起的材料和人工价格波动；也有可控因素，如在一定的市场价格水平条件下，企业可通过选择供货渠道、采购批量等来控制成本水平。此外，主营业务成本还有一定的刚性，如制造费用中的折旧成本。

3．其他业务利润

如果其他业务利润在营业利润中的比重超过了主营业务利润，则报表使用者应高度重视。由于主营业务收入的确认有严格的标准，有些企业为了在年末突击实现经营目标，转而把重点放到其他业务利润中，通过突击签署一些不负责任的买卖合同来达到利润包装的目的。如商标租赁合同、委托理财合同、财产托管合同等，通过这些合同的签署，企业的收入在利润表上反映了出来，但与收入相关的现金却往往没有随之流入。这些买卖是不具有持续性的，因此在分析企业的盈利稳定性时必须扣除这些合同带来的影响。

4. 营业费用

广告费用在企业的营业费用中所占的比重很大。但广告费用能给未来带来多少收入却是一个未知数。因此，在财务信息中，在支出发生的当期就应列入费用，以抵减当期的收入。

广告支出对企业短期经营来说无疑是一种负担，但对长期经营的影响却是未知的。但有一个评判标准可以借鉴，即营业费用的增减变动与营业收入的增减变动长期来看应该是方向相同，速度相近的。当营业收入的增速超过了营业费用的增速时，营业费用就显现出了其必要性和一定的规模效应。

5. 管理费用

管理费用的水平必须和企业的总资产规模和销售水平结合起来分析。销售的增长会使相应的应收账款和存货规模扩大，资产规模的扩大会增加企业的管理要求，如人员扩充，从而使管理成本增加。

6. 财务费用

企业的财务费用大部分来自于业务发生的利息支出。企业贷款利息水平的高低，主要取决于三个因素。

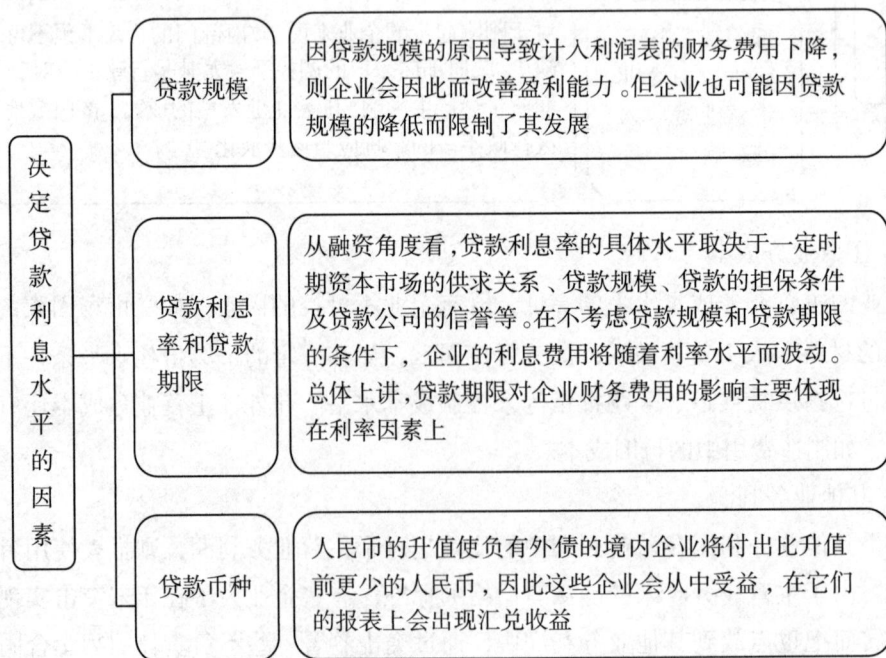

决定贷款利息水平的因素	贷款规模	因贷款规模的原因导致计入利润表的财务费用下降，则企业会因此而改善盈利能力。但企业也可能因贷款规模的降低而限制了其发展
	贷款利息率和贷款期限	从融资角度看，贷款利息率的具体水平取决于一定时期资本市场的供求关系、贷款规模、贷款的担保条件及贷款公司的信誉等。在不考虑贷款规模和贷款期限的条件下，企业的利息费用将随着利率水平而波动。总体上讲，贷款期限对企业财务费用的影响主要体现在利率因素上
	贷款币种	人民币的升值使负有外债的境内企业将付出比升值前更少的人民币，因此这些企业会从中受益，在它们的报表上会出现汇兑收益

7. 盈余操纵

上市公司为了获得融资资格、提高新股发行或配股价格、操纵股价、提高公司的知名度、获得投资者的关注等，往往会通过会计或非会计手段操纵盈余。

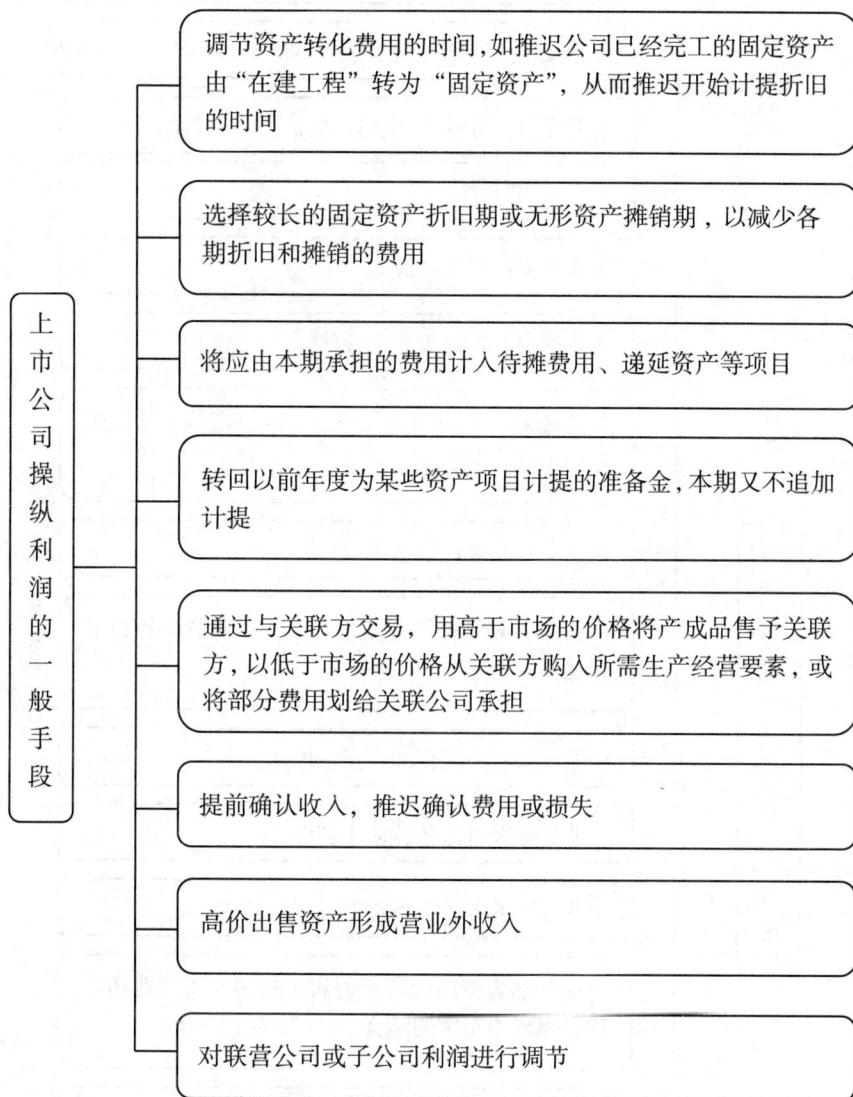

（二）对利润的结果进行分析

对利润结果的分析，主要是指对利润各个项目所对应的资产负债表项目的质量分析。主要涉及货币资金、应收账款、应收票据、其他应收款（或应收股利、应收利息）、存货、待摊费用、递延资产、长期投资、短期投资、固定资产、无形资产等。

五、利润质量恶化的主要表现

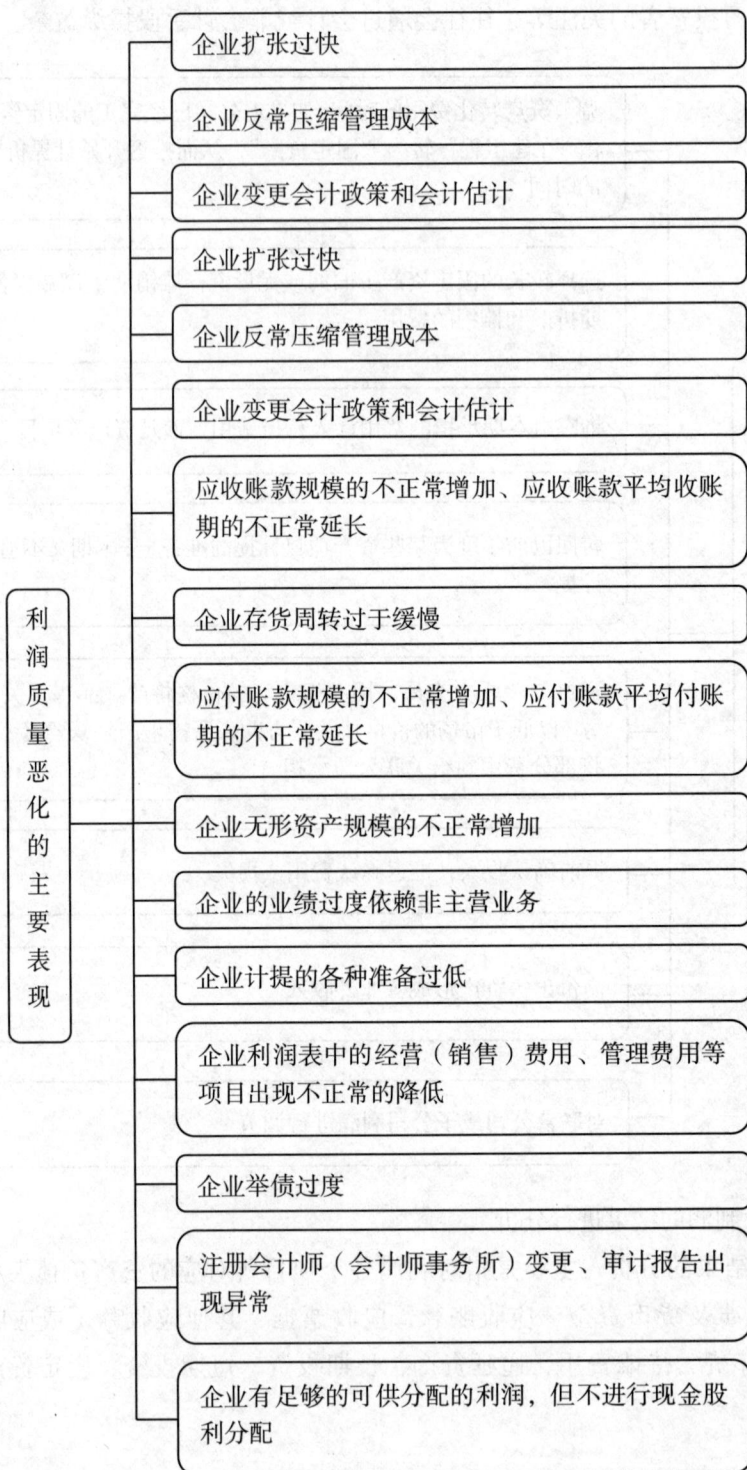

利润质量恶化的主要表现

- 企业扩张过快
- 企业反常压缩管理成本
- 企业变更会计政策和会计估计
- 企业扩张过快
- 企业反常压缩管理成本
- 企业变更会计政策和会计估计
- 应收账款规模的不正常增加、应收账款平均收账期的不正常延长
- 企业存货周转过于缓慢
- 应付账款规模的不正常增加、应付账款平均付账期的不正常延长
- 企业无形资产规模的不正常增加
- 企业的业绩过度依赖非主营业务
- 企业计提的各种准备过低
- 企业利润表中的经营（销售）费用、管理费用等项目出现不正常的降低
- 企业举债过度
- 注册会计师（会计师事务所）变更、审计报告出现异常
- 企业有足够的可供分配的利润，但不进行现金股利分配

六、提高利润质量的方法

提高利润质量一般遵循以下三个步骤。

```
加强应收账    →    改善财    →    完善会计准
款的管理           务状况           则与制度
```

（一）加强应收账款的管理

企业向客户赊销产品，就会产生应收账款，应收账款一旦形成，企业就必须考虑如何按期足额收回账款的问题。对应收账款的运行状况应进行经常性分析、控制，加强对应收账款的账龄分析，注意应收账款的回收进度和出现的变化。如果企业的应收账款账龄开始延长或者过期账款所占比例逐渐增加，就应及时采取措施，调整企业信用政策，对尚未到期的应收账款也不能放松监督，以防发生新的拖欠。此外，企业要不断完善应收账款的管理，根据企业情况探索一条适合本企业的信用管理制度。

（二）改善财务状况

企业利润质量不仅涉及利润这个因素，一些财务活动也对利润质量产生影响。企业的偿债能力和盈利能力可以通过简单的财务指标反映出来。由于企业的偿债能力来自于企业盈利而获得的现金，因此盈利能力强的企业其偿债能力也应该强，如果企业盈利能力强而偿债能力弱，有可能是企业在盈利转化为现金的过程中出现了问题。流动比率和速动比率高同样说明企业偿债能力较强，财务状况较好。但如果由于应收账款的增加幅度大于利润增加幅度而带来两个指标的上升，则说明如果企业不能及时收回应收账款，也会导致利润下降。如果应收账款周转率、流动比率、速动比率等指标大幅度下降，那么当期利润质量由于受到财务状况变化的影响会有所下降，反之，利润质量则会有所提高。

（三）完善会计准则与制度

会计在同一类经济事项的处理上可以有多种不同的方法，其最终的反映结果也各不相同。目前大多数会计准则及相关制度给企业提供了太多的判断空间，企业可以选择对其最有利的方法来反映经济实质，当所反映的经济现象和经济实质之间发生偏差时，利润质量也就降低了。再加上新经济业务的不断出现，使得其中部分交易和经济事项的会计确认、计量和披露并未在相关准则中做出相应的规定，企业管理者可以利用会计准则制定的滞后性对会计事项做出对自己有利的估计或判断。改变这一现象唯一的方法就是从制度上加以解决，不断改进和完善企业的会计制度，尽量减少企业的选择权，增加会计信息披露的数量，提高会计信息披露的质量，在一定程度上会减少企业的盈余管理，提高利润质量。

第七节　利润表案例解析

某饮品有限责任公司 2012 ~ 2014 年的利润表比较见表 9-2，试对该公司的经营状况进行简要分析。

表 9-2　利润表比较

单位：×× 饮品有限责任公司	2012 ~ 2014 年		单位：万元
项目	2012 年	2013 年	2014 年
一、营业收入	1 000.00	1 000.00	1 000.00
减：主营业务成本	542.80	561.30	573.70
主营业务税金及附加	47.60	48.40	52.60
营业费用	131.00	85.40	81.10
管理费用	128.60	100.00	67.40
财务费用	28.60	40.30	37.90
二、营业利润	121.40	164.60	187.30
加：营业外收入	2.40	3.20	2.20
减：营业外支出	4.80	6.50	5.30
三、利润总额	119.00	161.30	184.20
减：所得税	39.27	53.22	60.79
四、净利润	79.73	108.08	123.41

（一）销售毛利率

销售毛利率反映企业销售商品或提供劳务的初始盈利能力。

2012 年：$\dfrac{1\,000-542.80}{1000} \times 100\% = 45.72\%$

2013 年：$\dfrac{1\,000-561.30}{1000} \times 100\% = 43.87\%$

2014 年：$\dfrac{1\,000-573.70}{1\,000} \times 100\% = 42.63\%$

从计算结果来看，该饮品有限责任公司销售成本占收入的比例逐年上升，销售业务的盈利水平逐年下降。可以将这个指标与同行业平均水平作比较，分析一下是由于销售价格变动还是销售成本提高的原因引起的，分析问题，以便找出更好的提升盈利水平的方案。

（二）销售利润率

销售利润率越高则说明企业盈利能力越强。

2012 年：$\dfrac{119}{1\,000} \times 100\% = 11.90\%$

2013 年：$\dfrac{161.30}{1\,000} \times 100\% = 16.13\%$

2014 年：$\dfrac{184.20}{1\,000} \times 100\% = 18.42\%$

从计算结果来看，该饮品有限责任公司的销售利润率处于稳步上升的趋势。该公司在销售毛利率下降的情况下，销售利润却呈上升趋势，可能是由于期间费用下降，也可能是由于其他业务利润的增加，具体原因还需做进一步分析。

（三）成本费用利润率

2012 年：$\dfrac{119}{542.80 + 131.00 + 128.60 + 28.60} \times 100\% = 14.32\%$

2013 年：$\dfrac{161.30}{561.30 + 85.40 + 100.00 + 40.30} \times 100\% = 20.50\%$

2014 年：$\dfrac{184.20}{573.70 + 81.10 + 67.40 + 37.90} \times 100\% = 24.23\%$

从计算结果来看，该饮品有限责任公司的投入产出比逐年提高，盈利能力越来越强。

第十章　现金流量表掘金分析

本章导读

现金流量分析是以现金流量表为主要资料，同时结合资产负债表、利润表等会计报表进行分析。现金流量分析可以对企业获取现金的能力做出评价，并且使偿债能力和收益能力评价更全面。通过现金流动性能力的分析，可以对企业的偿债能力做出更稳健的判断和评价。

总的来说，分析现金流量表具有以下现实意义：

（1）评价企业获取现金的能力。一般如果企业的现金净增加额主要来自经营活动，说明企业具有较强地获取现金的能力。

（2）评价企业的偿债能力和支付能力。一个企业如果获取了较多的利润，同时产生了较多的现金流量净额，说明它确实具有较强的偿债与支付能力，但是如果利润较多，却大量进行固定资产投资，出现现金短缺，则会严重影响其偿债与支付能力。

（3）评价企业的收益质量。利润表的净利润是以权责发生制为基础来计算的，而现金流量表是以收付实现制为基础的。如果企业大量赊销商品，会形成净收益增加而现金短缺的局面，这就使收益的质量不佳。

（4）评价企业的投资活动和筹资活动。企业三大活动对立统一，都以增加企业价值和股东财富为目标，经营以投资为前提，为了经营和投资必须先筹资。过度的投资影响经营，过度的筹资会加重经营的负担。因此，必须统筹兼顾，相互协调，通过现金流量表，可以评价各项活动的协调性。

第一节　现金流量表各项目分析

一、现金流量表阅读重点

阅读分析现金流量表应重点注意如下几点问题。

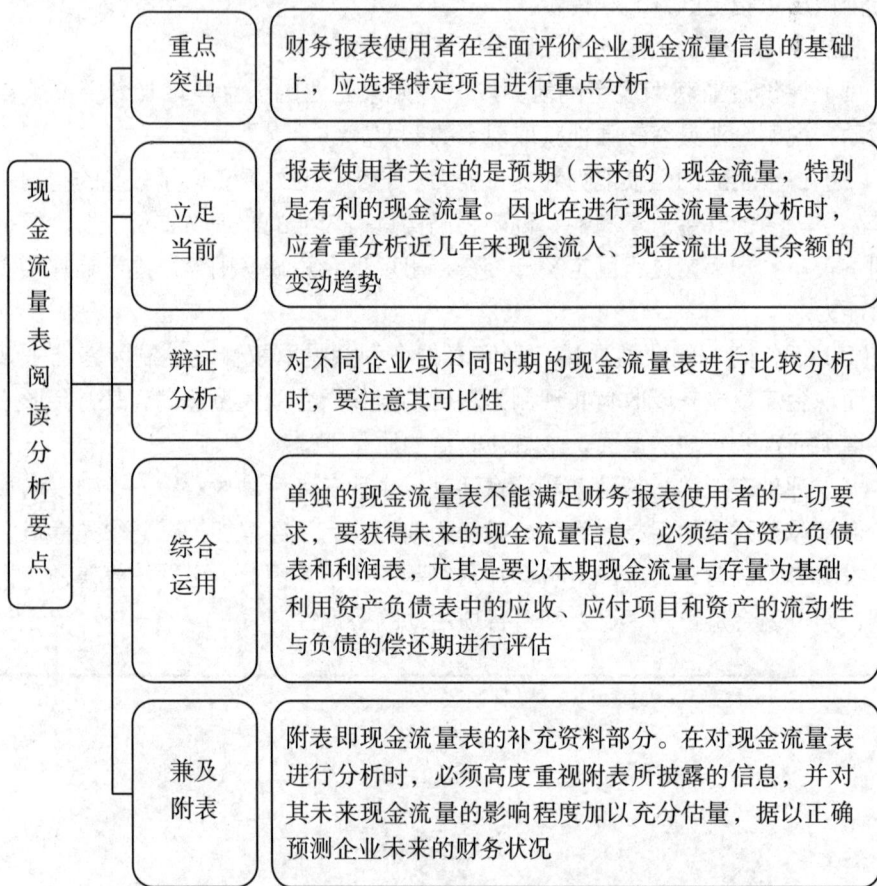

```
现金流量表阅读分析要点
├─ 重点突出 → 财务报表使用者在全面评价企业现金流量信息的基础上，应选择特定项目进行重点分析
├─ 立足当前 → 报表使用者关注的是预期（未来的）现金流量，特别是有利的现金流量。因此在进行现金流量表分析时，应着重分析近几年来现金流入、现金流出及其余额的变动趋势
├─ 辩证分析 → 对不同企业或不同时期的现金流量表进行比较分析时，要注意其可比性
├─ 综合运用 → 单独的现金流量表不能满足财务报表使用者的一切要求，要获得未来的现金流量信息，必须结合资产负债表和利润表，尤其是要以本期现金流量与存量为基础，利用资产负债表中的应收、应付项目和资产的流动性与负债的偿还期进行评估
└─ 兼及附表 → 附表即现金流量表的补充资料部分。在对现金流量表进行分析时，必须高度重视附表所披露的信息，并对其未来现金流量的影响程度加以充分估量，据以正确预测企业未来的财务状况
```

二、按需阅读现金流量表

现金流量表可以提供很多财务信息，但这些信息不可能全部都是报表阅读者所需

要的。因此，在进行报表分析时，不同的阅读者在全面了解信息的同时，应侧重报表的阅读重点，以准确根据自身需要获取所需信息。

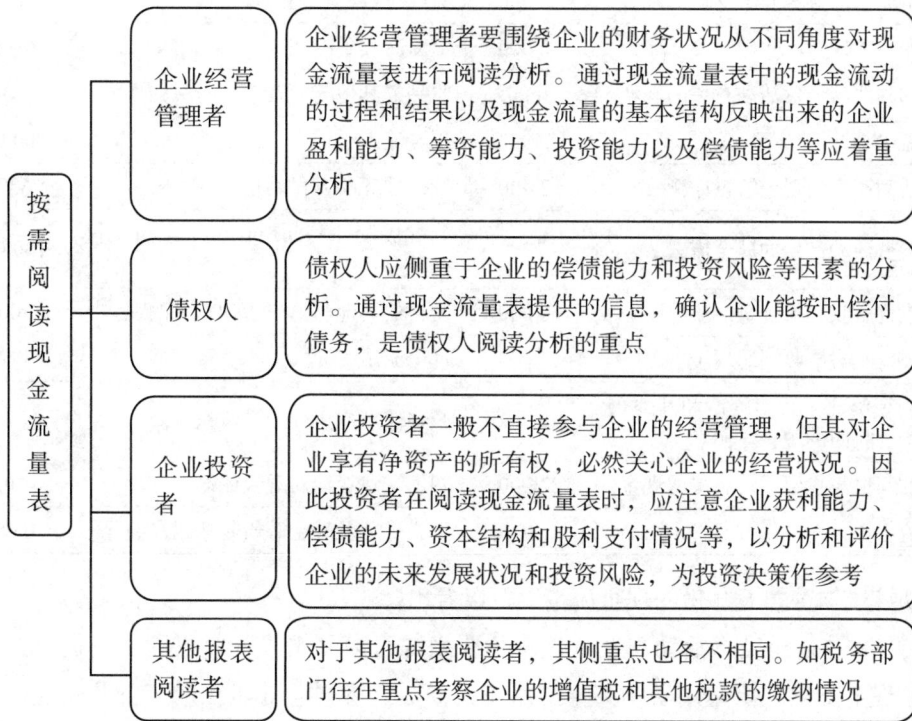

按需阅读现金流量表

企业经营管理者
企业经营管理者要围绕企业的财务状况从不同角度对现金流量表进行阅读分析。通过现金流量表中的现金流动的过程和结果以及现金流量的基本结构反映出来的企业盈利能力、筹资能力、投资能力以及偿债能力等应着重分析

债权人
债权人应侧重于企业的偿债能力和投资风险等因素的分析。通过现金流量表提供的信息，确认企业能按时偿付债务，是债权人阅读分析的重点

企业投资者
企业投资者一般不直接参与企业的经营管理，但其对企业享有净资产的所有权，必然关心企业的经营状况。因此投资者在阅读现金流量表时，应注意企业获利能力、偿债能力、资本结构和股利支付情况等，以分析和评价企业的未来发展状况和投资风险，为投资决策作参考

其他报表阅读者
对于其他报表阅读者，其侧重点也各不相同。如税务部门往往重点考察企业的增值税和其他税款的缴纳情况

三、现金流量表项目分析

下面以两个案例的数据为例，对现金流量表的各项目进行简要分析。

案例一

某餐饮公司 2014 年 8 月的现金流量表见表 10-1，试对该现金流量表进行分析。

表 10-1 现金流量表

单位：×× 餐饮有限责任公司　　　　2014 年 8 月 31 日　　　　单位：元

项目	金额	项目	金额
一、经营活动产生的现金流量		购建固定资产、无形资产和其他长期资产所支付的现金	138 000
销售商品、提供劳务收到的现金	150 000	投资所支付的现金	7000
收到的税费返还	5000	支付的其他与投资活动有关的现金	2400
收到的其他与经营活动有关的现金	3200	现金流出小计	147 400
现金流入小计	158 200	投资活动产生的现金流量净额	38 600
购买商品、接受劳务支付的现金	80 000	**三、筹资活动产生的现金流量**	

项目	金额	项目	金额
支付给职工以及为职工支付的现金	28 000	吸收投资所收到的现金	120 000
支付的各项税费	12 000	借款所收到的现金	80 000
支付的其他与经营活动有关的现金	4800	收到的其他与筹资活动有关的现金	0
现金流出小计	124 800	现金流入小计	200 000
经营活动产生的现金流量净额	33 400	偿还债务所支付的现金	6000
二、投资活动产生的现金流量		分配股利、利润或偿付利息所支付的现金	160 000
收回投资所收到的现金	50 000	支付的其他与筹资活动有关的现金	3000
取得投资收益所收到的现金	14 000	现金流出小计	169 000
处置固定资产、无形资产和其他长期资产所收回的现金净额	100 000	筹资活动产生的现金流量净额	31 000
收到的其他与投资活动有关的现金	22 000	四、汇率变动对现金的影响	0
现金流入小计	186 000	五、现金及现金等价物净增加额	103 000

从该餐饮公司8月份的现金流量表可以看出：

（1）8月公司经营活动现金流入量主要来源于商品销售的收入和企业提供劳务的收入；现金支出主要是用于购买生产所需的商品、支付企业员工的工资及企业的各项税费。

（2）公司投资活动中，现金流入的主要来源有四个途径：①收回了企业的一部分对外投资款；②收到了投资收益款；③处置了一部分无用的固定资产、出售无形资产和长期资产收回的款项；④收到了其他一些零星的投资收入。投资活动支出方面，主要是用来购买企业所需的固定资产等资产。

（3）公司筹资活动中，收入主要来源于投资者的投资款项和借入款项。现金流出方面主要是分配股东的股利、利润和偿付利息，另一方面是支付企业的债务和其他一些筹资费用。

现金流量表能反映一个企业一定期间现金流入流出情况：现金的流入情况可以看出企业资金的主要来源及构成；现金的流出情况可以看出企业资金的去向，是投入再生产，还是进行再投资，或者是支付资金成本，可以反映出企业目前是处于扩展期还是收缩期。现金净流量能够反映企业资金是否充足，如果企业的净流量是负数，也不能说明企业的盈利能力一定就弱，主要是看企业经营现金的净流入是否多。

案例二

某蚕丝制品股份有限公司2014年的现金流量表见表10-2，试对该公司的现金流量表进行总体分析和主要项目分析。

表 10-2　现金流量表

单位：某蚕丝制品股份有限公司　　　2014 年 12 月 31 日　　　　　　　　单位：元

项目	本期金额	上期金额
一、经营活动产生的现金流量		
销售商品、提供劳务收到的现金	1 720 873 484	1 672 265 106
收到的税费返还	12 094 216	21 725 585
收到其他与经营活动有关的现金	151 546 154	193 637 157
经营活动现金流入小计	1 884 513 854	1 887 627 848
购买商品、接受劳务支付的现金	974 216 908	1 613 897 636
支付给职工以及为职工支付的现金	77 856 861	75 219 097
支付的各项税费	70 703 352	62 596 576
支付其他与经营活动有关的现金	174 894 006	117 678 596
经营活动现金流出小计	1 297 671 127	1 869 391 905
经营活动产生的现金流量净额	586 842 727	18 235 943
二、投资活动产生的现金流量		
收回投资收到的现金	34 000 000	2 000 000
取得投资收益收到的现金	291 692 390	251 276 739
处置固定资产、无形资产和其他长期资产收到的现金净额	34 970 716	15 685 484
处置子公司及其他营业单位收到的现金净额		
收到其他与投资活动有关的现金	80 752 944	
投资活动现金流入小计	360 663 106	349 715 167
购建固定资产、无形资产和其他长期资产支付的现金	181 301 819	7 246 995
投资支付的现金	407 291 835	503 400 000
取得子公司及其他营业单位支付的现金净额		
支付其他与投资活动有关的现金	121 419 389	
投资活动现金流出小计	588 593 654	632 066 384
投资活动产生的现金流量净额	−227 930 548	−282 351 217
三、筹资活动产生的现金流量		
吸收投资收到的现金		
取得借款收到的现金	3 960 000 000	4 956 000 000
收到其他与筹资活动有关的现金	96 000 000	197 100 000
筹资活动现金流入小计	4 056 000 000	5 153 100 000
偿还债务支付的现金	4 180 500 000	4 189 000 000
分配股利、利润或偿付利息支付的现金	314 799 606	414 517 076

项目	本期金额	上期金额
支付其他与筹资活动有关的现金	5 741 245	478 880 579
筹资活动现金流出小计	4 501 040 851	5 082 397 655
筹资活动产生的现金流量净额	−445 040 851	70 702 345
四、汇率变动对现金及现金等价物的影响	868 334	−16 341
五、现金及现金等价物净增加额	−85 260 338	−193 429 270
加：期初现金及现金等价物余额	179 349 182	372 778 452
六、期末现金及现金等价物余额	94 088 844	179 349 182

从总体上看，该蚕丝制品股份有限公司经营活动产生的现金流量为正值，投资活动和筹资活动产生的现金流量均为负值。说明该公司的经营状况良好，获利能力较强，利润的质量较高，公司可以用经营活动产生的现金流量来偿还债务和回报投资者。

进一步来分析，2014 年该公司经营活动现金流量为正数（586 842 727 元），投资活动现金流量为负数（−227 930 548 元），后者的绝对值远小于前者，说明经营活动现金流量足以弥补投资活动现金流量的亏空，企业投资活动的风险较小。

从投资活动的现金流量来看，公司近两年投资活动产生的现金流量净额均为负值，表明公司正在不断扩大再生产、增加投资。主要的现金流入为取得投资收益收到的现金；投资活动的现金流出为投资支付的现金。

从筹资活动的现金流量来看，公司 2014 年未增发新股和发行债券，主要的筹资活动的现金流入来源于取得长期借款收到的现金；筹资活动的现金流出主要是为偿还短期借款而支付的现金。

第二节　现金流量结构分析

一、现金流量项目结构分析

项目结构分析是按现金流量的项目或类别，分析识别该类业务活动的现金流入与流出状况是否正常，有无异常现象，并在此基础上，进一步分析其产生原因的一种方法。

```
                    ┌──────────────┐
                    │  项目结构分析  │
                    └──────┬───────┘
         ┌─────────────────┼─────────────────┐
  ┌──────┴──────┐   ┌──────┴──────┐   ┌──────┴──────┐
  │ 经营活动现    │   │ 投资活动现    │   │ 筹资活动现    │
  │ 金流量分析    │   │ 金流量分析    │   │ 金流量分析    │
  └──────┬──────┘   └──────┬──────┘   └──────┬──────┘
  ┌──────┴──────┐   ┌──────┴──────┐   ┌──────┴──────┐
  │ 经营活动是指企 │   │ 投资活动是指企 │   │ 筹资活动是指使企│
  │ 业的投资和筹资 │   │ 业长期资产的购 │   │ 业资本及债务规 │
  │ 活动以外的所有 │   │ 建和不包括在现 │   │ 模和构成发生变 │
  │ 交易。主要包括 │   │ 金等价物范围内 │   │ 化的活动。主要 │
  │ 购买或销售商   │   │ 的投资及其处置 │   │ 包括吸收投资、发│
  │ 品、接受或提供 │   │ 活动。主要包括 │   │ 行股票或债券、分│
  │ 劳务、支付工资 │   │ 购建固定资产、处│   │ 配利润、偿还债务│
  │ 和缴纳税款等交 │   │ 置子公司及其他 │   │ 时流入和流出的 │
  │ 易事项中流入和 │   │ 营业单位流入和 │   │ 现金和现金等价 │
  │ 流出的现金和现 │   │ 流出的现金和现 │   │ 物            │
  │ 金等价物      │   │ 金等价物      │   │              │
  └─────────────┘   └─────────────┘   └─────────────┘
```

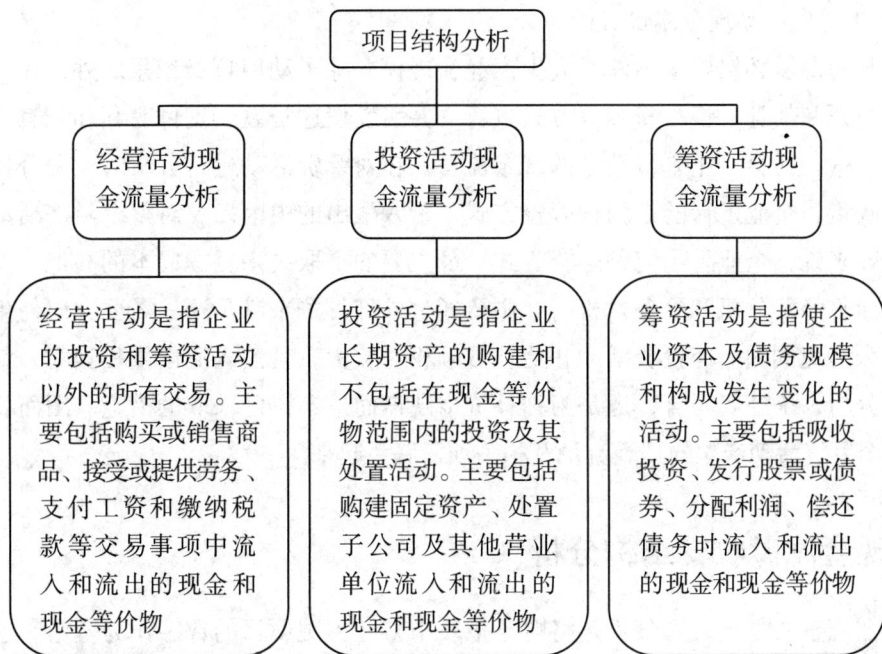

（一）经营活动现金流量分析

企业经营活动发生的现金流量产生于正常的生产经营中，因此对经营活动的分析是现金流量分析的重点。

企业经营活动现金流量的增减变动主要源于两条渠道，即对外销售活动产生的现金流量和企业经营性债权债务管理产生的现金流量。企业对外销售商品、提供劳务带来的现金流入，收现比例越高，现金流量质量越好。这样，企业管理部门就可以加快经营性应收账款的回收，并在信用期内采取延期支付费用的方式，加快存货和其他资产的周转。由此可知，如果企业营业现金流量主要来源于主营业务收入收现能力的提高，说明现金流量质量较好；反之，如果营业现金流量主要来源于存货、经营性应收项目和经营性应付项目，则说明现金流量处于危险状态。一般来说，如果企业经营活动产生的现金流量占总的现金流入比重较大，而现金流出占总的现金流出比重相对较小，且净现金流量为正数，表明企业正常的生产经营活动能满足企业的继续发展。

（二）投资活动现金流量分析

投资活动现金流量是反映企业资本性支出中的现金数额。企业购置厂房、设备或者处置固定资产，以及研究开发、对外长期投资等都会发生现金的流入和流出。对固定资产的投资并非完全的现金流出，如果企业需要转移生产地点或淘汰旧设备，就可以到二级市场售出，取得处置收益；企业的对外投资将带来投资收益，企业也可根据自身情况收回投资，这些都形成了投资活动的现金流入。对投资活动现金流量进行分析，重点就是分析这些流入和流出的数额。

（三）筹资活动现金流量分析

企业的发展必然要求不断扩大生产经营规模。除了动用自身积累之外，还可以通过发行股票和债券、银行贷款等方式进行，并引发偿还贷款、支付股利和利息等一系列活动，这些就会产生筹资活动的现金流量。在对筹资活动进行分析时，要分析企业的融资政策，企业进行的是何种筹资方式，融入融出的内因以及对整个经济活动的影响。一般来说，企业采用何种融资方式，最主要的是取决于资本成本的高低。尤其当企业在面临经营危机和财务危机时，主要通过外部筹资来满足这一需要，以使生产继续下去和避免倒闭。与投资活动相比，数额相对较大，且流入流出量相当时，就要对其进行分析，是纯属巧合，还是为弥补资金缺口而迫不得已采取的措施。因而要把企业的整个筹资活动产生的现金流量及相关项目联系起来。

二、现金流量收支结构分析

现金流量的收支结构分析是将财务报表中某一关键项目的数字作为基数，这个基数是100%，再计算各项目的具体构成，并可以使现金流量结构的完整情况明显地表现出来，从而揭示财务报表中各个项目的相对地位与总体结构的关系。

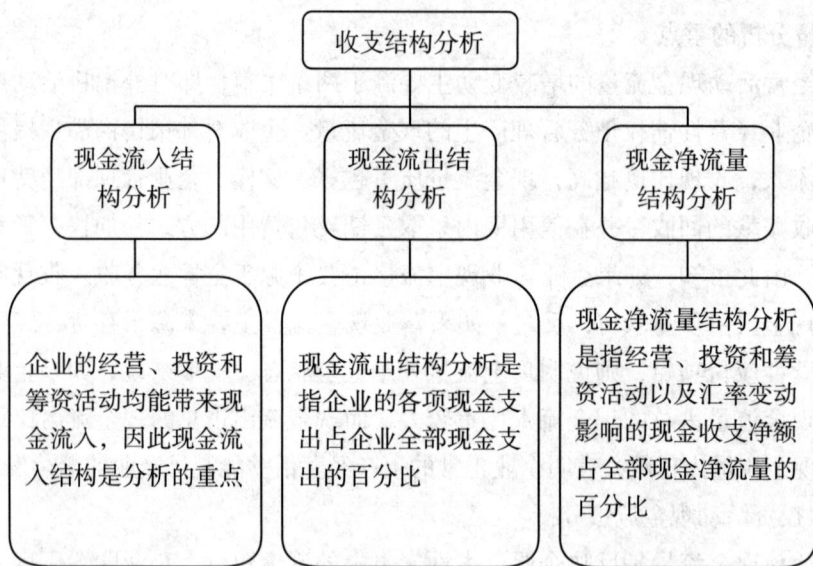

```
                    收支结构分析
          ┌────────────┼────────────┐
     现金流入结        现金流出结        现金净流量
     构分析            构分析            结构分析

   企业的经营、投资和   现金流出结构分析是   现金净流量结构分析
   筹资活动均能带来现   指企业的各项现金支   是指经营、投资和筹
   金流入，因此现金流   出占企业全部现金支   资活动以及汇率变动
   入结构是分析的重点   出的百分比         影响的现金收支净额
                                      占全部现金净流量的
                                      百分比
```

（一）现金流入结构分析

通过现金流入结构分析，可以明确企业的经营、投资和筹资活动所产生的现金流量在全部现金流入中所占的比重，还可以了解现金流入具体项目的构成情况，明确企业的现金来自何方，要增加企业的现金流入主要应在哪些方面采取措施等。

总体来说，每个企业的现金流量中，经营活动的现金流入应当占有较大的比重，特别是其主营业务活动流入的现金应明显高于其他经营活动流入的现金。但是对于经营业务不同的企业，这个比例也可以有较大的差异。一个单一经营、主营业务突出的企业，其主营业务的现金流入可能占到全部活动现金流入相当大的比重，而主营业务不突出的企业，这一比例肯定会低得多。

某些企业着重于发展的稳定性，对经营范围之外的业务很少涉及，即使有闲置资金，也不会投资，甚至不会多举债，那么其经营活动的现金流入所占的比例也肯定会较高，投资和筹资活动的现金流入可能较低甚至没有。而有些企业则相反，为了扩大经营业务，想尽办法筹集资金。筹资有力又投资得当的企业在一个特定期间，会在筹资活动中得到大量的现金收益回报，这类企业投资和筹资活动的现金流入所占比例会高些，有时可能超过经营活动的现金比例。而筹资虽有力但投资不当的企业，其现金流入结构可能使筹资的现金流入很大，而投资活动经常只有现金流出，少有现金流入甚至没有。

（二）现金流出结构分析

通常经营活动所支出的现金要占到较大的比重，投资和筹资活动的现金流出则因企业的财务政策不同而存在较大的差异。有的企业较少，而有的企业很大，甚至超过经营活动的现金支出。

在企业正常的经营活动中，其经营活动的现金流出应当具有一定的稳定性，各期变化幅度一般不会太大，但投资和筹资活动的现金流出的稳定性较差，甚至具有偶发性、随意性。随着交付投资款、偿还到期债务、支付股利等活动的发生，当期该类活动的现金流出便会剧增。所以，由于情况的不同，对现金流出的结构也很难采用统一的标准进行分析。在分析时应考虑现金流出中各项目所占的实际比例，分析哪些项目所占比重过大，需要加以控制；哪些项目所占比重不足，应该加大投入。

（三）现金净流量结构分析

现金净流量结构分析反映企业的现金净流量是如何形成与分布的，可以反映出收大于支或支大于收的原因，为进一步分析现金净流量的增减变动因素提供依据。通过现金净流量的分析，可以明确体现出本期的现金净流量主要是由哪类活动产生的，以此说明现金净流量的形成是否合理。

第三节　现金流量趋势分析

现金流量的趋势分析就是分析企业的现金收入、现金支出及其余额发生了怎样的变动，其变动趋势如何，这种趋势对企业有利还是有弊。报表使用者通过现金流量的趋势分析，可以了解企业财务状况的变动趋势，了解企业财务状况变动的原因，在此基础上预测企业未来的财务状况，从而为决策提供依据。

一、现金流量表趋势分析法

现金流量表趋势分析是通过观察连续几个报告期的现金流量表，对报表中的全部或部分重要项目进行对比，比较分析各期指标的增减变化，并在此基础上判断其发展趋势，进而对企业未来发展趋势做出预测的一种方法。

（一）趋势百分比

运用趋势分析法通常应计算趋势百分比，包括定比和环比两种。

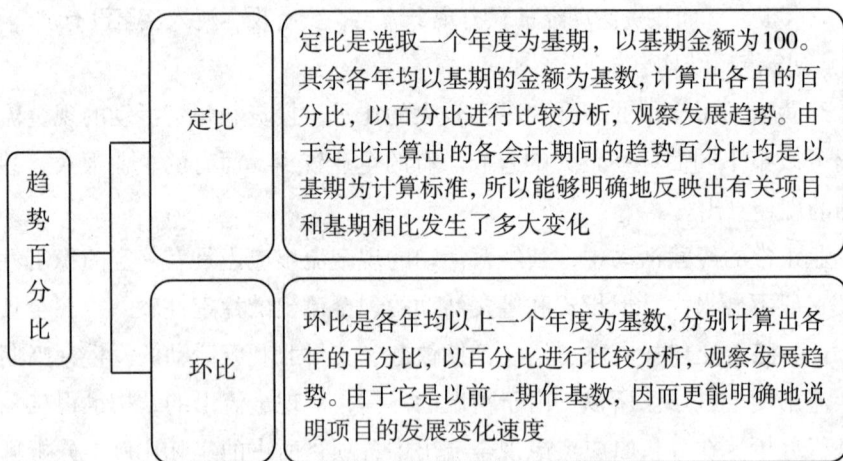

```
                 ┌─ 定比 ──  定比是选取一个年度为基期，以基期金额为100。
                 │            其余各年均以基期的金额为基数，计算出各自的百
趋               │            分比，以百分比进行比较分析，观察发展趋势。由
势               │            于定比计算出的各会计期间的趋势百分比均是以
百 ──────────────┤            基期为计算标准，所以能够明确地反映出有关项目
分               │            和基期相比发生了多大变化
比               │
                 └─ 环比 ──  环比是各年均以上一个年度为基数，分别计算出各
                              年的百分比，以百分比进行比较分析，观察发展趋
                              势。由于它是以前一期作基数，因而更能明确地说
                              明项目的发展变化速度
```

（二）趋势分析的步骤

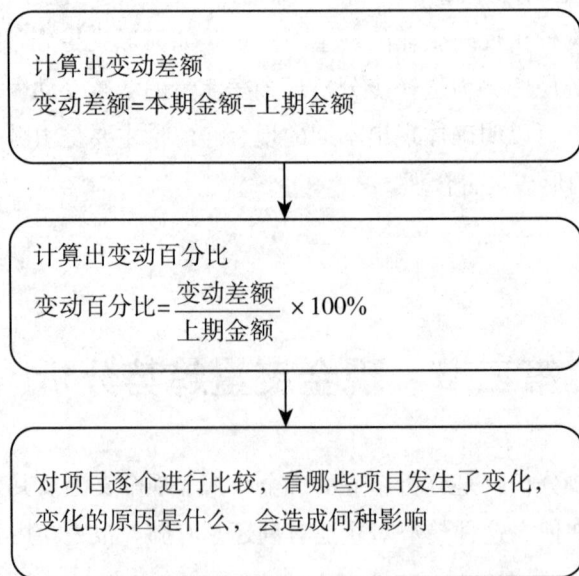

计算出变动差额
变动差额=本期金额–上期金额

↓

计算出变动百分比

$$变动百分比 = \frac{变动差额}{上期金额} \times 100\%$$

↓

对项目逐个进行比较，看哪些项目发生了变化，变化的原因是什么，会造成何种影响

注意：那些账面有盈余，但经营活动现金流量长期紧张的公司，往往是虚假繁荣或有很大风险。分析经营活动现金流量趋势要与企业利润增长相联系；分析流入与流出项目增长趋势，以找出经营活动现金净额变动原因。投资活动现金流量的趋势分析应看其现金流向及来源，看是内部扩张还是外部扩张，另要结合筹资活动现金流量趋势分析与经营活动现金流量趋势分析。

（三）趋势预测分析

趋势分析还包括趋势预测分析，即运用回归分析法、指数平滑法等方法对财务报表数据进行分析预测，分析其发展趋势，并在此基础上预测出可能的发展结果。其中最常用的方法是运用趋势线性方程来做趋势预测。

趋势线性方程是在做趋势分析时，预测某项目的未来值所普遍采用的一种方法。

$$y=a+bx$$

其中，a 和 b 为常数，x 表示时期数的值，x 是由分配确定的，当时期数为偶数或奇数时，值的分配稍有不同。

二、现金流量表趋势分析的特点

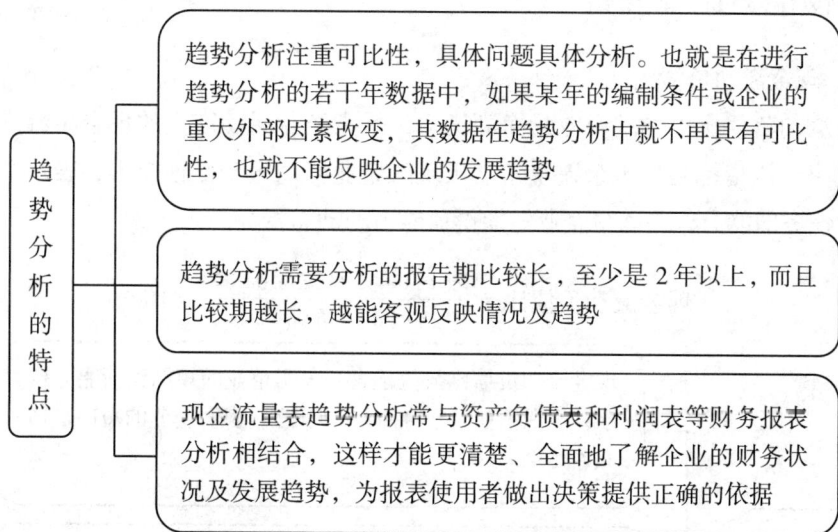

趋势分析的特点

- 趋势分析注重可比性，具体问题具体分析。也就是在进行趋势分析的若干年数据中，如果某年的编制条件或企业的重大外部因素改变，其数据在趋势分析中就不再具有可比性，也就不能反映企业的发展趋势

- 趋势分析需要分析的报告期比较长，至少是 2 年以上，而且比较期越长，越能客观反映情况及趋势

- 现金流量表趋势分析常与资产负债表和利润表等财务报表分析相结合，这样才能更清楚、全面地了解企业的财务状况及发展趋势，为报表使用者做出决策提供正确的依据

三、企业不同发展时期现金流量趋势的差异

在企业不同的发展阶段，经营活动、投资活动和筹资活动产生的现金流量在企业当期的总现金流量中的比例是有差异的。

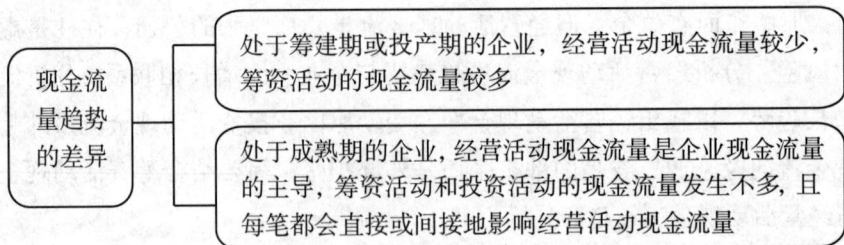

| 现金流量趋势的差异 | 处于筹建期或投产期的企业，经营活动现金流量较少，筹资活动的现金流量较多 |
| | 处于成熟期的企业，经营活动现金流量是企业现金流量的主导，筹资活动和投资活动的现金流量发生不多，且每笔都会直接或间接地影响经营活动现金流量 |

第四节　现金流量比率分析

现金流量比率分析是以经营活动现金净流量与资产负债表和利润表等财务报表中的相关项目进行对比分析，以便全面揭示企业的经营水平，测定企业的偿债能力，反映企业的支付能力等。

一、偿债能力比率分析

（一）现金流动负债比

现金流动负债比也称现金流量净额比率，是指经营活动产生的现金净流量与流动负债的比率。该指标是从现金流量角度来反映企业当期短期偿债能力，表示企业偿还即将到期债务的能力，是衡量企业短期偿债能力的动态指标。

$$现金流动负债比 = \frac{经营活动现金净流量}{流动负债} \times 100\%$$

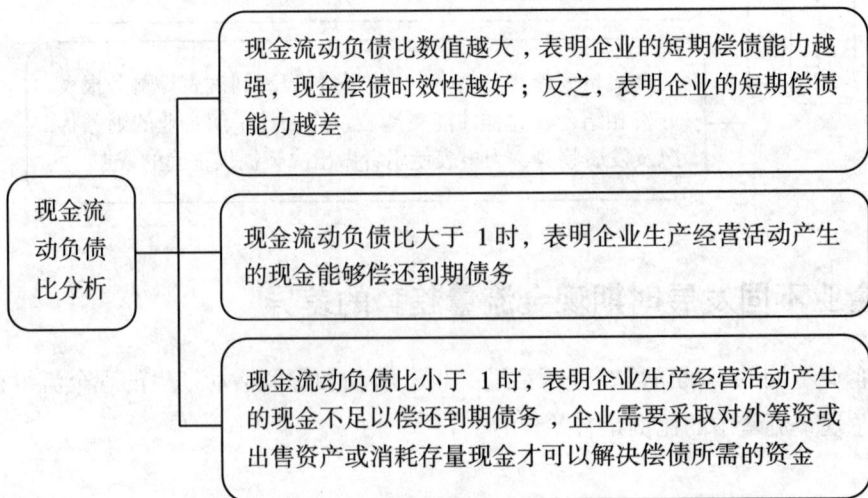

现金流动负债比分析	现金流动负债比数值越大，表明企业的短期偿债能力越强，现金偿债时效性越好；反之，表明企业的短期偿债能力越差
	现金流动负债比大于 1 时，表明企业生产经营活动产生的现金能够偿还到期债务
	现金流动负债比小于 1 时，表明企业生产经营活动产生的现金不足以偿还到期债务，企业需要采取对外筹资或出售资产或消耗存量现金才可以解决偿债所需的资金

实际情况中，企业现金流量与流动负债比率一般都小于1。这是因为企业并不是只能依靠用经营活动产生的现金来偿还到期债务，企业有多种筹资渠道。如何安排、调度偿债所需资金，需要企业经营管理者统筹考虑。

（二）现金债务总额比

现金债务总额比是指经营活动产生的现金净流量与总负债的比率。运用现金流量指标，可以比较真实地评价企业偿债能力，而且经营活动现金流量净额是企业最可靠、最稳定的现金来源，是清偿债务的基本保证。现金债务总额比反映了企业用年度经营活动产生的现金净流量偿还企业全部债务的能力，体现企业偿债风险的高低。

$$现金债务总额比 = \frac{经营活动现金净流量}{负债总额} \times 100\%$$

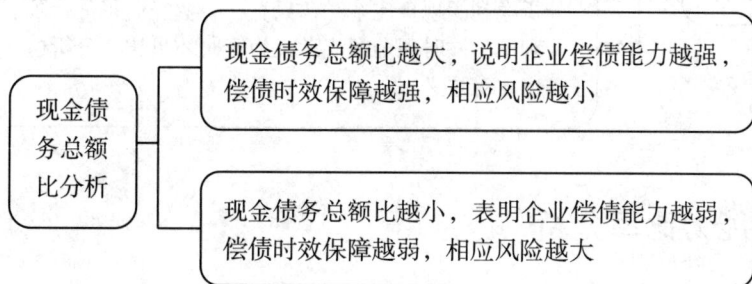

二、盈利质量比率分析

（一）销售净现率

销售净现率是指经营活动现金净流量与销售收入的比值。它反映了企业本期经营活动产生的现金净流量与销售收入之间的比率关系，反映了当期主营业务资金的回笼情况。

$$销售净现率 = \frac{经营现金流量净额}{销售收入} \times 100\%$$

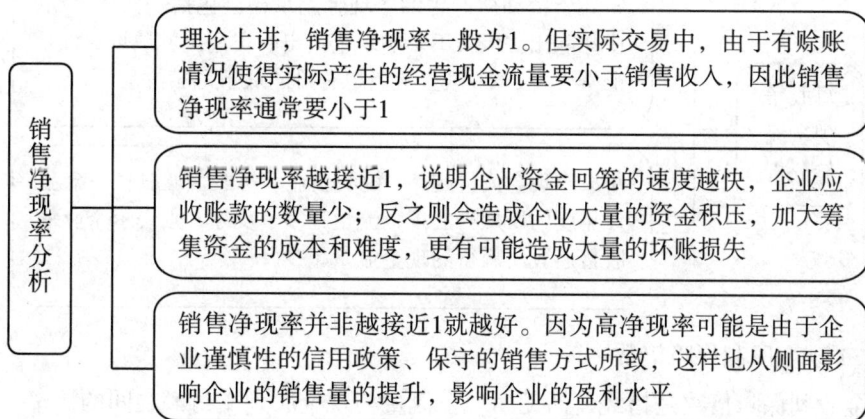

（二）净利润现金比率

净利润现金比率是指企业本期经营活动产生的现金净流量与净利润之间的比率。它能在一定程度上反映企业所实现净利润的质量。

$$净利润现金比率 = \frac{经营现金流量净额}{净利润} \times 100\%$$

净利润现金比率分析

净利润现金比率越大，企业的盈利质量越高。如果净利润高，经营活动产生的现金流量却很低，说明本期净利润中存在尚未实现现金的收入，企业净收益很差，即使盈利，也可能发生现金短缺，严重时会导致企业破产

分析净利润现金比率时，只有在企业经营正常，既能创造利润，同时现金净流量又为正时才可比，分析这一比率也才有意义

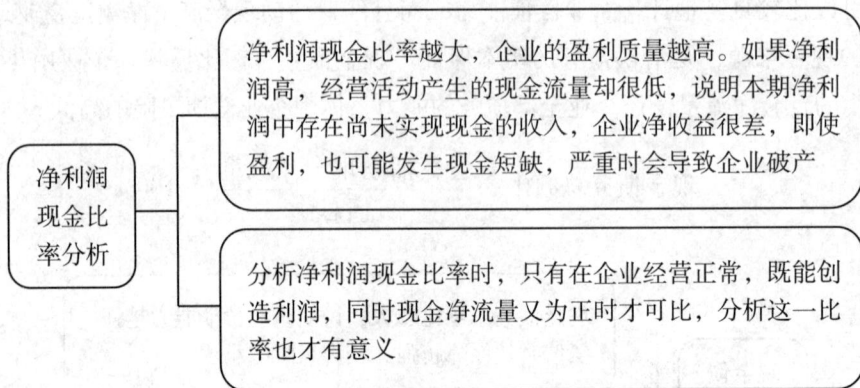

三、支付能力比率分析

（一）每股净现金流量

每股净现金流量是指公司经营活动所产生的净现金流量减去优先股股利与流通在外的普通股股数的比率。一般情况下，短期来看，每股净现金流量比每股盈余更能显示企业资本性支出及支付股利的能力。

$$每股净现金流量 = \frac{经营活动现金流量净额 - 优先股股利}{流通在外的普通股股数}$$

每股净现金流量分析

每股净现金流量通常比每股盈余要高，这是因为公司正常经营活动所产生的净现金流量还会包括一些从利润中扣除出去但又不影响现金流出的费用调整项目（如折旧费）。但每股现金流量也有可能低于每股盈余

每股净现金流量越高，说明企业的每股普通股在一个会计年度内所赚得的现金流量越多；反之，则表示企业每股普通股所赚得的现金流量越少

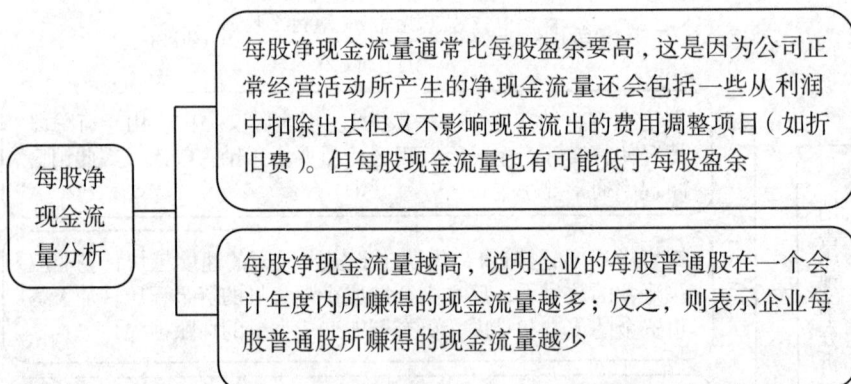

（二）现金股利保障倍数

现金股利保障倍数是指经营活动净现金流量与现金股利支付额之间的比率。

$$现金股利保障倍数 = \frac{每股净现金流量}{每股现金股利} = \frac{经营活动现金流量净额}{现金股利}$$

现金股利保障倍数越高，说明现金股利占结余现金流量的比重越小，企业支付现金股利的能力越强。

第五节　现金流量质量分析

现金流量的质量是指企业的现金流量能够按照企业的预期目标进行运转的质量。对现金流量的质量分析主要是从各种活动引起的现金流量的变化及各种活动引起的现金流量占企业现金流量总额的比重等方面去分析。

一、现金流量的变化结果与变化过程的关系

任何一个企业都可以通过现金流量表判断当期（年）的现金流量净增加额。

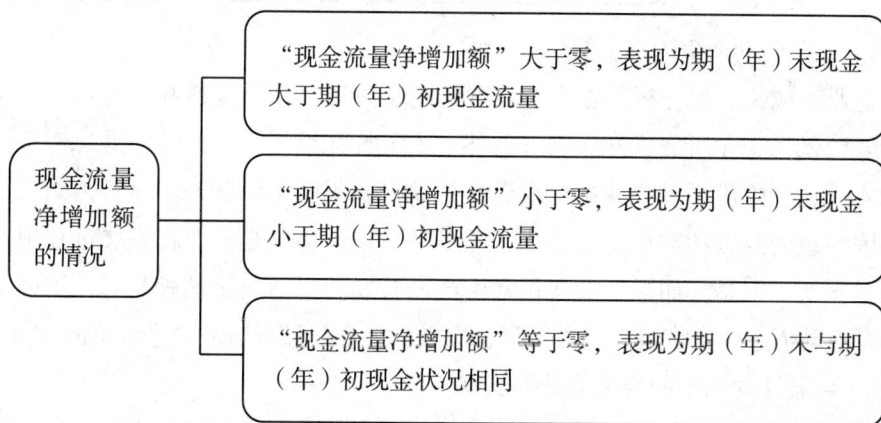

现金流量净增加额的情况

- "现金流量净增加额"大于零，表现为期（年）末现金大于期（年）初现金流量
- "现金流量净增加额"小于零，表现为期（年）末现金小于期（年）初现金流量
- "现金流量净增加额"等于零，表现为期（年）末与期（年）初现金状况相同

不管现金流量净增加额是否大于零，都不能以此作为财务状况是"好转""恶化"还是"维持不变"的判断。因为期（年）末与期（年）初的数量简单对比并不足以说明更多的财务状况问题。要揭示现金状况的变动原因，只有分析各因素对现金流量的影响。

在分析各因素引起的现金流量变化时，需要分清哪些是预算或计划中已有安排的，哪些是因偶发性原因而引起的，并对实际与预算（计划）的差异进行分析。另外，对现金流量变化过程的分析远远比现金流量的变化结果重要。

二、经营活动产生的现金流量质量分析

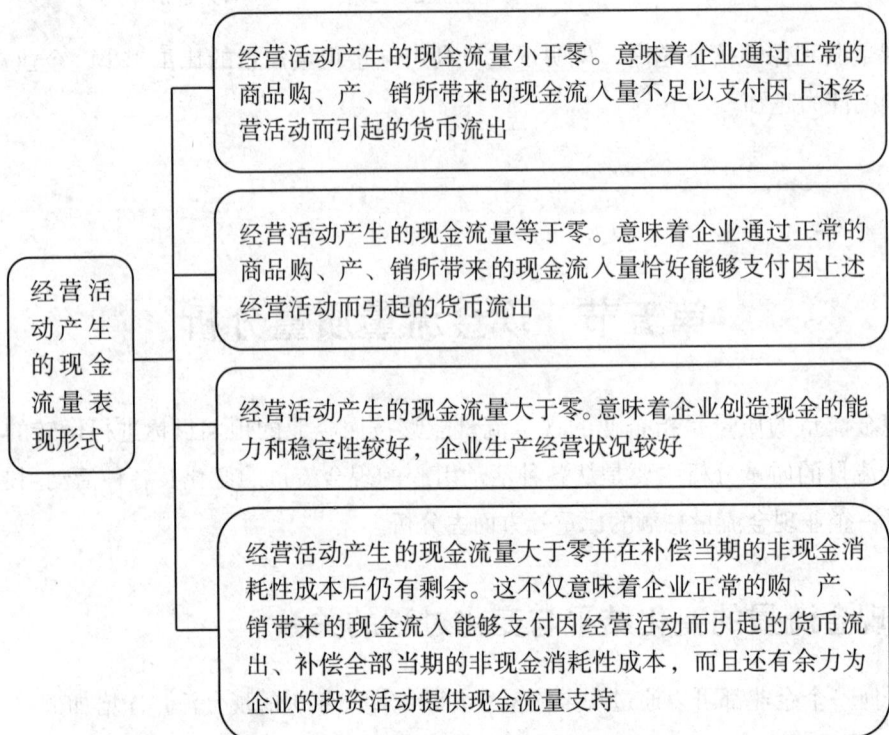

<table>
<tr>
<td rowspan="4">经营活动产生的现金流量表现形式</td>
<td>经营活动产生的现金流量小于零。意味着企业通过正常的商品购、产、销所带来的现金流入量不足以支付因上述经营活动而引起的货币流出</td>
</tr>
<tr>
<td>经营活动产生的现金流量等于零。意味着企业通过正常的商品购、产、销所带来的现金流入量恰好能够支付因上述经营活动而引起的货币流出</td>
</tr>
<tr>
<td>经营活动产生的现金流量大于零。意味着企业创造现金的能力和稳定性较好，企业生产经营状况较好</td>
</tr>
<tr>
<td>经营活动产生的现金流量大于零并在补偿当期的非现金消耗性成本后仍有剩余。这不仅意味着企业正常的购、产、销带来的现金流入能够支付因经营活动而引起的货币流出、补偿全部当期的非现金消耗性成本，而且还有余力为企业的投资活动提供现金流量支持</td>
</tr>
</table>

（一）经营活动产生的现金流量小于零

从企业的成长过程分析，在企业发展的起步阶段，生产资料和人力资源的实际利用率一般较低，企业所需成本较高。另外，为了打开市场，企业往往需要耗费较多的营销投入。这一阶段很多企业都出现资金短缺，入不敷出的状态。显然，如果是由于上述原因导致的经营活动现金流量小于零，则应该认为这是企业在发展过程中不可避免的正常状态。但是，如果企业在正常生产经营期间仍然出现这种状态，则说明企业通过经营活动创造现金流量的能力下降，应当认为企业经营活动现金流量的质量不高。

（二）经营活动产生的现金流量等于零

这种状态下，企业的运营既不需要额外资金来补充，也不能筹集资金进行投资和融资，这时企业是处于"收支平衡"的状态。

值得注意的是，在企业的成本消耗中，有相当一部分属于按照权责发生制原则的要求而确认的摊销成本（如无形资产、固定资产折旧等）和应计成本（如对预提费用的处理等），这些通称为非现金消耗性成本。显然，在经营活动产生的现金流量等于零时，企业经营活动产生的现金流量不可能为这部分非现金消耗性成本的资源消耗提供货币补偿。因此，从长期看，经营活动产生的现金流量等于零的状态根本不可能维持企业经营活动的货币"简单再生产"。如果在企业的起步阶段出现这种情况，无疑是一

种好的势头。但是，如果出现在正常运营时期，则企业的现金流量质量就不算高了。

（三）经营活动产生的现金流量大于零

虽然企业稳定性好、经营状况好，但经营活动产生的现金流量仅大于零是不够的，在补偿当期的非现金消耗性成本后仍有结余才是最好的状态。

（四）经营活动产生的现金流量大于零并在补偿当期的非现金消耗性成本后仍有剩余

这是现金流量质量的最好状态，它表明企业所生产的产品适销对路，市场占有率高，销售回款能力较强，同时企业的付现成本、费用控制在较适宜的水平上。企业经营活动产生的现金流量将对企业经营活动的稳定与发展、企业投资规模的扩大起到重要的促进作用。

三、投资活动产生的现金流量质量分析

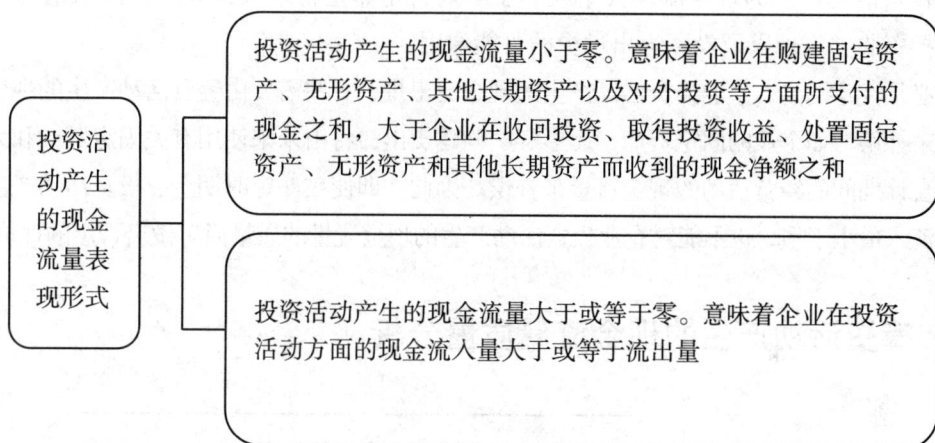

投资活动产生的现金流量表现形式

- 投资活动产生的现金流量小于零。意味着企业在购建固定资产、无形资产、其他长期资产以及对外投资等方面所支付的现金之和，大于企业在收回投资、取得投资收益、处置固定资产、无形资产和其他长期资产而收到的现金净额之和
- 投资活动产生的现金流量大于或等于零。意味着企业在投资活动方面的现金流入量大于或等于流出量

（一）投资活动产生的现金流量小于零

这种状态下，投资活动本身的现金流转"入不敷出"，通常是正常现象，但必须关注投资支出的合理性和投资收益的实现状况。

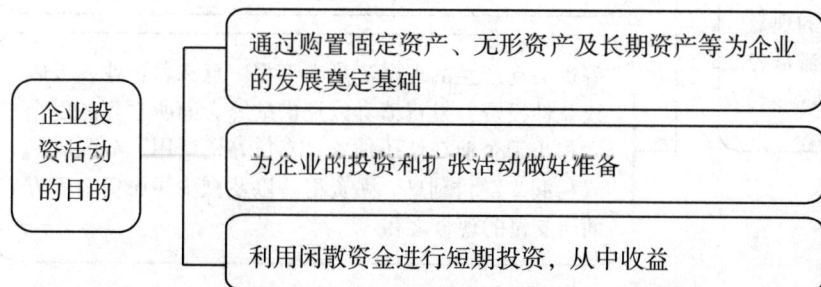

企业投资活动的目的

- 通过购置固定资产、无形资产及长期资产等为企业的发展奠定基础
- 为企业的投资和扩张活动做好准备
- 利用闲散资金进行短期投资，从中收益

上述三个投资目的中，前两种投资一般都应与企业的长期规划和短期计划相一致。最后一种投资，在多数情况下，是企业的一种短期理财安排。因此，对于投资活动产

生的现金流量小于零的企业，在企业的投资活动符合企业的长期规划和短期计划的条件下，这种现象表明了企业经营活动发展和企业扩张的内在需要，也反映了企业在扩张方面的尝试与努力。

（二）投资活动产生的现金流量大于或等于零

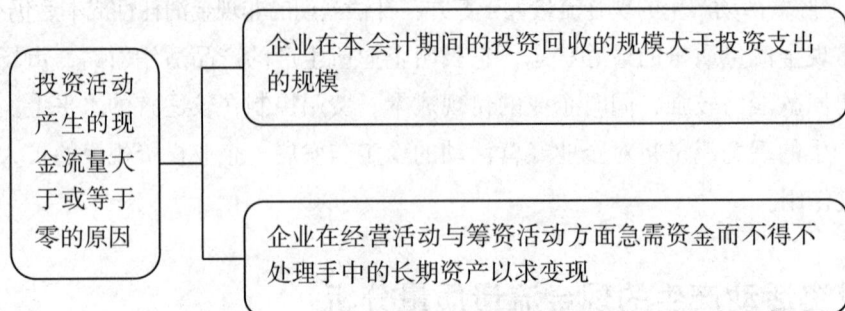

```
┌──────────┐     ┌─────────────────────────────────┐
│ 投资活动  │─────│ 企业在本会计期间的投资回收的规模大于投资支出 │
│ 产生的现  │     │ 的规模                            │
│ 金流量大  │     └─────────────────────────────────┘
│ 于或等于  │
│ 零的原因  │     ┌─────────────────────────────────┐
│          │─────│ 企业在经营活动与筹资活动方面急需资金而不得不 │
│          │     │ 处理手中的长期资产以求变现           │
└──────────┘     └─────────────────────────────────┘
```

投资活动产生的现金流量大于或等于零通常是非正常现象，必须关注长期资产变现、投资收益实现以及投资支出过少的可能原因。

必须注意的是，企业投资活动产生的现金流出量，有些需要由经营活动产生的现金流入量来补偿。如企业的固定资产、无形资产购建支出，将由未来使用有关固定资产和无形资产会计期间的经营活动的现金流量来补偿。因此，即使在一定时期企业投资活动产生的现金流入量小于零，也不能对企业投资活动产生的现金流量的质量简单做出否定的评价。

四、筹资活动产生的现金流量质量分析

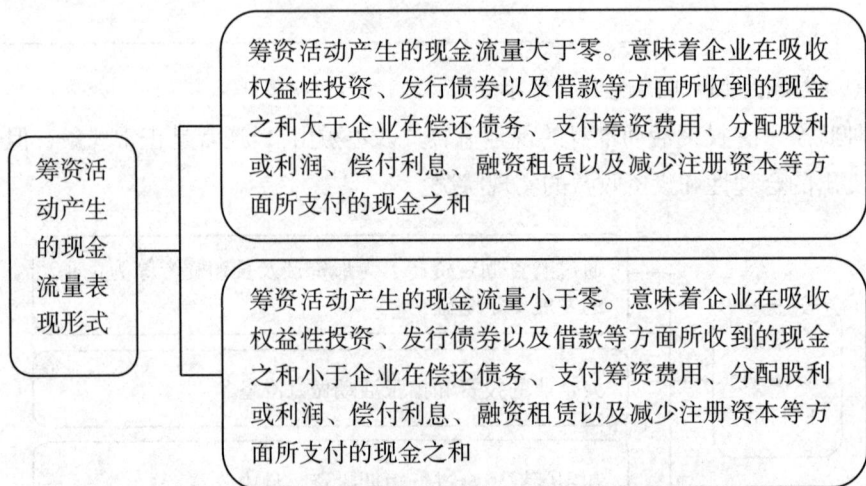

```
┌──────────┐     ┌─────────────────────────────────┐
│ 筹资活    │     │ 筹资活动产生的现金流量大于零。意味着企业在吸收 │
│ 动产生    │─────│ 权益性投资、发行债券以及借款等方面所收到的现金 │
│ 的现金    │     │ 之和大于企业在偿还债务、支付筹资费用、分配股利 │
│ 流量表    │     │ 或利润、偿付利息、融资租赁以及减少注册资本等方 │
│ 现形式    │     │ 面所支付的现金之和                 │
│          │     └─────────────────────────────────┘
│          │
│          │     ┌─────────────────────────────────┐
│          │     │ 筹资活动产生的现金流量小于零。意味着企业在吸收 │
│          │─────│ 权益性投资、发行债券以及借款等方面所收到的现金 │
│          │     │ 之和小于企业在偿还债务、支付筹资费用、分配股利 │
│          │     │ 或利润、偿付利息、融资租赁以及减少注册资本等方 │
│          │     │ 面所支付的现金之和                 │
└──────────┘     └─────────────────────────────────┘
```

（一）筹资活动产生的现金流量大于零

在企业经营活动现金流量小于零的条件下，企业的现金流量的需求主要通过筹资活动来解决。在分析筹资活动产生的现金流量的质量时，关键要看企业的筹资活动是否已经纳入企业的发展规划，是企业管理层以扩大投资和经营活动为目标的主动筹资行为，还是企业因投资活动和经营活动的现金流出失控而使企业不得已的筹资行为。

（二）筹资活动产生的现金流量小于零

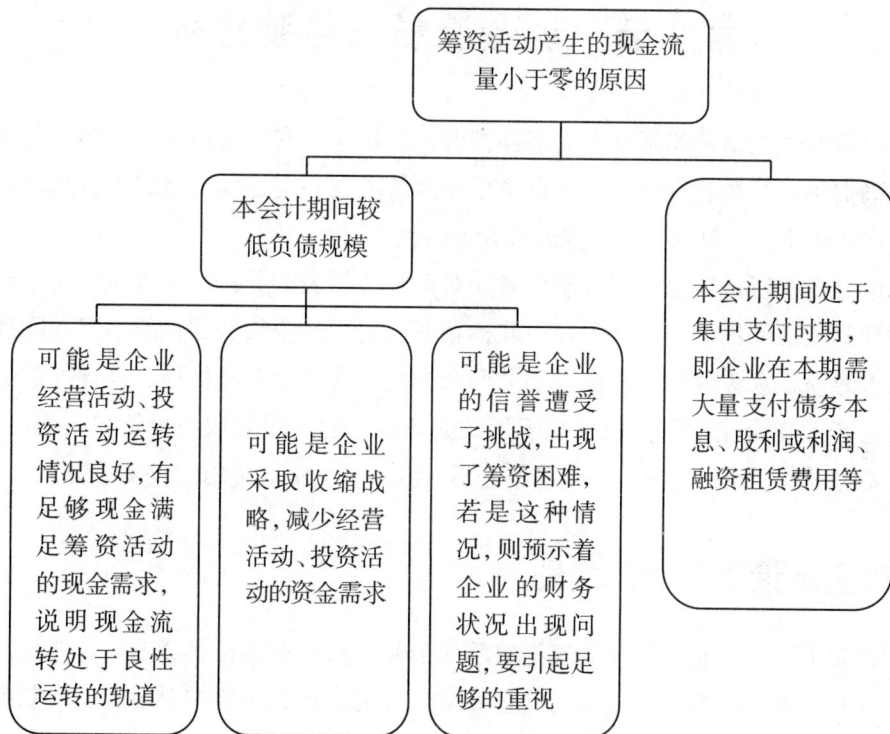

```
                  筹资活动产生的现金流
                  量小于零的原因
                  ┌──────────┴──────────┐
          本会计期间较                     本会计期间处于
          低负债规模                       集中支付时期，
    ┌──────┼──────┐                     即企业在本期需
可能是企业   可能是企业   可能是企业            大量支付债务本
经营活动、投  采取收缩战   的信誉遭受            息、股利或利润、
资活动运转   略，减少经营  了挑战，出现           融资租赁费用等
情况良好，有  活动、投资活  了筹资困难，
足够现金满   动的资金需求  若是这种情
足筹资活动              况，则预示着
的现金需求，             企业的财务
说明现金流              状况出现问
转处于良性              题，要引起足
运转的轨道              够的重视
```

五、不涉及现金收支的理财活动与企业的现金流转状况

不涉及现金收支的理财活动即投资和筹资活动，虽不引起现金流量的变化，但可能在一定程度上反映企业所面临的现金流转困难。如企业用固定资产偿还债务，可能意味着企业没有足够的现金来偿还到期债务；企业接受业主非现金资产的投资，可能意味着企业在接受所有者投资的同时，还需筹集必要的现金以实现企业的正常经营等。出现这种情况并不能因此就判断企业在现金流转上出现了困难，应结合企业当期现金流量的整体状况及财务报表披露的其他信息来综合考虑。

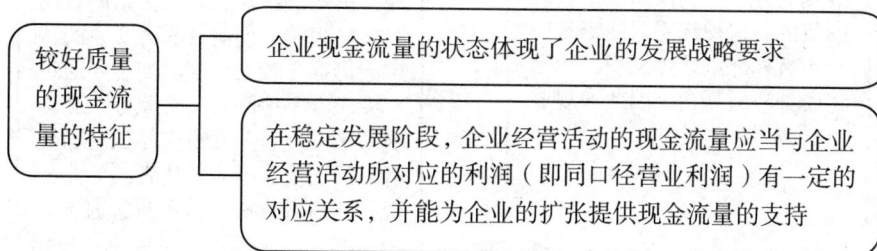

```
较好质量    ┌── 企业现金流量的状态体现了企业的发展战略要求
的现金流   │
量的特征   └── 在稳定发展阶段，企业经营活动的现金流量应当与企业
              经营活动所对应的利润（即同口径营业利润）有一定的
              对应关系，并能为企业的扩张提供现金流量的支持
```

第六节 现金流量表包装分析

现金流量表在编制和制度方面都存在着一些缺陷，有些项目分类不当，有些问题不能准确揭示，甚至有失合理。其自身存在的缺陷在一定程度上造成了信息披露上的偏失，这便促使人们对现金流量表进行人为的包装。

无论是企业还是其他的报表使用者，对现金流量表的分析都集中在经营活动、投资活动和筹资活动提供的信息上。因此，企业包装现金流量表的目的是当实际现金流量不如人意时，人为改变现金流量的方向和金额，优化这三类指标，误导外部的信息使用者对企业现金流量状况做出过于乐观的评估，达到吸收权益投资和进一步举债。所以，要想对现金流量表有一个准确的分析，就必须了解其常用的包装手法。

一、现金流量表包装的类别

企业无法人为改变整体现金流量的总体金额，只能在某种程度上人为地控制现金流量的方向和现金流量不同项目间的金额重新分配。包装主要有对现金流量制度缺陷的利用和对准则的恶意规避两大类，其中对准则的恶意规避是企业现金流量包装最常用的手法。

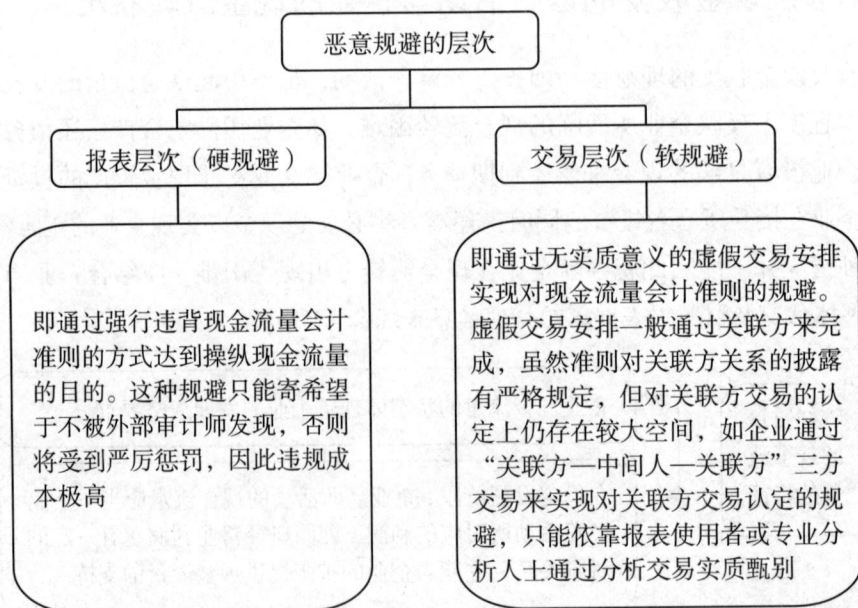

```
                    ┌──────────────┐
                    │ 恶意规避的层次 │
                    └──────────────┘
           ┌───────────────┴───────────────┐
  ┌──────────────────┐            ┌──────────────────┐
  │ 报表层次（硬规避）│            │ 交易层次（软规避）│
  └──────────────────┘            └──────────────────┘
```

即通过强行违背现金流量会计准则的方式达到操纵现金流量的目的。这种规避只能寄希望于不被外部审计师发现，否则将受到严厉惩罚，因此违规成本极高

即通过无实质意义的虚假交易安排实现对现金流量会计准则的规避。虚假交易安排一般通过关联方来完成，虽然准则对关联方关系的披露有严格规定，但对关联方交易的认定上仍存在较大空间，如企业通过"关联方—中间人—关联方"三方交易来实现对关联方交易认定的规避，只能依靠报表使用者或专业分析人士通过分析交易实质甄别

二、硬规避常见的操作方法

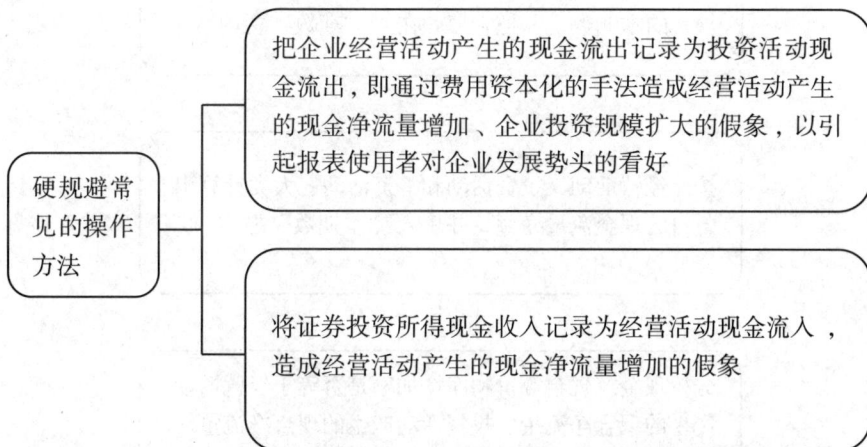

```
                    ┌─────────────────────────────────┐
                    │ 把企业经营活动产生的现金流出记录为投资活动现 │
                    │ 金流出，即通过费用资本化的手法造成经营活动产生 │
          ┌─────────│ 的现金净流量增加、企业投资规模扩大的假象，以引 │
          │         │ 起报表使用者对企业发展势头的看好          │
┌──────┐  │         └─────────────────────────────────┘
│硬规避常│  │
│见的操作│──┤
│方法   │  │         ┌─────────────────────────────────┐
└──────┘  │         │ 将证券投资所得现金收入记录为经营活动现金流入， │
          └─────────│ 造成经营活动产生的现金净流量增加的假象      │
                    │                                 │
                    └─────────────────────────────────┘
```

对现金流量会计准则的硬规避是丝毫不加掩饰的会计造假行为，将留下非常清晰的审计线索，通过外部审计较容易发现其问题。

三、软规避常见的操作方法

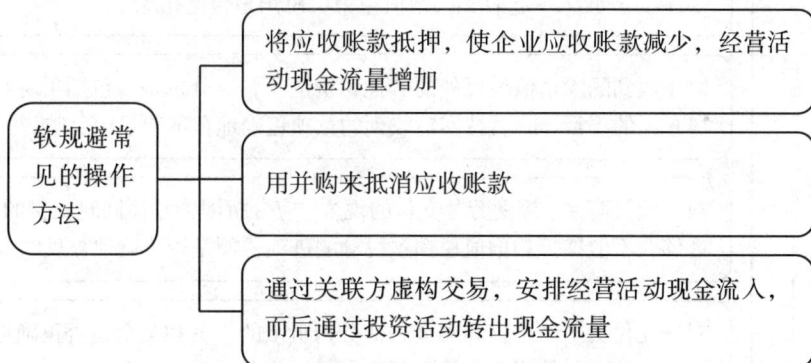

```
                    ┌─────────────────────────────────┐
                    │ 将应收账款抵押，使企业应收账款减少，经营活 │
          ┌─────────│ 动现金流量增加                     │
          │         └─────────────────────────────────┘
┌──────┐  │         ┌─────────────────────────────────┐
│软规避常│  │         │ 用并购来抵消应收账款                │
│见的操作│──┼─────────│                                 │
│方法   │  │         └─────────────────────────────────┘
└──────┘  │         ┌─────────────────────────────────┐
          └─────────│ 通过关联方虚构交易，安排经营活动现金流入， │
                    │ 而后通过投资活动转出现金流量          │
                    └─────────────────────────────────┘
```

第七节　现金流量表真实性分析

现金流量表的真实性是报表阅读者分析的一个重点内容，分析人员应仔细审阅，分析现金流量表提供的信息是否与企业实际情况相符。

现金流量表真实性的分析可采用以下步骤进行。

把现金流量表每个项目的工作底稿分录栏内的借方金额和贷方金额分别加总，再加减，以计算出各个项目的本期数，并把它填列在"本期数"栏内

↓

按照经营活动、投资活动和筹资活动三大类计算出各自的现金流量净额，并填入"本期数"栏内

↓

分析现金及现金等价物净增加额是否等于经营活动产生的现金净流量、投资活动产生的现金净流量、筹资活动产生的现金净流量三个项目之和

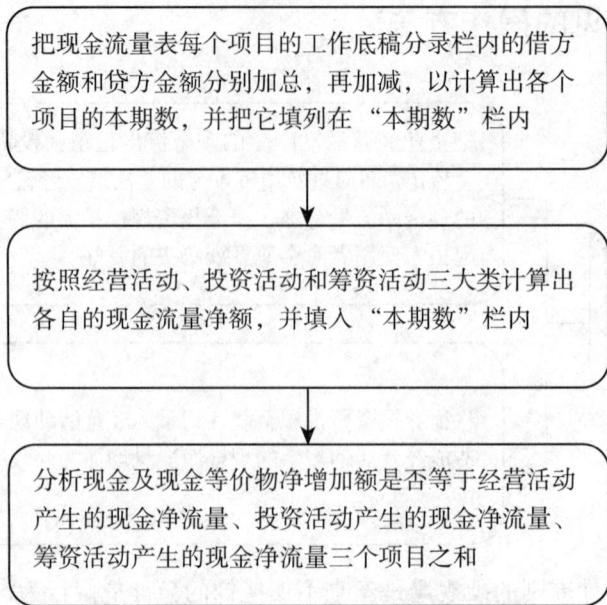

现金流量表各项目的真实性分析具体内容如下。

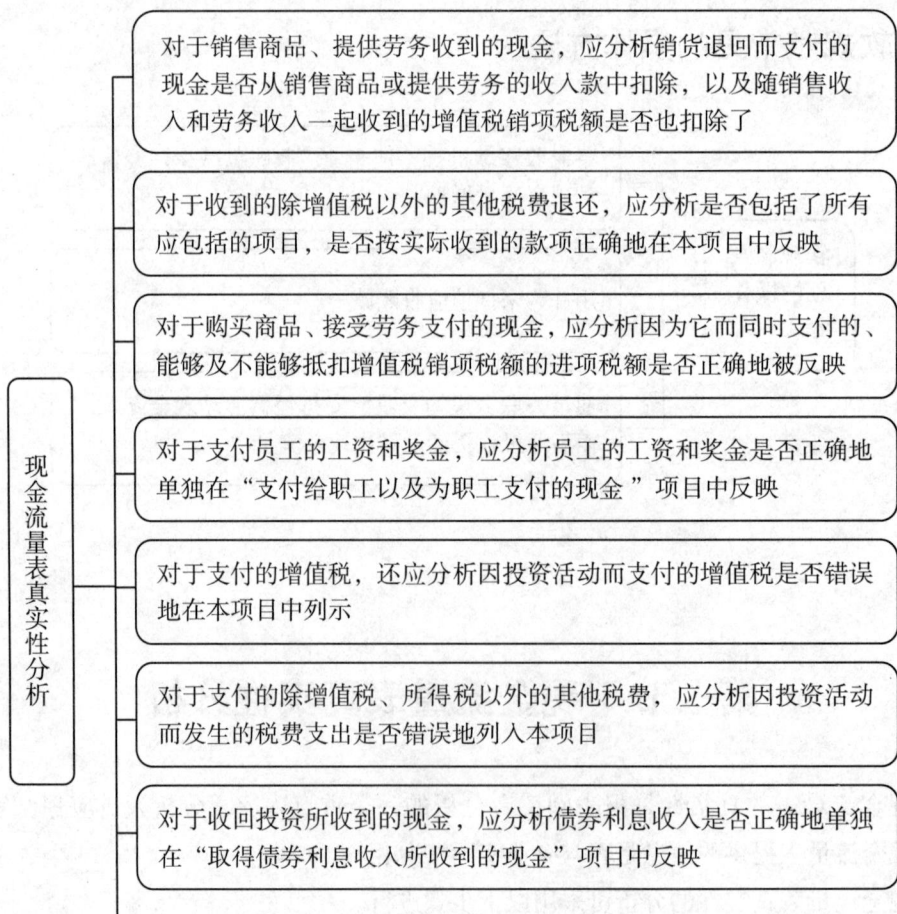

对于销售商品、提供劳务收到的现金，应分析销货退回而支付的现金是否从销售商品或提供劳务的收入款中扣除，以及随销售收入和劳务收入一起收到的增值税销项税额是否也扣除了

对于收到的除增值税以外的其他税费退还，应分析是否包括了所有应包括的项目，是否按实际收到的款项正确地在本项目中反映

对于购买商品、接受劳务支付的现金，应分析因为它而同时支付的、能够及不能够抵扣增值税销项税额的进项税额是否正确地被反映

对于支付员工的工资和奖金，应分析员工的工资和奖金是否正确地单独在"支付给职工以及为职工支付的现金"项目中反映

对于支付的增值税，还应分析因投资活动而支付的增值税是否错误地在本项目中列示

现金流量表真实性分析

对于支付的除增值税、所得税以外的其他税费，应分析因投资活动而发生的税费支出是否错误地列入本项目

对于收回投资所收到的现金，应分析债券利息收入是否正确地单独在"取得债券利息收入所收到的现金"项目中反映

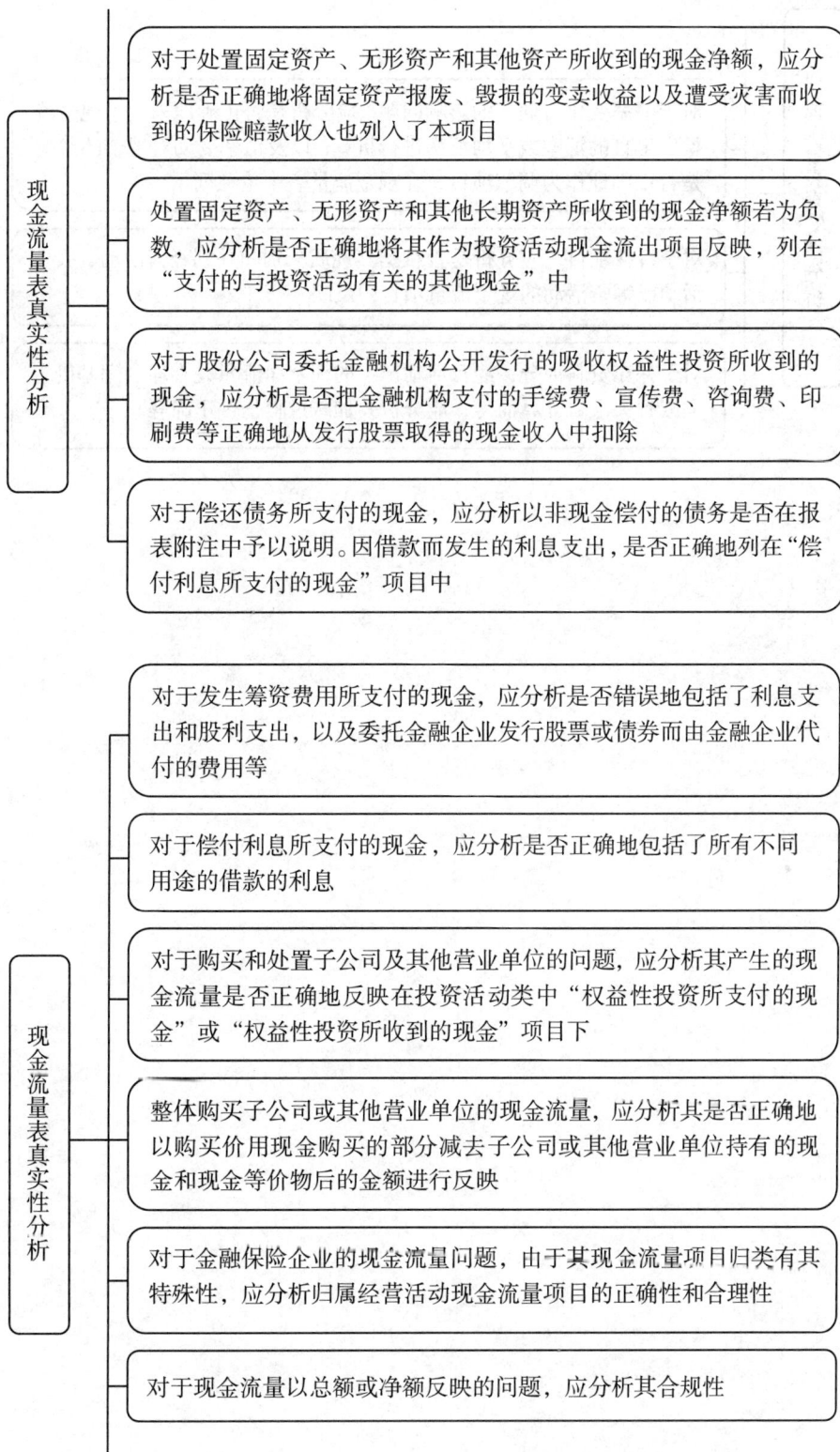

现金流量表真实性分析

对于处置固定资产、无形资产和其他资产所收到的现金净额，应分析是否正确地将固定资产报废、毁损的变卖收益以及遭受灾害而收到的保险赔款收入也列入了本项目

处置固定资产、无形资产和其他长期资产所收到的现金净额若为负数，应分析是否正确地将其作为投资活动现金流出项目反映，列在"支付的与投资活动有关的其他现金"中

对于股份公司委托金融机构公开发行的吸收权益性投资所收到的现金，应分析是否把金融机构支付的手续费、宣传费、咨询费、印刷费等正确地从发行股票取得的现金收入中扣除

对于偿还债务所支付的现金，应分析以非现金偿付的债务是否在报表附注中予以说明。因借款而发生的利息支出，是否正确地列在"偿付利息所支付的现金"项目中

现金流量表真实性分析

对于发生筹资费用所支付的现金，应分析是否错误地包括了利息支出和股利支出，以及委托金融企业发行股票或债券而由金融企业代付的费用等

对于偿付利息所支付的现金，应分析是否正确地包括了所有不同用途的借款的利息

对于购买和处置子公司及其他营业单位的问题，应分析其产生的现金流量是否正确地反映在投资活动类中"权益性投资所支付的现金"或"权益性投资所收到的现金"项目下

整体购买子公司或其他营业单位的现金流量，应分析其是否正确地以购买价用现金购买的部分减去子公司或其他营业单位持有的现金和现金等价物后的金额进行反映

对于金融保险企业的现金流量问题，由于其现金流量项目归类有其特殊性，应分析归属经营活动现金流量项目的正确性和合理性

对于现金流量以总额或净额反映的问题，应分析其合规性

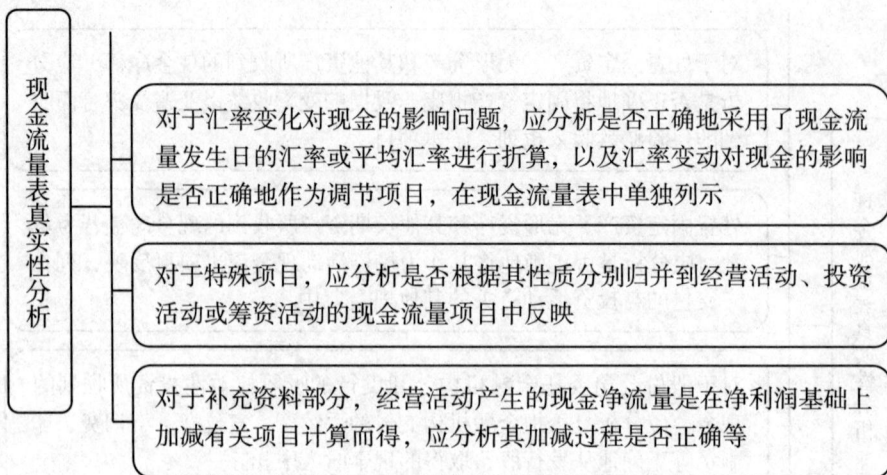

现金流量表真实性分析

- 对于汇率变化对现金的影响问题，应分析是否正确地采用了现金流量发生日的汇率或平均汇率进行折算，以及汇率变动对现金的影响是否正确地作为调节项目，在现金流量表中单独列示

- 对于特殊项目，应分析是否根据其性质分别归并到经营活动、投资活动或筹资活动的现金流量项目中反映

- 对于补充资料部分，经营活动产生的现金净流量是在净利润基础上加减有关项目计算而得，应分析其加减过程是否正确等

第十一章 所有者权益变动表掘金分析

本章导读

所有者权益变动表是反映构成所有者权益的各组成部分当期增减变动情况的财务报表，其作用在于全面反映一定会计期间所有者权益的变动情况，主要是让报表的使用者了解所有者权益变动的根源。

所有者权益变动表分析，是通过所有者权益的来源及其变动情况，了解会计期间内影响所有者权益增减变动的具体原因，判断构成所有者权益各个项目变动的合法性与合理性，为报表使用者提供较为真实的所有者权益总额及其变动信息。对所有者权益变动表的分析，主要包括对其的水平分析、垂直分析、指数分析等，本章我们将详细介绍这些内容。

第一节　所有者权益变动表各项目分析

一、所有者权益变动表分析目的

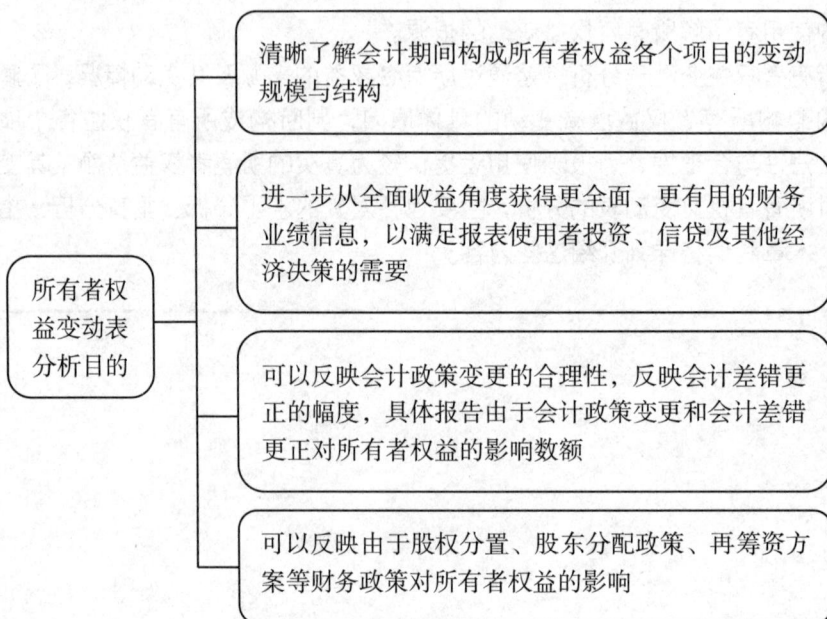

所有者权益变动表分析目的

- 清晰了解会计期间构成所有者权益各个项目的变动规模与结构
- 进一步从全面收益角度获得更全面、更有用的财务业绩信息，以满足报表使用者投资、信贷及其他经济决策的需要
- 可以反映会计政策变更的合理性，反映会计差错更正的幅度，具体报告由于会计政策变更和会计差错更正对所有者权益的影响数额
- 可以反映由于股权分置、股东分配政策、再筹资方案等财务政策对所有者权益的影响

二、所有者权益变动表项目分析

某餐饮公司 2014 年度所有者权益变动情况见表 11-1，以此为例对所有者权益变动表的各项目进行简要分析。

表 11-1　所有者权益变动表

编制单位：×× 餐饮公司　　　　　　　　　　2014 年 12 月　　　　　　　　　　单位：万元

项目	本期金额					上期金额				
	实收资本	资本公积	盈余公积	未分配利润	所有者权益合计	实收资本	资本公积	盈余公积	未分配利润	所有者权益合计
一、上年年末余额	300.00				300.00					

项目	本期金额					上期金额				
	实收资本	资本公积	盈余公积	未分配利润	所有者权益合计	实收资本	资本公积	盈余公积	未分配利润	所有者权益合计
加：会计政策变更										
前期差错更正										
二、本年年初余额	400.00			44.30	444.30	0.00				0.00
三、本年增减变动金额（减少以"—"号填列）										
（一）净利润				710.40	710.40				44.30	44.30
（二）直接计入所有者权益的利得和损失										
1.可供出售金融资产公允价值变动净额										
2.权益法下被投资单位其他所有者权益变动的影响										
3.与计入所有者权益项目相关的所得税影响										
4 其他										
上述（一）和（二）小计				710.40	710.40					
（三）所有者投入和减少资本										
1.所有者投入资本						100.00				100.00
2.股份支付计入所有者权益的金额										
3.其他										
（四）利润分配										

项目	本期金额					上期金额				
	实收资本	资本公积	盈余公积	未分配利润	所有者权益合计	实收资本	资本公积	盈余公积	未分配利润	所有者权益合计
1. 提取盈余公积			71.04	−71.04						
2. 对所有者（或股东）的分配				−200.00	−200.00					
3. 其他										
（五）所有者权益内部结转										
1. 资本公积转增资本（或股本）										
2. 盈余公积转增资本（或股本）										
3. 盈余公积弥补亏损										
4. 其他										
四、本年年末余额	400.00		71.04	483.66	954.70					

从表 11-1 可见，所有者权益变动表反映的内容包括：所有者权益各项目本年年初余额的确定，本年度取得的、影响所有者权益增减变动的收益、利得和损失，所有者投入和减少资本引起的所有者权益的增减变化，利润分配引起的所有者权益的增减变化，所有者权益内部项目之间的相互转化等。

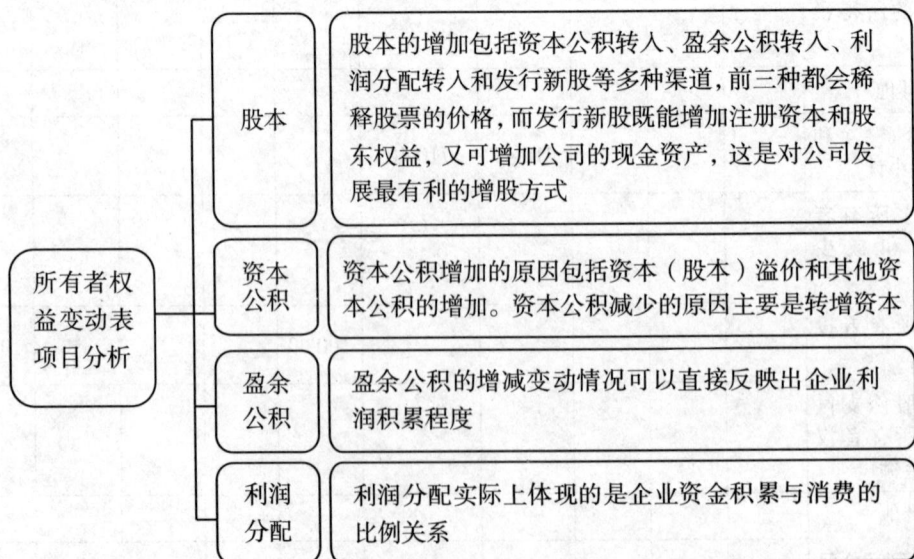

所有者权益变动表项目分析

- 股本：股本的增加包括资本公积转入、盈余公积转入、利润分配转入和发行新股等多种渠道，前三种都会稀释股票的价格，而发行新股既能增加注册资本和股东权益，又可增加公司的现金资产，这是对公司发展最有利的增股方式
- 资本公积：资本公积增加的原因包括资本（股本）溢价和其他资本公积的增加。资本公积减少的原因主要是转增资本
- 盈余公积：盈余公积的增减变动情况可以直接反映出企业利润积累程度
- 利润分配：利润分配实际上体现的是企业资金积累与消费的比例关系

第二节　所有者权益变动表的水平及垂直分析

一、所有者权益变动表的水平分析

所有者权益变动表的水平分析，是指将所有者权益各个项目的本期数与基数（可以是上期数等）进行对比，从静态的角度揭示公司当期所有者权益各个项目的水平及其变动情况，解释公司净资产的变动原因，借以进行相关决策的过程。

一般用变动额（绝对数）和变动率（相对数）两个指标来反映所有者权益各个项目的本年数（报告期）与上年数（基期）的变动情况。

$$变动额 = 报告期金额 - 基期金额$$

$$变动率 = \frac{报告期金额 - 基期金额}{基期金额} \times 100\%$$

二、所有者权益变动表的垂直分析

所有者权益变动表的垂直分析，是将所有者权益的各个子项目的报告期发生额与所有者权益变动表报告期年末余额进行比较，也就是各个项目金额占报告期年末余额的比重，从而揭示公司当年所有者权益内部结构的情况，从静态角度判断所有者权益变动表各个项目构成的合理性。同时，将报告期各个项目占的比重与基期各个项目所占的比重进行对比分析，从动态角度反映所有者权益表的各个项目变动情况，找出影响所有者权益变动的主要项目，为报表使用者进行经济决策提供新的思路。

$$所有者权益变动表某项目占报告期年末余额的比重 = \frac{报告期某项目实际发生额}{报告期年末所有者权益金额} \times 100\%$$

三、所有者权益变动表的指数分析

指数分析法是用来分析复杂经济现象各个构成因素的变动程度以及变动对复杂经济现象的影响程度，从而反映其变动情况及表动原因的一种统计分析方法。对所有者权益变动表的指数分析可以用以下两个指标来表示。

$$所有者权益变动表某项目实际发生额指数 = \frac{报告期某项目实际发生额}{基期某项目实际发生额} \times 100\%$$

$$某项目变动对所有者权益年末余额的影响程度 = \frac{报告期某项目实际发生额 - 基期某项目实际发生额}{基期所有者权益年末余额} \times 100\%$$

第三节　管理层相关决策对所有者权益变动影响的分析

一、股利政策对所有者权益的影响

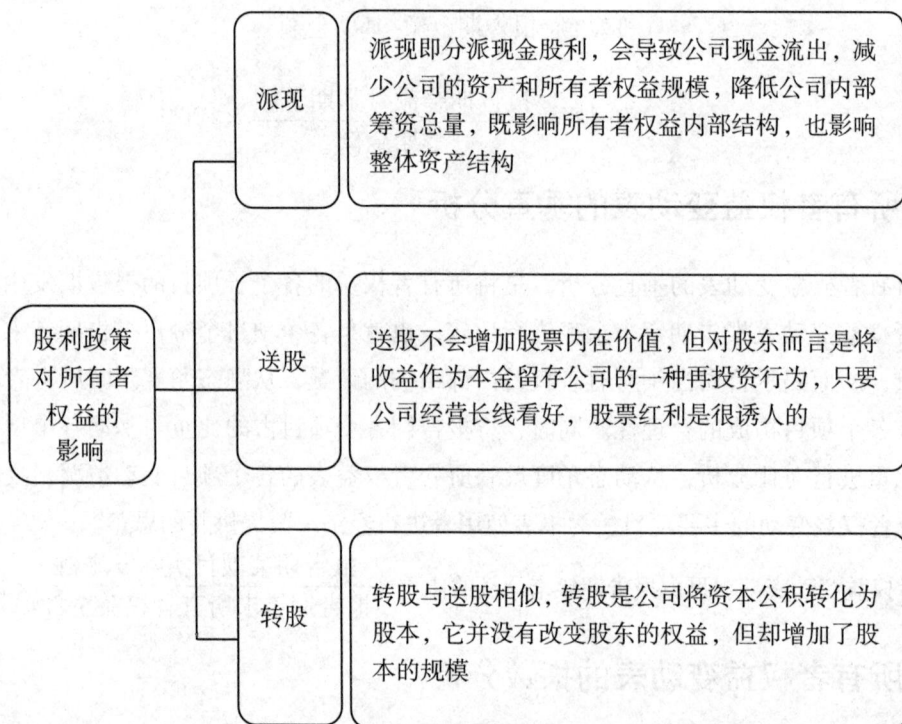

```
                ┌─ 派现 ─── 派现即分派现金股利，会导致公司现金流出，减
                │           少公司的资产和所有者权益规模，降低公司内部
                │           筹资总量，既影响所有者权益内部结构，也影响
                │           整体资产结构
                │
股利政策         │
对所有者 ───────┼─ 送股 ─── 送股不会增加股票内在价值，但对股东而言是将
权益的           │           收益作为本金留存公司的一种再投资行为，只要
影响             │           公司经营长线看好，股票红利是很诱人的
                │
                │
                └─ 转股 ─── 转股与送股相似，转股是公司将资本公积转化为
                            股本，它并没有改变股东的权益，但却增加了股
                            本的规模
```

　　送股、转股给市场传递的都是有利的信号，即公司对盈利增长充满信心。送股、转股不直接影响股东财富，不会导致企业资产的流出或负债的增加，不影响公司资产、负债及所有者权益总额的变化，只是所有者权益内部有关各项目及其结构的变化，即将未分配利润转化为股本或将资本公积转化为股本。

二、股票分割对所有者权益的影响

股票分割是指在保持原有股本总额的前提下，将每股股份分割成若干股，使股票面值降低而增加股票数量的行为。

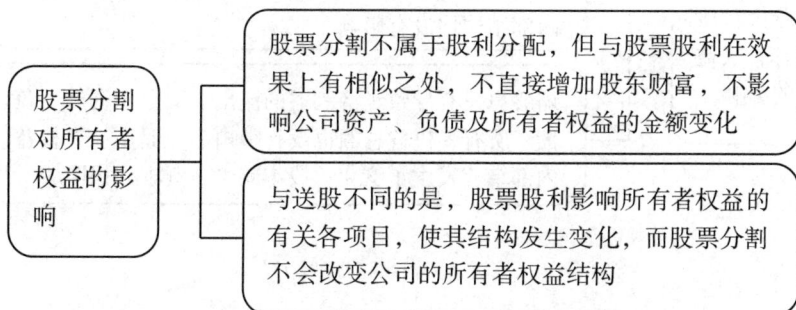

股票分割对所有者权益的影响
- 股票分割不属于股利分配，但与股票股利在效果上有相似之处，不直接增加股东财富，不影响公司资产、负债及所有者权益的金额变化
- 与送股不同的是，股票股利影响所有者权益的有关各项目，使其结构发生变化，而股票分割不会改变公司的所有者权益结构

三、所有者权益变动表中的库存股

为了提高股价吸引投资者；或为减少股东人数，化解外部控制或减少施加重要影响的公司和企业，以避免公司被收购或恶意运作；或为调整资本结构，保证股东和债权人的利益，上市公司可以从二级市场上购回本公司发行的部分股票。从二级市场上回收的这部分本公司已发行的股票，就是所有者权益变动表中的库存股。

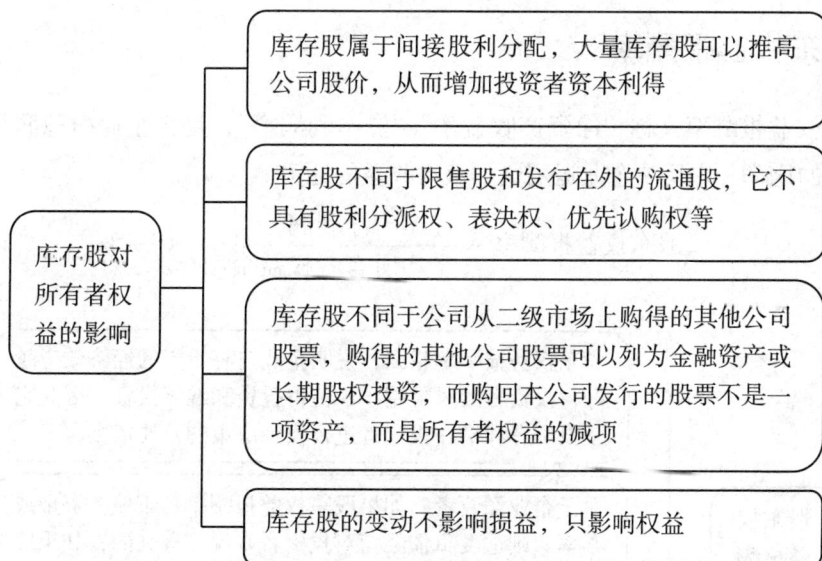

库存股对所有者权益的影响
- 库存股属于间接股利分配，大量库存股可以推高公司股价，从而增加投资者资本利得
- 库存股不同于限售股和发行在外的流通股，它不具有股利分派权、表决权、优先认购权等
- 库存股不同于公司从二级市场上购得的其他公司股票，购得的其他公司股票可以列为金融资产或长期股权投资，而购回本公司发行的股票不是一项资产，而是所有者权益的减项
- 库存股的变动不影响损益，只影响权益

四、股权流通对价对所有者权益的影响

股权流通对价是指非流通股股东为获得流通权而向流通股股东支付的对价。对价的

方式可以是送股、送现金、送权证和缩股。

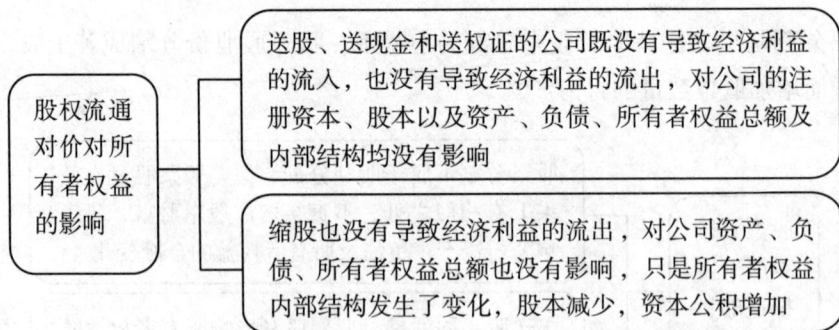

第四节 所有者权益变动表指标分析

所有者权益变动表的指标分析主要是通过报表本身期末与期初的比较，或本报表项目与利润表项目等的比较分析，来确认企业对股东权益的保值、增值的保障情况，同时了解企业的盈利水平。

一、股东权益报酬率

股东权益报酬率又称"净资产收益率""资本利润率"，是指企业净利润与平均所有者权益的比率。它反映企业运用资本获得收益的能力。

$$股东权益报酬率 = \frac{净利润}{平均所有者权益余额} \times 100\%$$

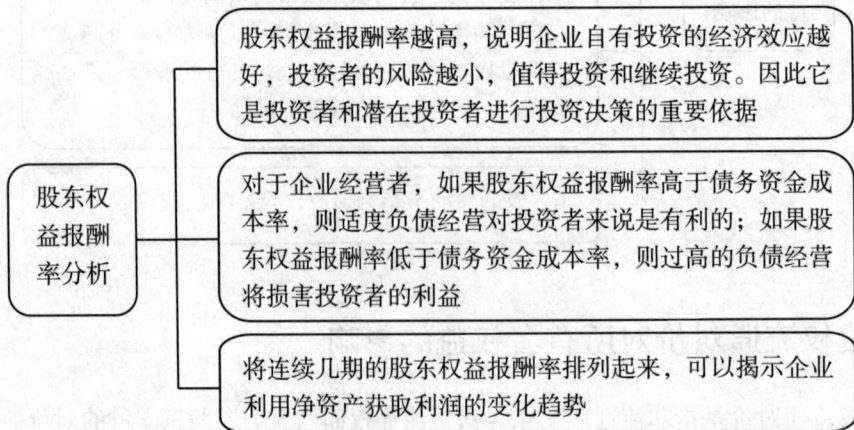

二、资本保值增值率

资本保值增值率是指企业期末所有者权益与期初所有者权益的比率，是反映企业在一定会计期间内资本保值增值水平的评价指标，也是考核、评价企业经营效率的重要依据。

$$资本保值增值率 = \frac{期末所有者权益}{期初所有者权益} \times 100\%$$

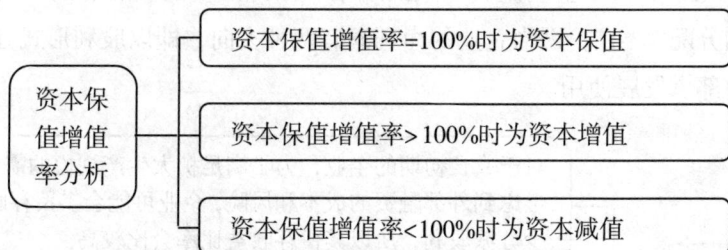

资本保值增值率表示企业当年资本在企业自身的努力下的实际增减变动情况，是评价企业财务效益状况的辅助指标。反映了投资者投入企业资本的保全性和增长性，该指标越高，表明企业的资本保全状况越好，所有者权益增长越快，债权人的债务越有保障，企业发展后劲越强。对于一个正常经营的企业来说，该比率应该大于100%。也就是说，企业所有者权益每年应该都有适量的增长，企业才能不断发展。

三、资本积累率

资本积累率是指企业本年所有者权益增长额同年初所有者权益的比率。它是企业当年所有者权益总的增长率，反映了企业所有者权益在当年的变动水平。该指标体现了企业资本的积累能力，是评价企业发展潜力的重要指标。

$$资本积累率 = \frac{本年所有者权益增长额}{年初所有者权益} \times 100\%$$

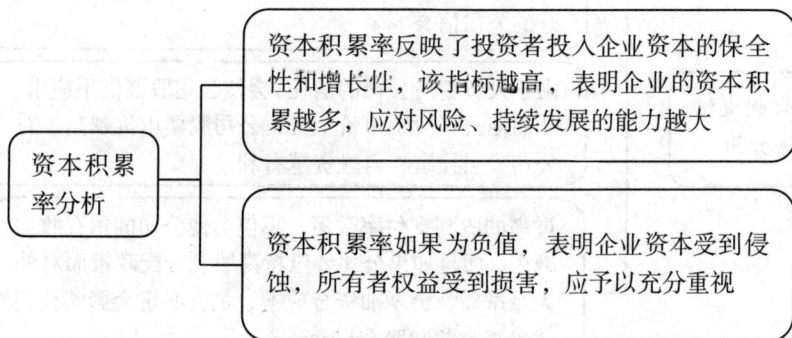

四、留存收益比率

要评价一个企业的资本积累水平，就是看其利润中有多大的比例用于扩大再生产，通常用留存收益比率指标来反映。

$$留存收益比率 = \frac{留存收益}{净利润} \times 100\%$$

留存收益比率反映了企业盈利积累的水平和由此产生的发展后劲。而且"留存收益比率＋股利分配率 =1"，因为企业的净利润有两种去向，即以股利形式分配给股东或留存在企业内部供发展使用。

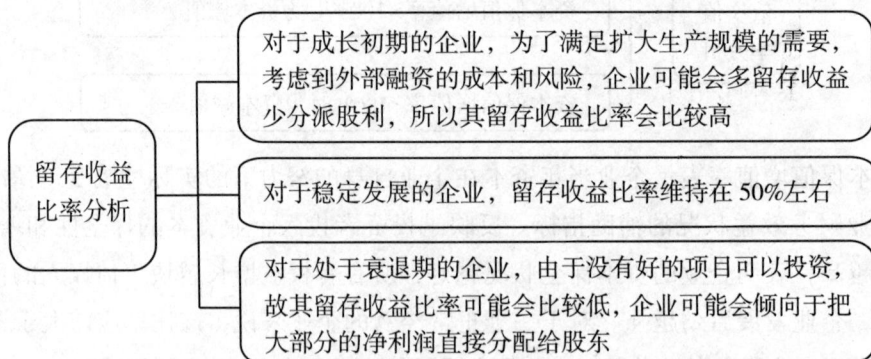

留存收益比率分析

对于成长初期的企业，为了满足扩大生产规模的需要，考虑到外部融资的成本和风险，企业可能会多留存收益少分派股利，所以其留存收益比率会比较高

对于稳定发展的企业，留存收益比率维持在 50% 左右

对于处于衰退期的企业，由于没有好的项目可以投资，故其留存收益比率可能会比较低，企业可能会倾向于把大部分的净利润直接分配给股东

五、股利支付率

要评价一个企业的利润分配水平和利润分配策略，就要看企业实现的净利润中，有多大比例用于分配给股东，通常用股利支付率指标来反映。

$$股利支付率 = \frac{普通股每股股利}{普通股每股净收益} = \frac{股利}{净利润} \times 100\%$$

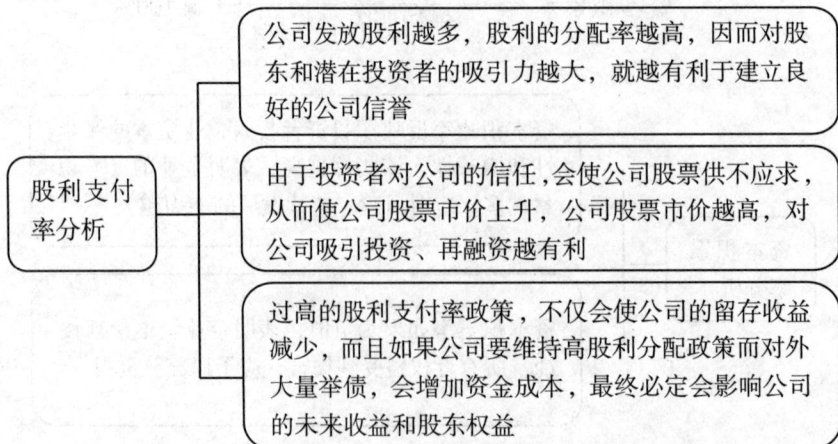

股利支付率分析

公司发放股利越多，股利的分配率越高，因而对股东和潜在投资者的吸引力越大，就越有利于建立良好的公司信誉

由于投资者对公司的信任，会使公司股票供不应求，从而使公司股票市价上升，公司股票市价越高，对公司吸引投资、再融资越有利

过高的股利支付率政策，不仅会使公司的留存收益减少，而且如果公司要维持高股利分配政策而对外大量举债，会增加资金成本，最终必定会影响公司的未来收益和股东权益

股利支付率是股利政策的核心。确定股利支付率首先要弄清公司在满足未来发展所需的资本支出需求和营运资本需求后，有多少现金可用于发放股利，然后考察公司所能获得的投资项目的效益如何。如果现金充裕，投资项目的效益又很好，则应少发或不发股利；如果现金充裕但投资项目效益较差，则应多发股利。

第十二章　财务报表综合分析

本章导读

　　综合分析实际上就是将各项财务指标作为一个整体，全面、系统地对企业财务状况和经营情况进行剖析、解释和评价，说明企业整体的财务状况。这其实是财务分析的最终目的。但是，要达到这样的分析目的，只测算几个简单的、孤立的财务比率，或者将一些孤立的财务分析指标堆叠在一起，很难得出合理、正确的综合性结论。所以，只有将企业偿债能力、营运能力、盈利能力及发展趋势等各项分析指标相结合地分析，才能对企业的财务状况做出系统的综合评价。

　　前面已经介绍过具体的单项分析方法，本章将要介绍用专业的思路和眼光来分析企业财务状况的财务综合指标分析方法。综合分析更有利于财务报表分析者把握企业财务的全面状况。对会计报表进行综合分析的方法有很多，其中主要有杜邦财务分析体系、沃尔综合评分法等。这些综合分析方法都是由财经理论界的大师或者理财非常成功的企业根据实践经验，经过多年的积累，形成固定模型的财务报表分析方法，我们这里以通俗易懂的方式进行讲解。

第一节 财务报表综合指标分析的含义和特点

一、财务报表综合指标分析的含义

财务报表综合指标分析，是指将企业的营运能力、偿债能力、获利能力和发展能力指标等方面纳入一个有机的整体之中，全面地对企业经营状况、财务状况进行揭示和披露，从而对企业经济效益的优劣做出准确地评价与判断。

二、财务报表综合指标分析的特点

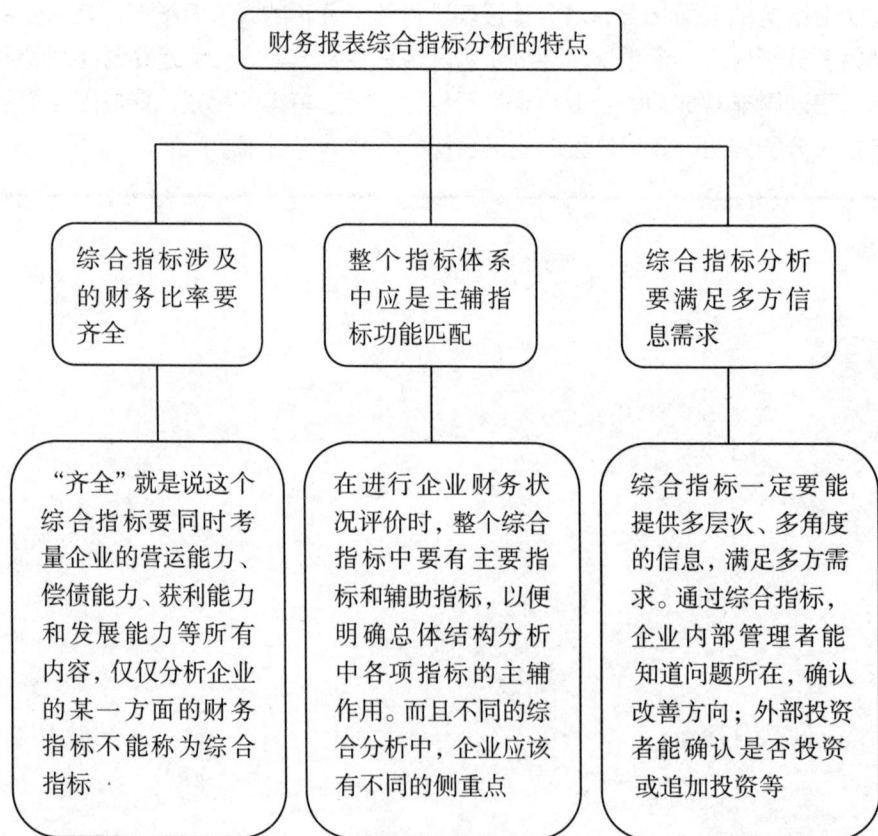

```
┌──────────────────────────────┐
│      财务报表综合指标分析的特点      │
└──────────────────────────────┘
```

综合指标涉及的财务比率要齐全	整个指标体系中应是主辅指标功能匹配	综合指标分析要满足多方信息需求
"齐全"就是说这个综合指标要同时考量企业的营运能力、偿债能力、获利能力和发展能力等所有内容，仅仅分析企业的某一方面的财务指标不能称为综合指标	在进行企业财务状况评价时，整个综合指标中要有主要指标和辅助指标，以便明确总体结构分析中各项指标的主辅作用。而且不同的综合分析中，企业应该有不同的侧重点	综合指标一定要能提供多层次、多角度的信息，满足多方需求。通过综合指标，企业内部管理者能知道问题所在，确认改善方向；外部投资者能确认是否投资或追加投资等

第二节　财务报表间的相互关系

从反映的区间上看，现金流量表与利润表是一致的，都是一个企业一段时期的报表，或称"流量报表"；资产负债表是一个企业某个时点的报表，或称"存量报表"。从核算方法上看，现金流量表的编制基础是收付实现制；资产负债表和利润表的编制基础是权责发生制。

资产负债表上现金存量的增加由现金流引起，所有者权益价值存量的增加由净利润引起。资产负债表给出了某个时点的所有者权益存量。所有者权益变动表说明了在两个时点的资产负债表间的所有者权益的变化（流量），利润表说明了在营运中增加价值而引起所有者权益的变化。资产负债表还给出了某个时点的现金存量，现金流量表说明了一个期间内现金存量如何变化。资产负债表、利润表、现金流量表及所有者权益变动表之间的勾稽关系如下所示。

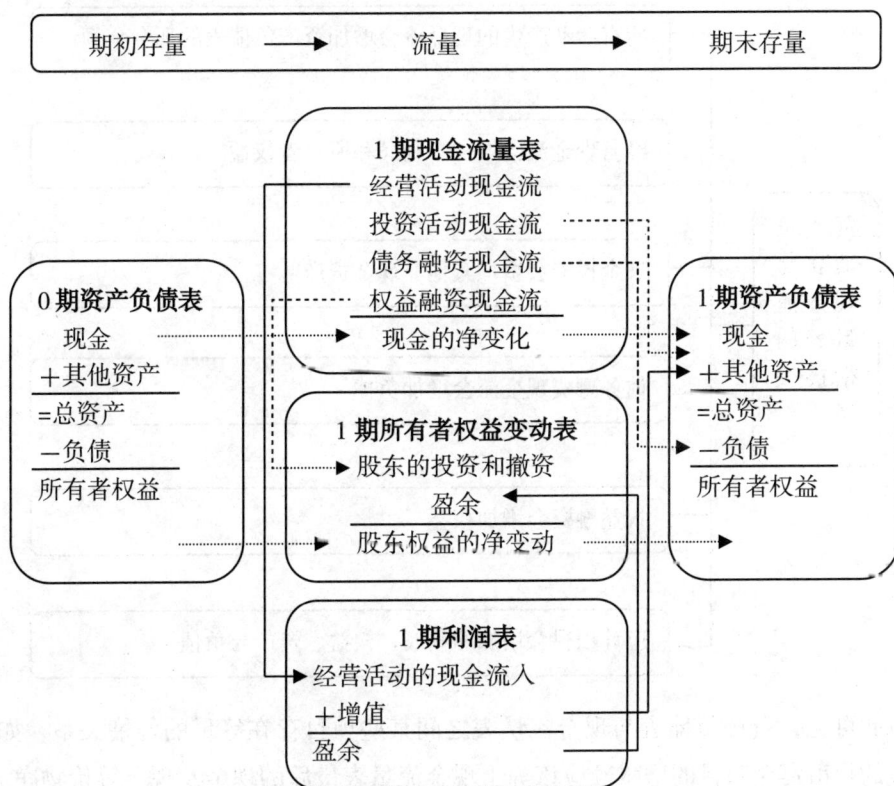

一、资产负债表与利润及利润分配表的衔接关系

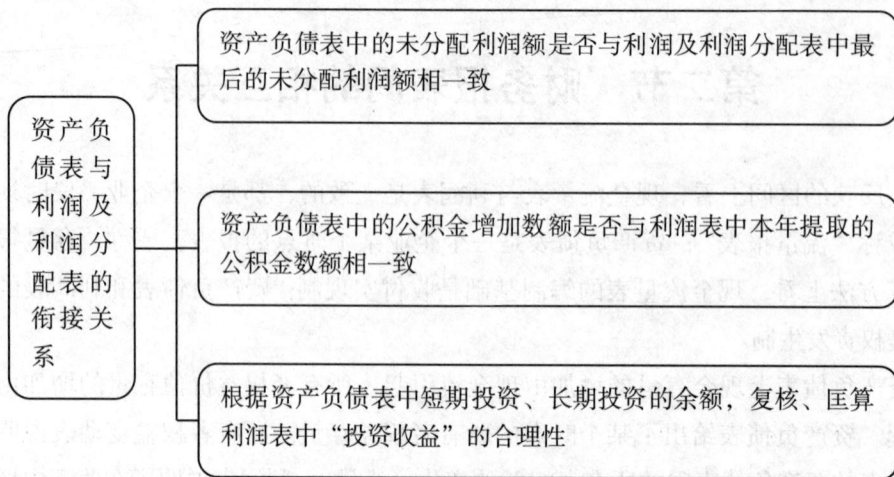

资产负债表与利润及利润分配表的衔接关系
- 资产负债表中的未分配利润额是否与利润及利润分配表中最后的未分配利润额相一致
- 资产负债表中的公积金增加数额是否与利润表中本年提取的公积金数额相一致
- 根据资产负债表中短期投资、长期投资的余额，复核、匡算利润表中"投资收益"的合理性

二、资产负债表与现金流量表的衔接关系

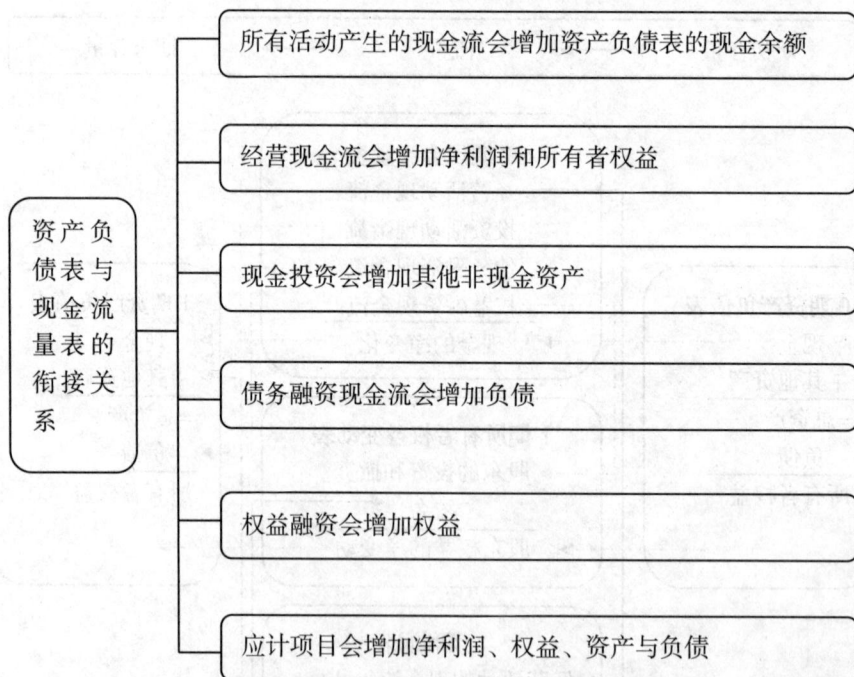

资产负债表与现金流量表的衔接关系
- 所有活动产生的现金流会增加资产负债表的现金余额
- 经营现金流会增加净利润和所有者权益
- 现金投资会增加其他非现金资产
- 债务融资现金流会增加负债
- 权益融资会增加权益
- 应计项目会增加净利润、权益、资产与负债

由此可见，资产负债表与现金流量表之间某些项目存在等量的勾稽关系，如资产负债表的货币资金项目的增减额应该等于现金流量表最后的现金及现金等价物净流量；现金流量表中支付给职工以及为职工支付的现金额应小于或等于资产负债表中应付职

工薪酬的本年发生额,即应付职工薪酬借方发生额。

三、利润表与现金流量表的衔接关系

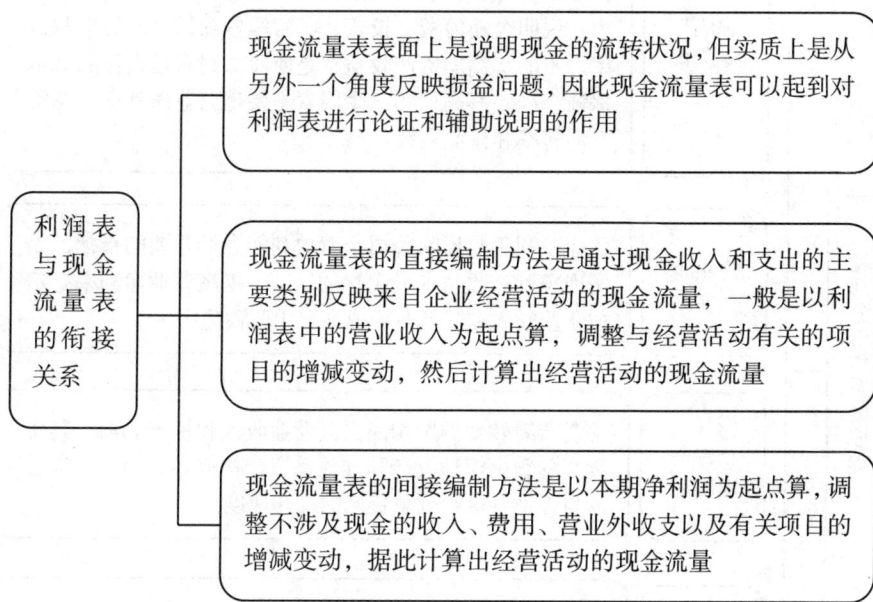

利润表与现金流量表的衔接关系

现金流量表表面上是说明现金的流转状况,但实质上是从另外一个角度反映损益问题,因此现金流量表可以起到对利润表进行论证和辅助说明的作用

现金流量表的直接编制方法是通过现金收入和支出的主要类别反映来自企业经营活动的现金流量,一般是以利润表中的营业收入为起点算,调整与经营活动有关的项目的增减变动,然后计算出经营活动的现金流量

现金流量表的间接编制方法是以本期净利润为起点算,调整不涉及现金的收入、费用、营业外收支以及有关项目的增减变动,据此计算出经营活动的现金流量

利润表与现金流量表之间存在的等量勾稽关系为:现金流量表补充资料中净利润是否与利润表中的净利润相等;由净利润调整得到的经营活动产生的现金流量净额是否与现金流量表主表中的经营活动产生的现金流量净额相等。

第三节 杜邦财务分析体系介绍

杜邦分析体系又称杜邦分析法,由美国杜邦公司首创。该体系利用各种主要财务比率指标之间的内在联系,对公司财务状况及经营成果进行综合、系统的分析和评价。杜邦财务分析体系以净资产收益率为核心,以总资产净利率和权益乘数为重点,通过分析各指标的变动对净资产收益率的影响来揭示企业获利能力及其变动原因。

杜邦分析法从所有者的角度出发,将综合性最强的净资产收益率分解,这样有助于深入分析及比较企业的经营业绩。该综合分析法提供了分析指标变化原因和变动趋势的方法,并为企业今后采取改进措施提供了方向。

一、杜邦分析体系的原理

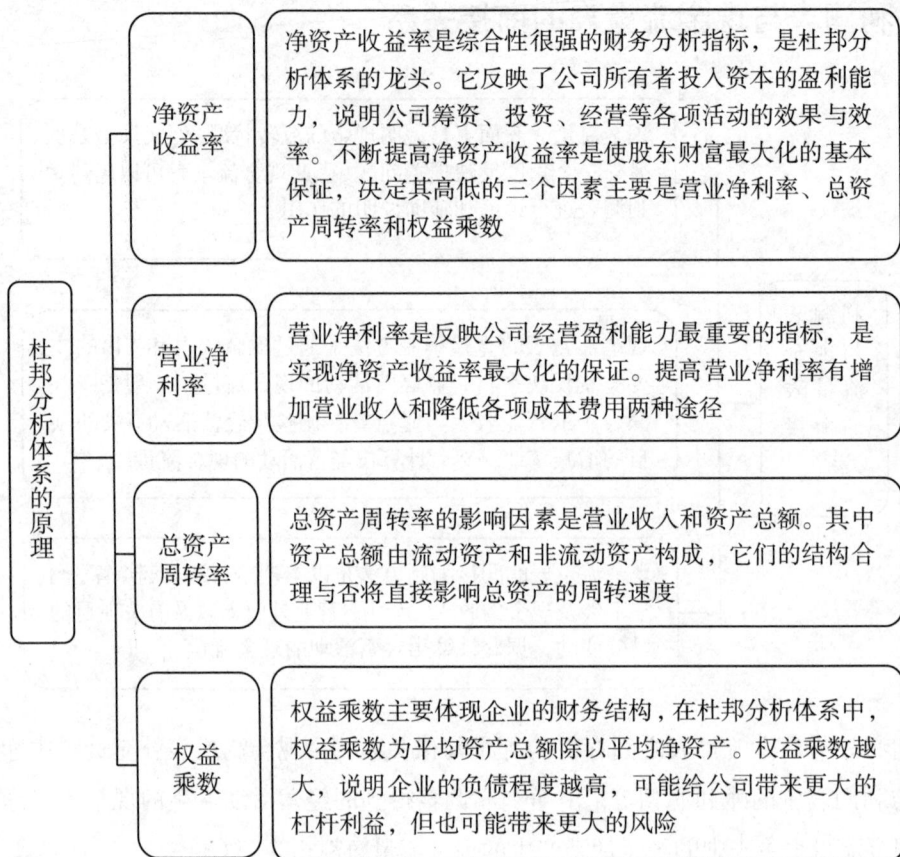

净资产收益率是综合性很强的财务分析指标，是杜邦分析体系的龙头。它反映了公司所有者投入资本的盈利能力，说明公司筹资、投资、经营等各项活动的效果与效率。不断提高净资产收益率是使股东财富最大化的基本保证，决定其高低的三个因素主要是营业净利率、总资产周转率和权益乘数

营业净利率是反映公司经营盈利能力最重要的指标，是实现净资产收益率最大化的保证。提高营业净利率有增加营业收入和降低各项成本费用两种途径

总资产周转率的影响因素是营业收入和资产总额。其中资产总额由流动资产和非流动资产构成，它们的结构合理与否将直接影响总资产的周转速度

权益乘数主要体现企业的财务结构，在杜邦分析体系中，权益乘数为平均资产总额除以平均净资产。权益乘数越大，说明企业的负债程度越高，可能给公司带来更大的杠杆利益，但也可能带来更大的风险

二、杜邦分析体系的解构

杜邦财务分析体系是以净资产收益率为核心指标，然后层层分解为一系列不同的财务指标，来揭示其获利能力及各因素对净资产收益率的影响程度。

（一）分解净资产收益率

$$净资产收益率=\frac{净利润}{平均净资产}\times100\%$$

$$=\frac{净利润}{平均资产总额}\times\frac{平均资产总额}{平均净资产}\times100\%$$

$$=总资产净利率\times权益乘数$$

（二）分解总资产净利率

$$总资产净利率=\frac{净利润}{平均资产总额}\times100\%$$

$$= \frac{净利润}{营业收入} \times \frac{营业收入}{平均资产总额} \times 100\%$$

$$= 营业净利率 \times 总资产周转率$$

（三）杜邦分析图

通过上述（一）和（二）的分解，可得到以下公式：

净资产收益率 = 营业净利率 × 总资产周转率 × 权益乘数

把各项财务指标间的关系绘制成杜邦分析图，通过自上而下的分析，不仅可以了解公司财务状况的全貌以及各项财务指标间的结构关系，还可以查明各项主要财务指标的增减变动对净资产收益率的影响及其原因。杜邦分析图如下所示：

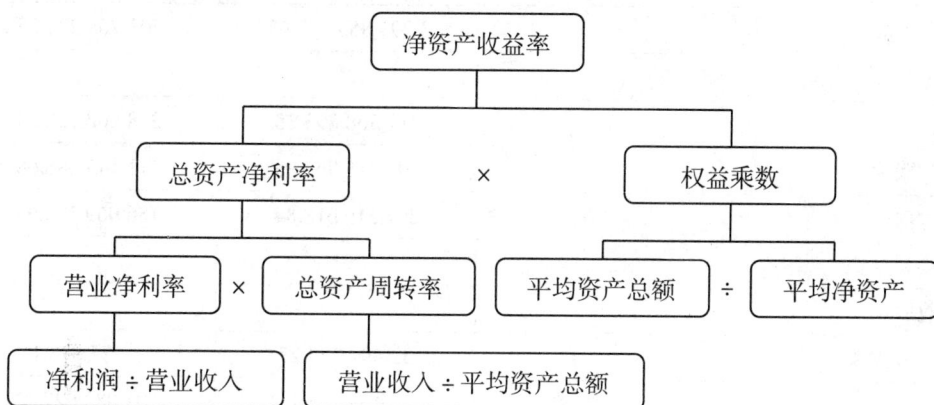

三、杜邦分析体系实现的效果

通过杜邦分析法，能给企业的管理层提供一张考察企业资产管理效率和是否最大化股东投资回报的路线图。营业净利率、总资产周转率和权益乘数三个杠杆使净资产收益率可综合整个企业的经营活动和财务活动的业绩。

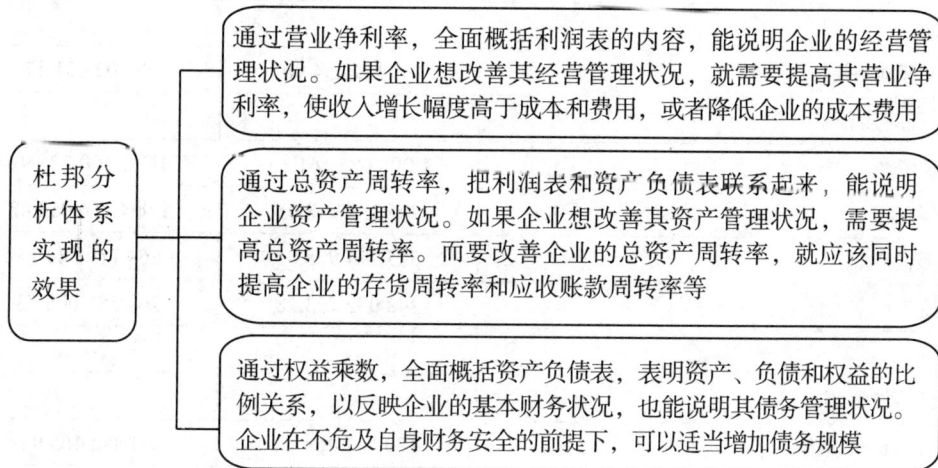

四、杜邦分析体系案例分析

假设 A 汽车股份有限公司和 B 汽车股份有限公司 2014 年的资产负债表分别为表 12-1 和表 12-2，两家公司的相关财务指标分别见表 12-3、表 12-4。试运用杜邦财务分析体系对 A 公司和 B 公司 2014 年的财务状况和经营成果进行比较分析。

表 12-1　A 公司 2014 年资产负债表

编制单位: A 汽车股份有限公司　　　　　　　　2014 年 12 月 31 日　　　　　　　　单位: 元

项目	期末余额	年初余额
资产		
流动资产:		
货币资金	3 293 853 377.63	703 768 223.85
交易性金融资产		
应收票据	217 368 898.28	218 662 126.23
应收账款	305 215 963.93	411 143 085.68
预付款项	297 519 618.84	186 069 190.95
应收利息		
应收股利		
其他应收款	32 491 274.27	75 375 673.12
存货	1 279 845 858.98	791 083 027.18
一年内到期的非流动资产		
其他流动资产		
流动资产合计	5 426 294 991.93	2 386 101 327.01
非流动资产:		
可供出售金融资产		
持有至到期投资		
长期应收款		
长期股权投资	26 499 254.96	23 202 231.17
投资性房地产		
固定资产	5 296 685 661.35	4 711 460 776.97
在建工程	705 238 908.05	1 004 986 054.42
无形资产	505 774 978.01	369 711 584.15
开发支出	242 072 753.28	264 581 005.73
商誉		
长期待摊费用		
递延所得税资产	170 591 464.40	60 882 465.94

项目	期末余额	年初余额
其他非流动资产		
非流动资产合计	6 946 863 020.05	6 434 824 118.38
资产总计	12 373 158 011.98	8 820 925 445.39
负债和所有者权益		
流动负债:		
短期借款	50 000 000.00	448 106 342.15
交易性金融负债		
应付票据	2 781 459 340.00	1 144 275 039.93
应付账款	2 356 657 119.33	1 936 819 043.55
预收款项	1 000 990 766.12	233 482 465.55
应付职工薪酬	167 197 380.82	109 046 729.32
应交税费	47 544 328.35	−84 396 140.05
应付利息	1 238 944.50	1 428 487.50
应付股利	150 000.00	0.00
其他应付款	501 355 099.03	278 471 394.54
一年内到期的非流动负债	261 610 000.00	0.00
其他流动负债		
流动负债合计	7 168 202 978.15	4 067 233 362.49
非流动负债:		
长期借款	576 390 000.00	550 000 000.00
应付债券		
长期应付款		
预计负债		
递延所得税负债	12 899 823.36	55 670 529.86
其他非流动负债	183 587 811.26	68 910 000.00
非流动负债合计	772 877 634.62	674 580 529.86
负债合计	7 941 080 612.77	4 741 813 892.35
所有者权益:		
实收资本	1 288 736 635.00	1 288 736 635.00
资本公积	1 314 967 520.28	1 324 704 136.54
盈余公积	488 680 132.84	429 075 108.08
未分配利润	1 230 619 939.21	963 300 902.49

项目	期末余额	年初余额
外币报表折算差额	106 401.30	− 1 079 633.44
少数股东权益	108 966 770.58	74 374 404.37
股东权益合计	4 432 077 399.21	4 079 111 553.04
负债及股东权益合计	12 373 158 011.98	8 820 925 445.39

表 12-2　B 公司 2014 年资产负债表

编制单位: B 汽车股份有限公司　　　　2014 年 12 月 31 日　　　　单位: 元

项目	期末余额	年初余额
资产		
流动资产:		
货币资金	2 794 075 240.83	1 926 013 156.99
交易性金融资产		
应收票据	5 547 653 948.90	2 728 378 177.24
应收账款	73 648 830.41	198 486 931.57
预付款项	225 870 877.71	74 315 892.24
应收利息		
应收股利		
其他应收款	86 444 801.15	70 308 255.97
存货	1 499 605 386.04	1 294 610 130.18
一年内到期的非流动资产		
其他流动资产		
流动资产合计	10 227 299 085.04	6 292 112 544.19
非流动资产:		
可供出售金融资产		
持有至到期投资		
长期应收款		
长期股权投资	698 929 973.45	711 954 750.23
投资性房地产	76 032 264.24	82 214 795.99
固定资产	2 089 323 889.01	1 737 327 257.28
在建工程	788 467 361.44	702 938 305.14
工程物资		
固定资产清理	1 169 252.16	4 754 563.71
无形资产	332 175 485.06	372 792 243.77

续表

项目	期末余额	年初余额
开发支出	79 789 403.95	44 912 742.96
商誉		
长期待摊费用	67 756 523.85	127 213 863.43
递延所得税资产	58 174 318.53	53 642 240.13
其他非流动资产		
非流动资产合计	4 191 818 471.69	3 837 750 762.64
资产总计	14 419 117 556.73	10 129 863 306.83
负债和所有者权益		
流动负债：		
短期借款		
交易性金融负债		
应付票据	188 812 771.78	0.00
应付账款	4 664 135 823.10	2 650 833 854.89
预收款项	777 455 034.05	519 440 442.16
应付职工薪酬	23 378 116.44	51 937 500.39
应交税费	725 504 573.89	12 584 632.83
应付利息		
应付股利	174 230.00	21 174 230.00
其他应付款	245 402 858.94	202 426 444.11
一年内到期的非流动负债		
其他流动负债		
流动负债合计	6 624 863 408.20	3 458 397 104.38
非流动负债：		
长期借款		
应付债券		
长期应付款	34 975 379.58	34 975 379.58
预计负债		
递延所得税负债	14 901 353.41	18 221 527.80
其他非流动负债		
非流动负债合计	49 876 732.99	53 196 907.38
负债合计	6 674 740 141.19	3 511 594 011.76
所有者权益：		
实收资本	1 627 500 000.00	1 627 500 000.00

续表

项目	期末余额	年初余额
资本公积	2 488 351 948.45	2 481 772 363.08
盈余公积	841 082 766.28	687 034 762.85
未分配利润	2 674 012 873.52	1 770 610 973.59
归属于母公司所有者权益	7 630 947 588.25	6 566 918 099.52
少数股东权益	113 429 827.29	51 351 195.55
所有者权益合计	7 744 377 415.54	6 618 269 295.07
负债和所有者权益总计	14 419 117 556.73	10 129 863 306.83

表 12-3　A 公司基本财务数据　　　　单位：元

项目	2014 年	2013 年	2012 年
净利润	342 161 490.18	60 086 333.64	330 192 616.19
营业收入	20 091 709 226.12	14 724 642 819.62	14 273 819 929.20
期末总资产	12 373 158 011.98	8 820 925 445.39	7 353 240 113.84
平均总资产	10 597 041 728.69	8 087 082 779.62	
期末净资产	4 432 077 399.21	4 079 111 553.04	4 034 697 622.90
平均净资产	4 255 594 476.13	4 056 904 587.97	

表 12-4　B 公司基本财务数据　　　　单位：元

项目	2014 年	2013 年	2012 年
净利润	1 645 385 669.30	1 098 963 922.76	
营业收入	27 744 501 058.64	20 245 456 624.11	
期末总资产	14 419 117 556.73	10 129 863 306.83	9 653 075 749.63
平均总资产	12 274 490 431.78	9 891 469 528.23	
期末净资产	7 744 377 415.54	6 618 269 295.07	5 909 126 035.49
平均净资产	7 181 323 355.31	6 263 697 665.28	

根据杜邦分析体系的内容，分别计算 A 汽车股份有限公司和 B 汽车股份有限公司的财务比率，见表 12-5 和表 12-6。

表 12-5　A 汽车公司财务比率

项目	2014 年	2013 年	差异
净资产收益率	8.04%	1.48%	6.56%
总资产净利率	3.23%	0.74%	2.49%
营业净利率	1.70%	0.41%	1.29%
总资产周转率	1.90	1.82	0.08
权益乘数	2.49	1.99	0.50

表 12-6　B 汽车公司财务比率

项目	2014 年	2013 年	差异
净资产收益率	22.91%	17.54%	5.37%
总资产净利率	13.40%	11.11%	2.29%
营业净利率	5.93%	5.43%	0.50%
总资产周转率	2.26	2.05	0.21
权益乘数	1.71	1.58	0.13

（一）A 汽车股份有限公司财务报表综合分析

2014 年 A 汽车股份有限公司全年实现营业收入 200.91 亿元，同比增长 36.44%，营业成本同比增长 32.65%，增幅低于营业收入，实现净利润 3.42 亿元，同比增长 463.96%。下面利用杜邦分析体系进一步分析。

根据表 12-5 可知，A 公司的净资产收益率由 2013 年的 1.48% 上升到 2014 年的 8.04%，较上年同期提高了 6.56%。按照杜邦分析体系，可进行如下分解：

$$2013年净资产收益率 = 1.48\% = 0.41\% \times 1.82 \times 1.99$$
$$2014年净资产收益率 = 8.04\% = 1.70\% \times 1.90 \times 2.49$$

下面利用因素分析法分析各因素的影响程度：

营业净利率变动的影响程度 $= 1.70\% \times 1.82 \times 1.99 - 0.41\% \times 1.82 \times 1.99 = 4.70\%$

总资产周转率变动的影响程度 $= 1.70\% \times 1.90 \times 1.99 - 1.70\% \times 1.82 \times 1.99 = 0.26\%$

权益乘数变动的影响程度 $= 1.70\% \times 1.90 \times 2.49 - 1.70\% \times 1.90 \times 1.99 = 1.60\%$

通过以上分解可知，A 汽车股份有限公司 2014 年净资产收益率较 2013 年增长了 6.56%，主要原因是营业净利率 2014 年比 2013 年提高了，使净资产收益率增加了 4.70%，说明公司 2014 年的创收能力较 2013 年显著增强。

（二）B 汽车股份有限公司财务报表的综合分析

2014 年 B 汽车股份有限公司实现营业收入 277.45 亿元，比上年同期增长 37.04%；营业利润 19.06 亿元，比上年同期增长 47.59%；净利润 16.45 亿元，比上年同期增长 49.72%。下面利用杜邦分析体系进一步分析。

根据表 12-6 可知，B 公司的净资产收益率由 2013 年的 17.54% 上升到 2014 年的 22.91%，较上年同期提高 5.37%。按照杜邦分析体系，可进行如下分解：

$$2013年净资产收益率 = 17.54\% = 5.43\% \times 2.05 \times 1.58$$
$$2014年净资产收益率 = 22.91\% = 5.93\% \times 2.26 \times 1.71$$

下面利用因素分析法分析各因素的影响程度：

营业净利率变动的影响程度 $= 5.93\% \times 2.05 \times 1.58 - 5.43\% \times 2.05 \times 1.58 = 1.63\%$

总资产周转率变动的影响程度 $= 5.93\% \times 2.26 \times 1.58 - 5.93\% \times 2.05 \times 1.58 = 2.00\%$

权益乘数变动的影响程度 $= 5.93\% \times 2.26 \times 1.71 - 5.93\% \times 2.26 \times 1.58 = 1.74\%$

通过以上分解可知，B汽车股份有限公司2014年净资产收益率较2013年增长了5.37%，主要有三个原因：一是营业净利率2014年比2013年提高，使净资产收益率增加了1.63%，说明企业2014年创收能力较2013年增强；二是总资产周转速度加快，使净资产收益率增加2.00%；三是权益乘数有所提高，使净资产收益率提高1.74%，但其权益乘数总体还是较为合理和稳健的。根据上述信息可以看出，B公司是一个财务状况、经营成果非常稳健的公司。

（三）A公司与B公司的比较分析

从资产总额和净利润来看，B公司是大企业，A公司相对是小企业。从营业收入来看，两个企业差距不是太大，B公司的营业收入仅比A公司多38%，但B公司的净利润却是A公司的4.8倍，这意味着两个企业的成本战略不同，B公司是低成本战略，具有规模效应，而A公司则缺乏成本优势。

从杜邦分析体系的各个因素来看，B公司的营业净利润大于A公司，说明前者的盈利能力比后者强；B公司的总资产周转率略大于A公司，表明前者资产使用的效率较高；B公司的权益乘数小于A公司，这意味着B公司还可以进一步发挥财务杠杆效应，而A公司对负债的利用比较充分。

第四节　沃尔综合评分法介绍

在进行财务分析时，报表使用者遇到的主要困难是计算出财务比率之后，无法判断它是高还是低，难以评价其在市场竞争中地位的优劣。为解决这个问题，财务状况综合评价的先驱者亚历山大·沃尔在1928年出版的《信用晴雨表研究》和《财务报表比率分析》等著作中提出了信用能力指数的概念，把若干个财务比率用线性关系结合起来，以此来评价企业的信用水平。沃尔选择了流动比率、产权比率、固定资产比率、存货周转率、应收账款周转率、固定资产周转率和净资产周转率七种财务比率，分别给定了其在总评价中所占的比重，总和为100分。然后确定标准比率，并与实际比率相比较，评出每项指标的得分，求出总评分。

一、沃尔综合评分法的含义

沃尔综合评分法是指将选定的财务比率用线性关系结合起来，并分别给定各自的分数比重，然后通过与标准比率进行比较，确定各项指标的得分及总体指标的累计分数，从而对企业的信用水平做出评价的方法。

二、沃尔综合评分法的步骤

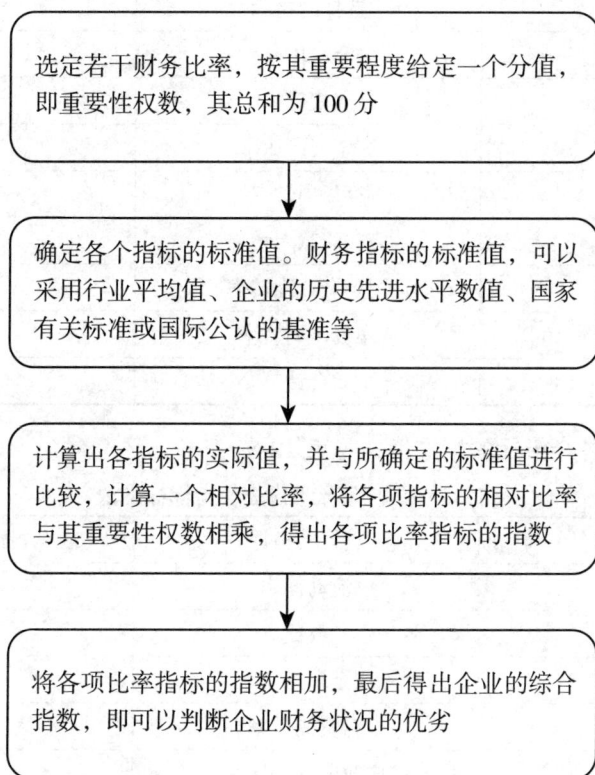

选定若干财务比率，按其重要程度给定一个分值，即重要性权数，其总和为 100 分

↓

确定各个指标的标准值。财务指标的标准值，可以采用行业平均值、企业的历史先进水平数值、国家有关标准或国际公认的基准等

↓

计算出各指标的实际值，并与所确定的标准值进行比较，计算一个相对比率，将各项指标的相对比率与其重要性权数相乘，得出各项比率指标的指数

↓

将各项比率指标的指数相加，最后得出企业的综合指数，即可以判断企业财务状况的优劣

三、原始的沃尔综合评分法的缺陷

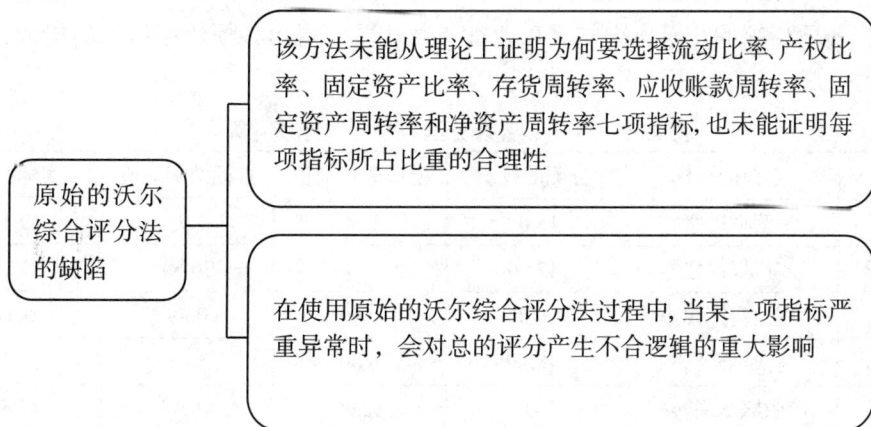

原始的沃尔综合评分法的缺陷

该方法未能从理论上证明为何要选择流动比率、产权比率、固定资产比率、存货周转率、应收账款周转率、固定资产周转率和净资产周转率七项指标，也未能证明每项指标所占比重的合理性

在使用原始的沃尔综合评分法过程中，当某一项指标严重异常时，会对总的评分产生不合逻辑的重大影响

四、原始的沃尔综合评分法案例分析

第一步，选择评价指标并分配指标权重，见表12-7。

表 12-7　沃尔综合评分法权重分配表

行次	选择的指标	分配的权重
第1行	流动比率	18.00
第2行	产权比率	12.00
第3行	固定资产比率	10.00
第4行	存货周转率	18.00
第5行	应收账款周转率	18.00
第6行	固定资产周转率	12.00
第7行	净资产周转率	12.00
第8行	合计	100.00

第二步，确定各个指标的标准值，见表12-8。

表 12-8　沃尔综合评分法各指标标准值

行次	选择的指标	指标的标准值
第1行	流动比率	1.80
第2行	产权比率	40.00
第3行	固定资产比率	0.60
第4行	存货周转率	6.00
第5行	应收账款周转率	12.00
第6行	固定资产周转率	4.00
第7行	净资产周转率	2.00

第三步，计算出各指标的实际值，并与所确定的标准值进行比较，计算一个相对比率，将各项指标的相对比率与其重要性权数相乘，得出各项比率指标的指数，见表12-9。

表 12-9　沃尔综合评分法各指标实际值计算表

行次	选择的指标	分配的权重	指标的标准值	指标的实际值	实际得分
第1行	流动比率	18.00	1.80	1.91	19.10
第2行	产权比率	12.00	40.00	36.66	11.00
第3行	固定资产比率	10.00	0.60	0.58	9.67
第4行	存货周转率	18.00	6.00	5.45	16.35
第5行	应收账款周转率	18.00	12.00	10.35	15.53

续表

行次	选择的指标	分配的权重	指标的标准值	指标的实际值	实际得分
第6行	固定资产周转率	12.00	4.00	4.74	14.22
第7行	净资产周转率	12.00	2.00	1.96	11.76
第8行	合计	100.00	—	—	97.63

第四步，计算出本期企业的综合指标，并做出适当评价。

以上4步就是原始的沃尔综合评分法的综合分析过程。从案例分析的结果来看，本期企业的综合得分小于100分，说明企业的财务状况有待提高。

五、现代社会沃尔综合评分法指标选取的原则

现代社会相比沃尔分析法被提出的时代已有很大变化，最初提出的七项指标已难以完全适用当前对企业评价的需要。所以，依据现代不同报表使用者对财务信息需求的关注点的不同，沿用沃尔分析法的原理，对所选取的指标进行了重新选择，形成了新的沃尔分析体系。一般认为，在选择指标时，偿债能力、营运能力、盈利能力以及发展能力指标均应在权数范围内，另外还应适当选取一些非财务指标作为参考。

重要性权数是指一项指标的评分值，也称标准评分值，是由该项指标在沃尔指标体系中所占的重要性决定的。按其重要程度可分为最为重要、较为重要和一般重要三类，三类之间可按45:35:20的比重进行分配。

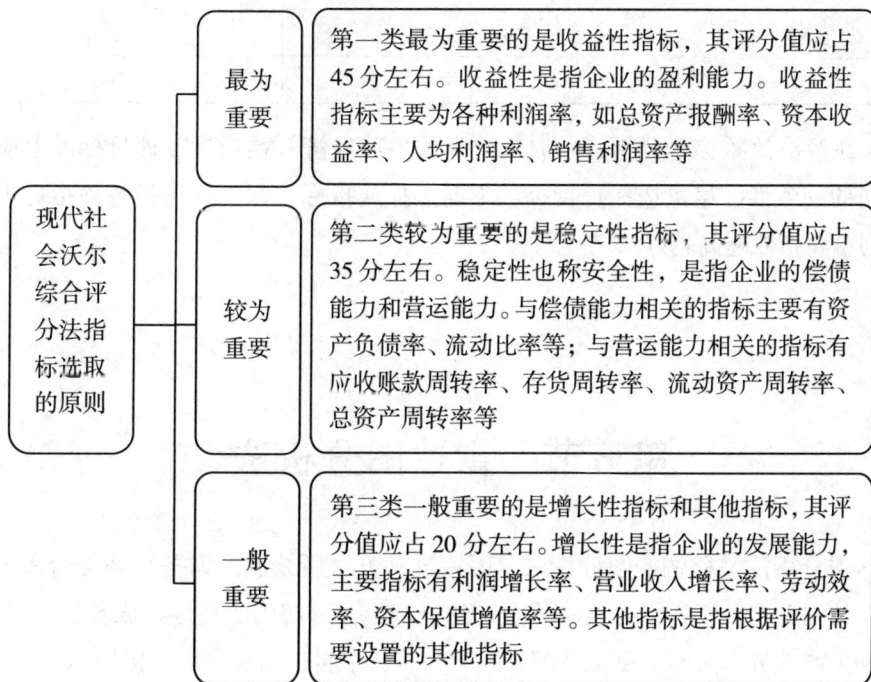

现代社会沃尔综合评分法指标选取的原则

最为重要：第一类最为重要的是收益性指标，其评分值应占45分左右。收益性是指企业的盈利能力。收益性指标主要为各种利润率，如总资产报酬率、资本收益率、人均利润率、销售利润率等

较为重要：第二类较为重要的是稳定性指标，其评分值应占35分左右。稳定性也称安全性，是指企业的偿债能力和营运能力。与偿债能力相关的指标主要有资产负债率、流动比率等；与营运能力相关的指标有应收账款周转率、存货周转率、流动资产周转率、总资产周转率等

一般重要：第三类一般重要的是增长性指标和其他指标，其评分值应占20分左右。增长性是指企业的发展能力，主要指标有利润增长率、营业收入增长率、劳动效率、资本保值增值率等。其他指标是指根据评价需要设置的其他指标

六、国内关于沃尔综合评分法指标的规范介绍

我国财政部于 1995 年发布《企业经济效益评价指标体系》，公布了销售利润率、总资产报酬率、资本收益率、资本保值增值率、资产负债率、流动比率（或速动比率）、应收账款周转率、存货周转率、社会贡献率、社会积累率 10 项指标，要求企业按照新的指标进行经济效益综合评价。该企业经济效益评价指标体系总和评分的一般方法及内容如下：

（1）所有指标均以行业平均先进水平为标准值。

（2）标准值的重要性权数总和为 100 分，具体分配见表 12-10。

表 12-10　沃尔综合评分法权重分配表

行次	选择的指标	分配的权重
第 1 行	销售利润率	15
第 2 行	总资产报酬率	15
第 3 行	资本收益率	15
第 4 行	资本保值增值率	10
第 5 行	资产负债率	5
第 6 行	流动比率（或速动比率）	5
第 7 行	应收账款周转率	5
第 8 行	存货周转率	5
第 9 行	社会贡献率	10
第 10 行	社会积累率	15
	合计	100

（3）在经济效益综合分析评价时，选择的各项经济效益指标在评价标准上应尽量保持方向的一致性，尽量选择正指标，不要选择逆指标。因为在选择各项指标为正指数时，则单项指数越高越好。

第五节　雷达图分析法

雷达图分析法又称蜘蛛图分析法，因用这种方法所绘制的财务比率综合图形状类似雷达，故得此名。雷达图分析法将企业的经济效益分解为收益性、成长性、流动性、安全性和生产性五个方面，每个方面又细化为若干个具体指标，如下图所示。

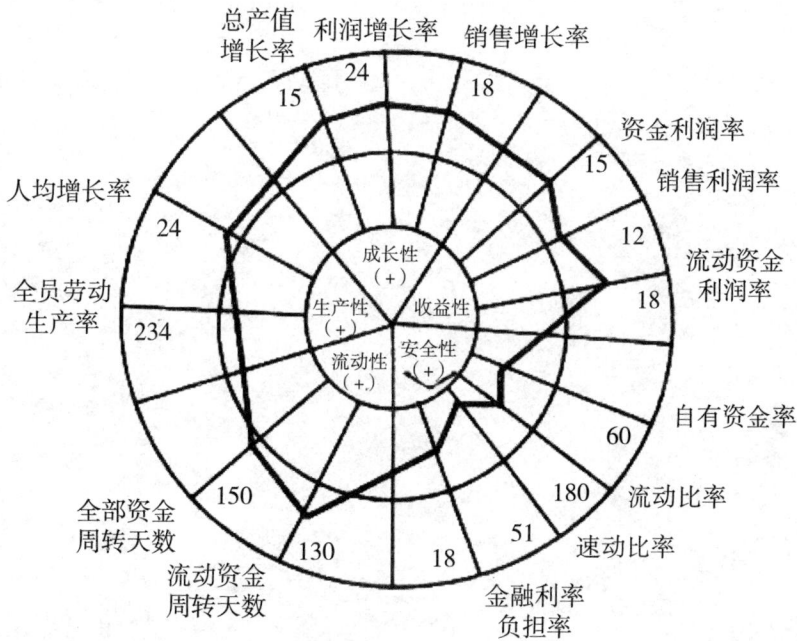

在雷达图中，同心圆的最小圆圈代表同行业平均水平的 1/2 值或最低水平；中间圆圈代表同行业平均水平，又称标准线；最大圆圈代表同行业先进水平或平均水平的 1.5 倍。每个圆圈分成五个扇形区，分别代表收益性、安全性、流动性、成长性和生产性指标区域。从五个扇形区的圆心开始以放射线的形式分别引出相应的财务指标线，并标明指标名称及标度，财务指标线的比例尺及同心圆的大小由该经营比率的比重与同行业的水平来决定。要分析公司的相应指标值用点标在图上，以线段依次连接相邻点，形成多边形折线闭环，它代表了公司的现实财务状况。

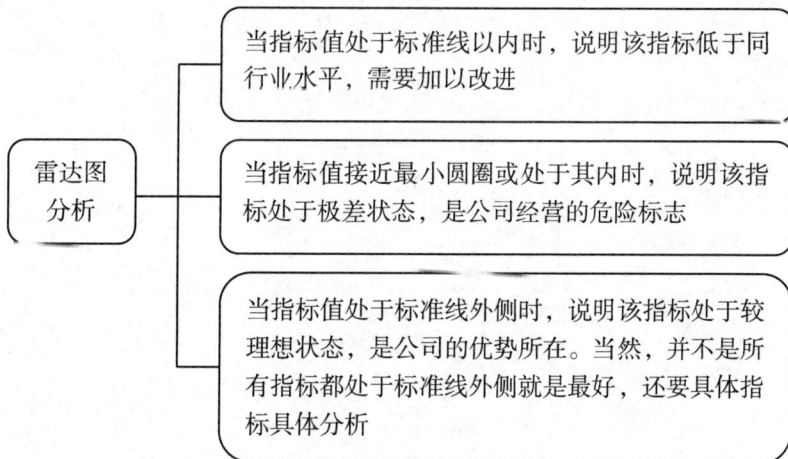

第十三章 财务报表的造假与甄别

本章导读

　　财务报表造假的问题由来已久，某些造假事件甚至引起我国资本市场的巨大震动，并造成非常恶劣的影响，不仅给投资者造成巨大损失，而且对于资源的合理配置具有非常大的危害。因此，如何识别财务报表的真实性，是每个财务工作者及管理者应当掌握的一项技能。

　　先来看看什么是财务报表造假？财务报表造假是指有关会计行为人为了实现其行为目标，达到某种目的，利用会计法规、准则的灵活性以及其中尚存的漏洞和未涉及的领域，有目的的选择会计程序和方法，甚至凭空捏造、修饰其财务报表和数据，使之显示出对其有利的会计信息的行为。财务报表造假是一种不规范的会计行为，它将致使提供的会计信息失去真实性和可靠性，财务造假行为包含造假的主体，造假的动机，造假的具体手法等。

　　本章主要介绍财务报表的造假现象和财务报表造假的甄别，希望财务报表使用人通过学习本章的知识，能够破解财务报表的迷局，甄别财务报表的造假行为。

第一节　财务报表的造假现象

　　财务报表造假是会计造假的常用手法之一，也可以说是会计舞弊行为中的重灾区。财务报表造假现象的屡见不鲜，使得财务报表的真实性、可信性受到质疑。

一、财务报表造假的目的

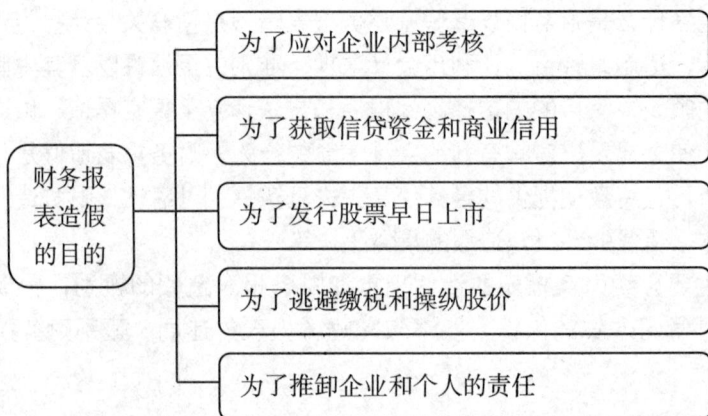

```
　　　　　　　　　　┌─ 为了应对企业内部考核
　　　　　　　　　　├─ 为了获取信贷资金和商业信用
财务报表造假的目的 ─┼─ 为了发行股票早日上市
　　　　　　　　　　├─ 为了逃避缴税和操纵股价
　　　　　　　　　　└─ 为了推卸企业和个人的责任
```

　（一）为了应对企业内部考核

　基于业绩考核而进行的财务报表造假是最常见的动机。

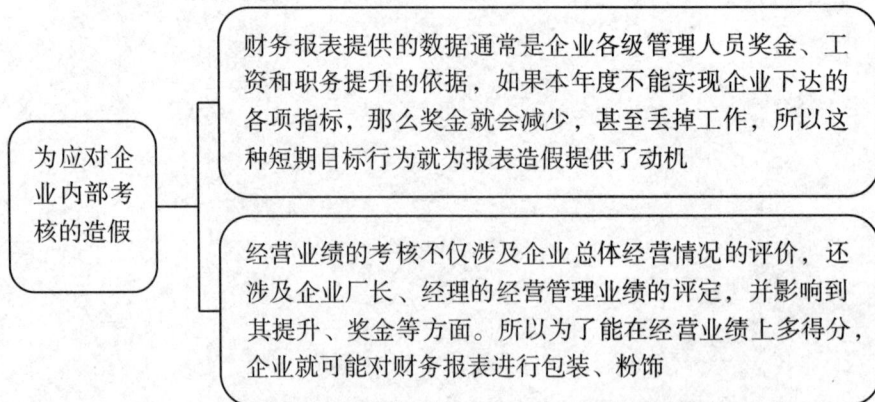

```
　　　　　　　　　┌─ 财务报表提供的数据通常是企业各级管理人员奖金、工
　　　　　　　　　│　资和职务提升的依据，如果本年度不能实现企业下达的
为应对企业内部　　├─　各项指标，那么奖金就会减少，甚至丢掉工作，所以这
考核的造假　　　　│　种短期目标行为就为报表造假提供了动机
　　　　　　　　　│
　　　　　　　　　└─ 经营业绩的考核不仅涉及企业总体经营情况的评价，还
　　　　　　　　　　　涉及企业厂长、经理的经营管理业绩的评定，并影响到
　　　　　　　　　　　其提升、奖金等方面。所以为了能在经营业绩上多得分，
　　　　　　　　　　　企业就可能对财务报表进行包装、粉饰
```

　（二）为了获取信贷资金和商业信用

　任何一个贷款者都不会愿意与经营不佳、面临倒闭的企业合作，这就为那些运营

不好的企业进行财务报表造假提供了动机。经营业绩不好的企业为了获得外界的资金，就需要通过财务报表来欺骗舆论和外界。

（三）为了发行股票早日上市

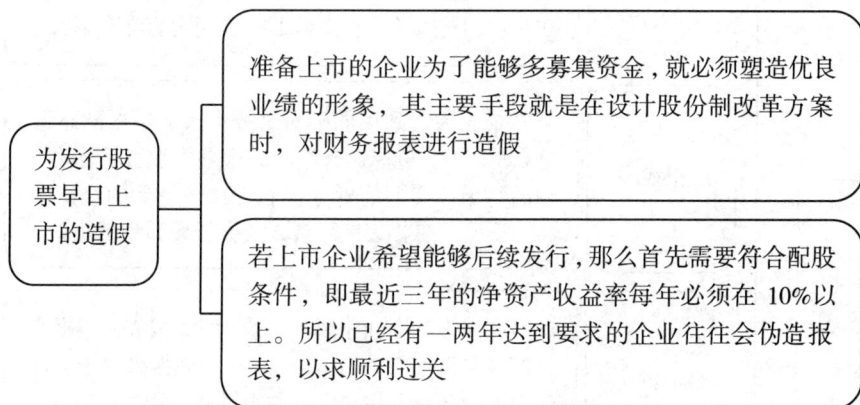

为发行股票早日上市的造假
- 准备上市的企业为了能够多募集资金，就必须塑造优良业绩的形象，其主要手段就是在设计股份制改革方案时，对财务报表进行造假
- 若上市企业希望能够后续发行，那么首先需要符合配股条件，即最近三年的净资产收益率每年必须在 10% 以上。所以已经有一两年达到要求的企业往往会伪造报表，以求顺利过关

（四）为了逃避缴税和操纵股价

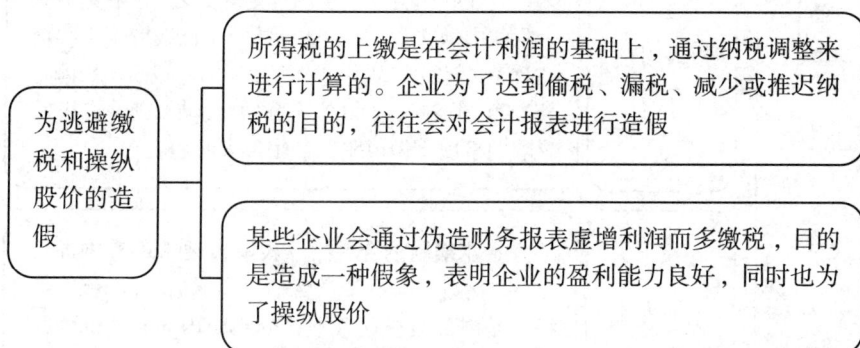

为逃避缴税和操纵股价的造假
- 所得税的上缴是在会计利润的基础上，通过纳税调整来进行计算的。企业为了达到偷税、漏税、减少或推迟纳税的目的，往往会对会计报表进行造假
- 某些企业会通过伪造财务报表虚增利润而多缴税，目的是造成一种假象，表明企业的盈利能力良好，同时也为了操纵股价

（五）为了推卸企业和个人的责任

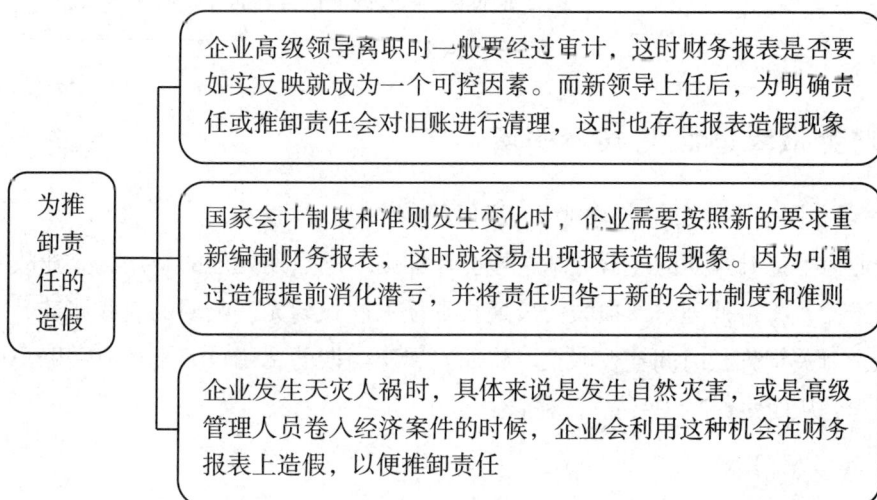

为推卸责任的造假
- 企业高级领导离职时一般要经过审计，这时财务报表是否要如实反映就成为一个可控因素。而新领导上任后，为明确责任或推卸责任会对旧账进行清理，这时也存在报表造假现象
- 国家会计制度和准则发生变化时，企业需要按照新的要求重新编制财务报表，这时就容易出现报表造假现象。因为可通过造假提前消化潜亏，并将责任归咎于新的会计制度和准则
- 企业发生天灾人祸时，具体来说是发生自然灾害，或是高级管理人员卷入经济案件的时候，企业会利用这种机会在财务报表上造假，以便推卸责任

二、财务报表造假的表现

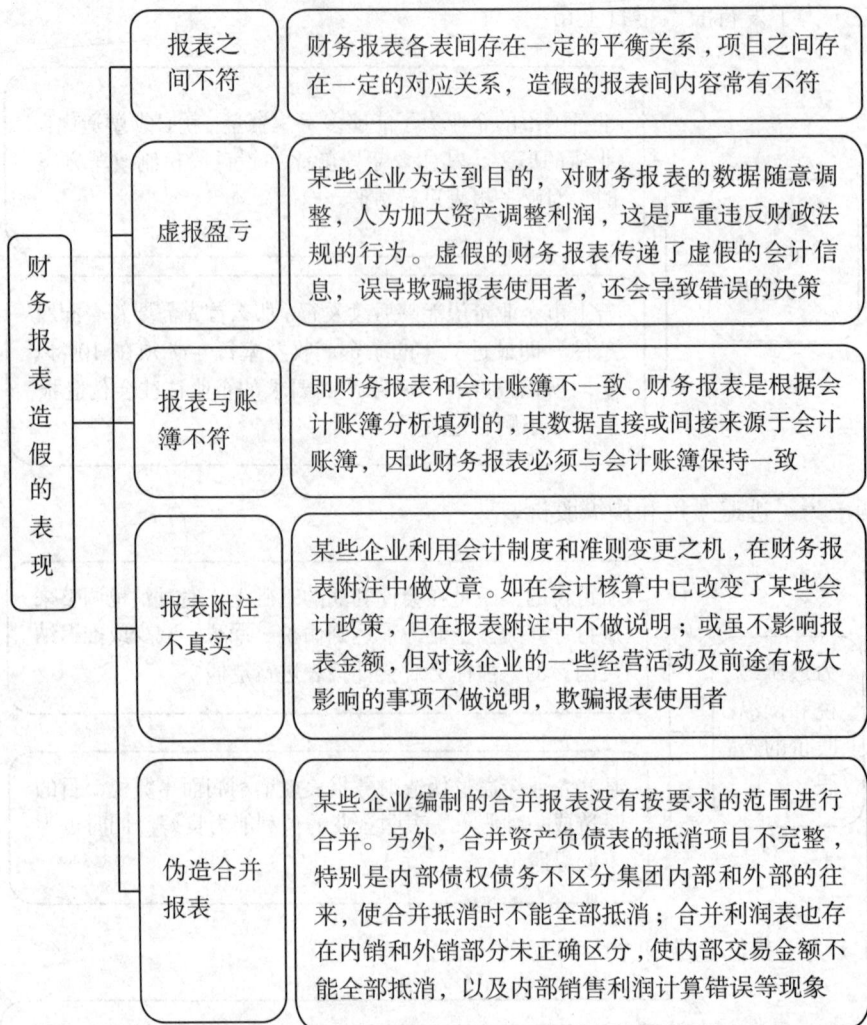

财务报表造假的表现	报表之间不符	财务报表各表间存在一定的平衡关系，项目之间存在一定的对应关系，造假的报表间内容常有不符
	虚报盈亏	某些企业为达到目的，对财务报表的数据随意调整，人为加大资产调整利润，这是严重违反财政法规的行为。虚假的财务报表传递了虚假的会计信息，误导欺骗报表使用者，还会导致错误的决策
	报表与账簿不符	即财务报表和会计账簿不一致。财务报表是根据会计账簿分析填列的，其数据直接或间接来源于会计账簿，因此财务报表必须与会计账簿保持一致
	报表附注不真实	某些企业利用会计制度和准则变更之机，在财务报表附注中做文章。如在会计核算中已改变了某些会计政策，但在报表附注中不做说明；或虽不影响报表金额，但对该企业的一些经营活动及前途有极大影响的事项不做说明，欺骗报表使用者
	伪造合并报表	某些企业编制的合并报表没有按要求的范围进行合并。另外，合并资产负债表的抵消项目不完整，特别是内部债权债务不区分集团内部和外部的往来，使合并抵消时不能全部抵消；合并利润表也存在内销和外销部分未正确区分，使内部交易金额不能全部抵消，以及内部销售利润计算错误等现象

三、财务报表造假的具体手法

（一）利用潜亏挂账，实现利润"增值"

企业为了提升当期的经营业绩，按会计准则本应当期处理的费用，企业故意不遵守会计准则，将待处理财产损失、长期投资损失、长期无法收回的应收账款、重大或有负债及有关损失长时间挂在账上，将原本属于当期的费用计入上述有关账户中留待以后处理，从而使资产"保值"，利润"增值"。

```
                    ┌─────────────────────────────────────────────┐
                    │ 应收账款科目，特别是挂账长达三年的            │
                    └─────────────────────────────────────────────┘
                    ┌─────────────────────────────────────────────┐
                    │ 其他应收款科目，特别是长期挂账的，这是重中之重│
                    └─────────────────────────────────────────────┘
  ┌──────────┐      ┌─────────────────────────────────────────────┐
  │ 挂账的具  │──────│ 在建工程长期挂账，可以增加利息的资本化和减少折旧│
  │ 体方式    │      └─────────────────────────────────────────────┘
  └──────────┘      ┌─────────────────────────────────────────────┐
                    │ 该摊销的费用不摊销，主要是针对待摊费用和递延资产│
                    └─────────────────────────────────────────────┘
                    ┌─────────────────────────────────────────────┐
                    │ 待处理财产损失长期挂账                        │
                    └─────────────────────────────────────────────┘
```

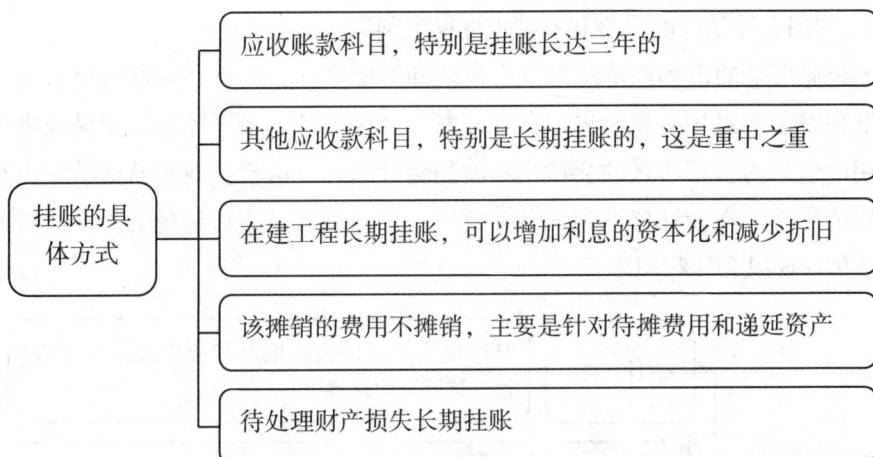

注意，"待处理财产损失长期挂账"这种挂账方式的损失是由于当期某种原因造成的，但企业若有意不在当期处理，使当期费用减少，则可以达到操纵利润的目的。

（二）利用会计政策的可选择性

考虑到实际操作中的差异，会计政策为企业提供了一定的选择余地，企业根据谨慎性、实质重于形式和重要性原则进行选择。为了保护会计信息的可靠性和可比性，会计政策不能随意变更。但有的企业为了虚假利润，经常变更会计政策，以达到人为操纵利润的目的。

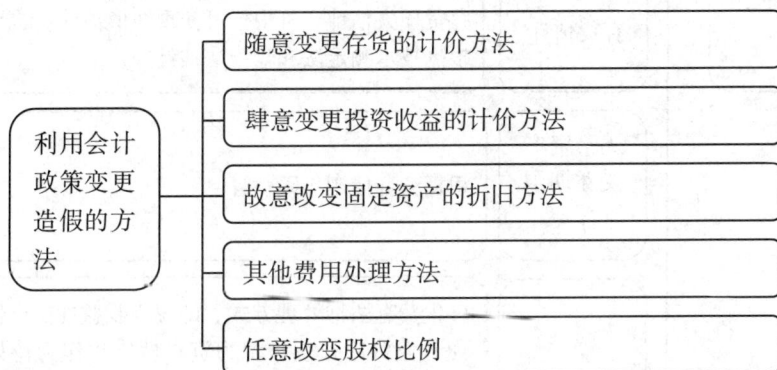

```
                    ┌─────────────────────────────────────────────┐
                    │ 随意变更存货的计价方法                        │
                    └─────────────────────────────────────────────┘
                    ┌─────────────────────────────────────────────┐
                    │ 肆意变更投资收益的计价方法                    │
                    └─────────────────────────────────────────────┘
  ┌──────────┐      ┌─────────────────────────────────────────────┐
  │ 利用会计  │      │ 故意改变固定资产的折旧方法                    │
  │ 政策变更  │──────└─────────────────────────────────────────────┘
  │ 造假的方  │      ┌─────────────────────────────────────────────┐
  │ 法       │      │ 其他费用处理方法                              │
  └──────────┘      └─────────────────────────────────────────────┘
                    ┌─────────────────────────────────────────────┐
                    │ 任意改变股权比例                              │
                    └─────────────────────────────────────────────┘
```

（三）利用计提资产减值准备操纵会计利润

企业会计制度充分体现了谨慎性原则的要求，与国际会计惯例接轨，全面计提资产减值准备，消除资产泡沫。坏账准备、短期投资跌价准备、存货跌价准备、长期投资减值准备、固定资产减值准备、在建工程减值准备、无形资产减值准备和委托款减值准备计提多少，采用哪种方法计提则是由企业预计各项资产可能发生的损失，通过职业判断来确定。

由于会计制度关于计提资产减值准备现有规定的可选择空间较大，而公司治理结构与外部环境容易形成内部人为控制局面，这就给企业留下较大的可操纵利润的空间。

（四）利用会计估计的风险和不确定性操纵利润

由于企业所处的市场经济环境具有风险和不确定性，因此在对经济交易与事项进行会计处理时需要对相关事物进行合理判断。这种对其结果不确定的交易或事项以最近可利用的信息为基础所做的会计判断就是会计估计。由于企业经营活动中内在不确定性因素的影响，在会计核算和信息披露中，会计估计是不可避免的，因此有的企业利用会计估计操纵会计利润。

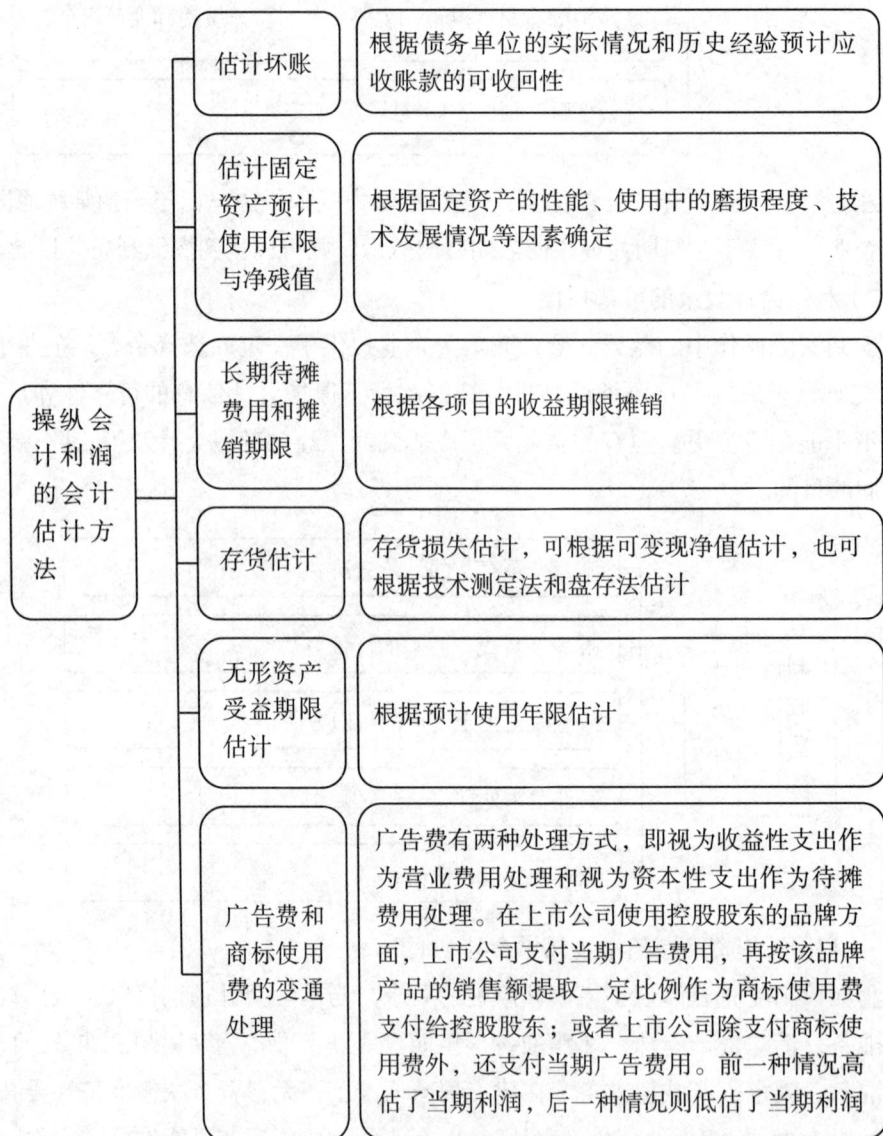

操纵会计利润的会计估计方法	估计坏账	根据债务单位的实际情况和历史经验预计应收账款的可收回性
	估计固定资产预计使用年限与净残值	根据固定资产的性能、使用中的磨损程度、技术发展情况等因素确定
	长期待摊费用和摊销期限	根据各项目的收益期限摊销
	存货估计	存货损失估计，可根据可变现净值估计，也可根据技术测定法和盘存法估计
	无形资产受益期限估计	根据预计使用年限估计
	广告费和商标使用费的变通处理	广告费有两种处理方式，即视为收益性支出作为营业费用处理和视为资本性支出作为待摊费用处理。在上市公司使用控股股东的品牌方面，上市公司支付当期广告费用，再按该品牌产品的销售额提取一定比例作为商标使用费支付给控股股东；或者上市公司除支付商标使用费外，还支付当期广告费用。前一种情况高估了当期利润，后一种情况则低估了当期利润

（五）通过虚假销售，提前确认销售或有意扩大内销范围，调整利润总额

企业在年末达不到预计的经营目标时，为了隐藏实际盈利能力，有时会采用提前

确认销售或故意扩大内销范围的方式来达到其目的。而另一个目的是企业要树立自身业务逐年增长的外在形象。

这种销售无法取得现金，因此当企业出现这些现象时，应收账款的金额就会增加。表现在财务指标上，一方面体现为应收账款占流动资产的比重增加，另一方面还可能体现为应收账款周转率的降低。通常这种业务发生在年终，应收账款增加，而现金不增加，特别是可比期间没有这种现象时，更值得关注。

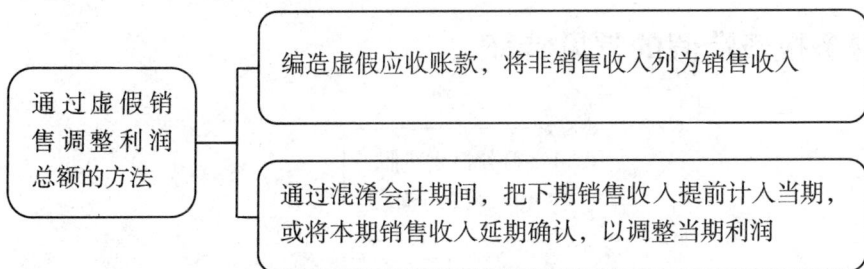

通过虚假销售调整利润总额的方法	编造虚假应收账款，将非销售收入列为销售收入
	通过混淆会计期间，把下期销售收入提前计入当期，或将本期销售收入延期确认，以调整当期利润

（六）利用关联方交易调整利润

企业利用兼并、重组、控股等资本运营手段使得集团公司企业间关系日渐复杂，关联方关系及其交易大量存在。这些关联方交易操纵了企业利润，粉饰了财务报表，掩盖了企业真实的盈利能力和投资风险，欺骗报表使用者。

（七）用经常性收入操纵报表

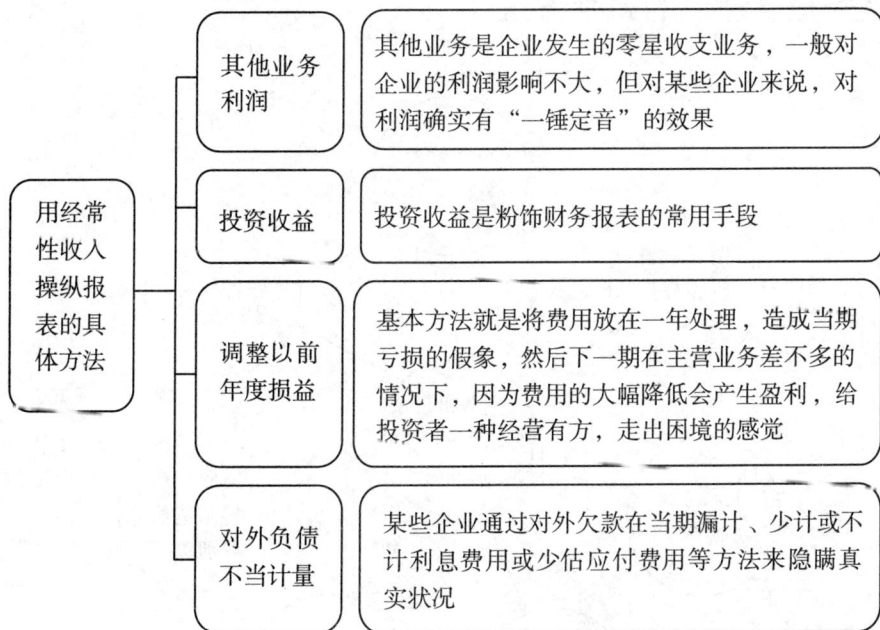

用经常性收入操纵报表的具体方法	其他业务利润	其他业务是企业发生的零星收支业务，一般对企业的利润影响不大，但对某些企业来说，对利润确实有"一锤定音"的效果
	投资收益	投资收益是粉饰财务报表的常用手段
	调整以前年度损益	基本方法就是将费用放在一年处理，造成当期亏损的假象，然后下一期在主营业务差不多的情况下，因为费用的大幅降低会产生盈利，给投资者一种经营有方，走出困境的感觉
	对外负债不当计量	某些企业通过对外欠款在当期漏计、少计或不计利息费用或少估应付费用等方法来隐瞒真实状况

第二节　财务报表造假的甄别

一、财务报表造假的常见特征

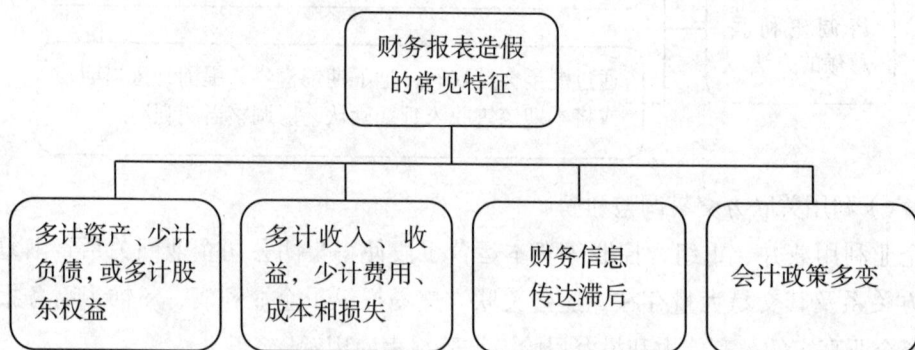

```
        ┌──────────────┐
        │ 财务报表造假  │
        │ 的常见特征    │
        └──────────────┘
    ┌──────┬──────┴──────┬──────────┐
┌────────┐┌────────┐┌────────┐┌────────┐
│多计资产、││多计收入、收││财务信息  ││会计政策多变│
│少计负债,或││益,少计费用、││传达滞后  ││          │
│多计股东  ││成本和损失  ││          ││          │
│权益      ││            ││          ││          │
└────────┘└────────┘└────────┘└────────┘
```

二、财务报表造假的甄别方法

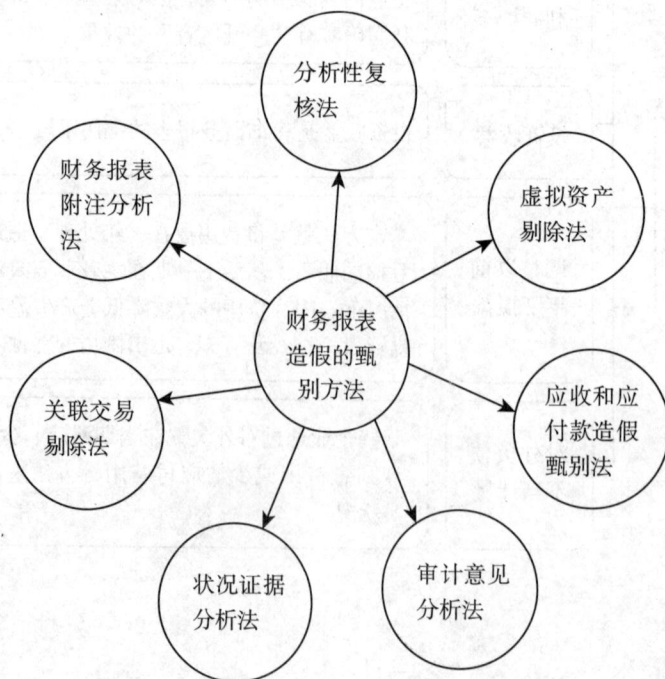

分析性复核法

财务报表附注分析法

虚拟资产剔除法

关联交易剔除法

财务报表造假的甄别方法

应收和应付款造假甄别法

状况证据分析法

审计意见分析法

（一）分析性复核法

分析性复核法是指对企业财务报表中的重要比率或趋势进行分析，并将其与预期数额和相关信息相比较，计算差异，以发现某些异常变动的项目。对异常变动的项目，要考虑这些变动所产生的金额大小和性质严重程度以及这些变动所产生的经济后果。

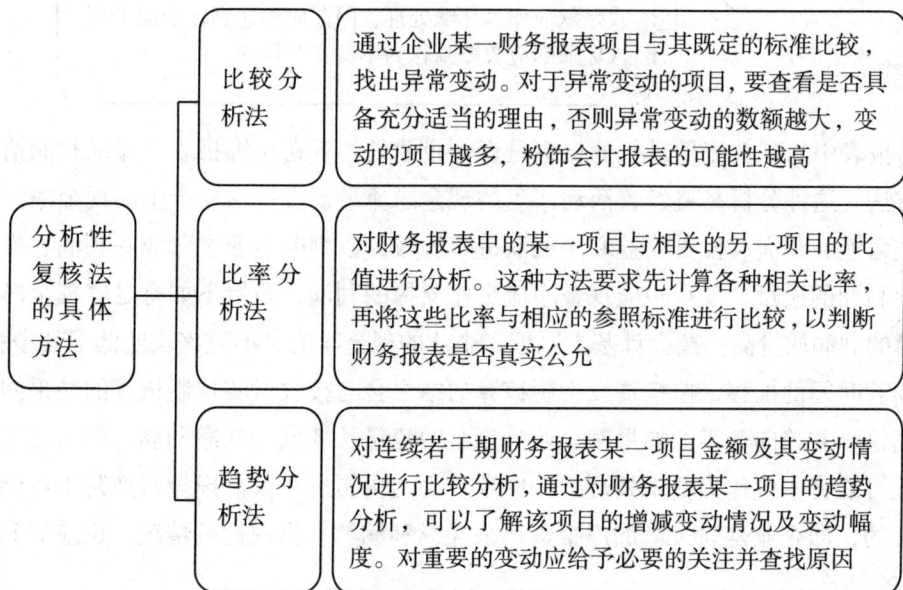

	比较分析法	通过企业某一财务报表项目与其既定的标准比较，找出异常变动。对于异常变动的项目，要查看是否具备充分适当的理由，否则异常变动的数额越大，变动的项目越多，粉饰会计报表的可能性越高
分析性复核法的具体方法	比率分析法	对财务报表中的某一项目与相关的另一项目的比值进行分析。这种方法要求先计算各种相关比率，再将这些比率与相应的参照标准进行比较，以判断财务报表是否真实公允
	趋势分析法	对连续若干期财务报表某一项目金额及其变动情况进行比较分析，通过对财务报表某一项目的趋势分析，可以了解该项目的增减变动情况及变动幅度。对重要的变动应给予必要的关注并查找原因

（二）虚拟资产剔除法

虚拟资产剔除法是指为了正确反映企业真实的资产规模和经济实力，在计算资产负债率、流动比率、速动比率、资金周转率等指标时，把资产负债表中的递延资产、递延税款、待摊费用、待处理流动资产损失、待处理固定资产损失、三年以上的应收账款加以剔除，然后再进行分析的一种方法。

通过把虚拟资产从资产总额中剔除，报表使用者就可以得到相对真实可靠的财务数据，为投资决策提供有力的支持。一般而言，对于正常运行、财务状况良好的企业，虚拟资产所占的比重小，剔除虚拟资产后对企业整体报表分析不会造成实质性的影响。而当采用虚拟资产剔除法分析得出的结论与未剔除虚拟资产所分析的结论相差很大时，说明企业极有可能采用虚拟资产挂账等手段来粉饰了财务报表。

（三）应收和应付款造假甄别法

识别利用应收和应付款调节利润的基本方法是分析应收账款的质量，尤其应注意年末应收账款的变化情况。

大胆怀疑年底突发性产生的与应收账款相对应的营业收入

应收和应付款造假甄别方法

大胆剔除"高龄"应收账款。账龄为三年以上的应收账款应作为坏账处理，因此应将达到标准但未列入坏账的应收账款作为不良资产剔除

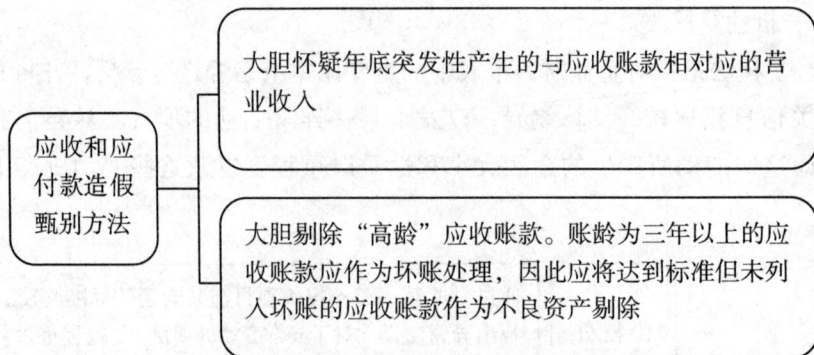

对报表中的现金流量进行分析也是识别企业是否存在粉饰报表、操纵利润情况的重要方法。这种分析是将经营活动产生的现金净流量、投资活动产生的现金净流量分别与主营业务利润、投资收益和净利润进行比较，以判断企业主营业务利润、投资收益和净利润的质量。没有相应现金净流量作支撑的利润，质量不如有足够现金净流量作支撑的利润质量高。按会计基本原理，企业的现金净流量不应该长期低于其净利润，因为随着时间的推移，按权责发生制核算的结果会与按收付实现制核算的结果间的差异逐渐缩小并趋向于零。如果某企业的现金净流量长期低于其净利润，那么就意味着该企业可能将本应作为费用处理的一些项目变为虚拟资产，而虚拟资产是不可能转化为现金的，即企业是通过增加虚拟资产来操纵利润的。出现这种情况，也应对利润进行调整。

（四）审计意见分析法

注册会计师发表审计意见的类型直接反映了上市公司存在粉饰财务报表的可能性大小和严重程度，在阅读企业的财务报表时，要对审计报告及管理层对此所作的说明做特别关注，因为这些意见的报告往往暗示着这家企业是否存在严重的财务问题。

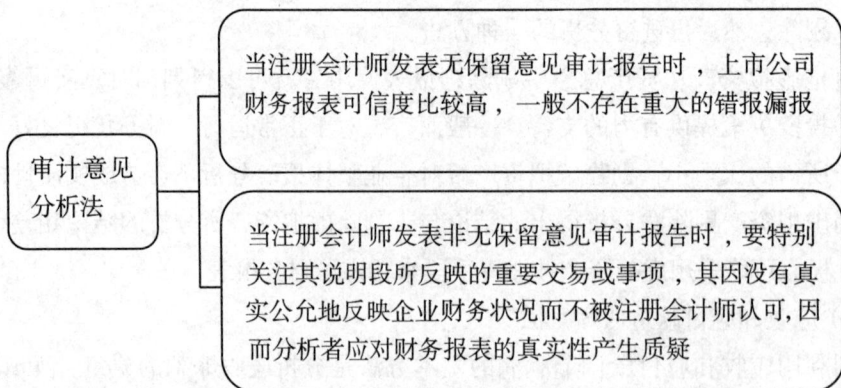

审计意见分析法

当注册会计师发表无保留意见审计报告时，上市公司财务报表可信度比较高，一般不存在重大的错报漏报

当注册会计师发表非无保留意见审计报告时，要特别关注其说明段所反映的重要交易或事项，其因没有真实公允地反映企业财务状况而不被注册会计师认可，因而分析者应对财务报表的真实性产生质疑

（五）状况证据分析法

状况证据分析法又称环境分析法，是指分析企业的内部环境和外部环境，以及这

些环境因素对企业生产经营的影响力和可能出现的各种后果，特别是各种环境由于种种因素发生变化给企业带来何种影响，从而找出可能存在的影响财务报表真实性的环境证据，进而判断其存在财务报表粉饰的可能性和严重性。

状况证据分析法主要分析因素	管理部门的信誉状况	当企业管理部门的可信赖程度较差甚至根本不可信赖时，由其提供的财务报表存在重大错报漏报的可能性较高；而注重自身信誉的知名企业家提供的财务报表信息的真实性就较高
	企业的财务状况	当企业能够正常运行，财务状况良好时，其进行财务造假的可能性比较小；当财务状况不佳时，就有可能采用不正当的手段来加以掩饰
	会计师事务所自身信誉状况	会计师事务所规模越大，信誉状况越好，由其审计的财务报表真实性越高；不注重信誉或根本没有信誉的会计师事务所则增加了与企业合谋造假的可能

（六）关联交易剔除法

关联交易剔除法是指报表阅读者从财务报表附注中披露的关联交易等内容中，将来自关联企业的营业收入和利润总额从企业利润表中予以剔除，将从关联方所得的资产赠予事项产生的资本公积从资产负债表中剔除，进而分析某一特定企业的盈利能力在多大程度上依赖于关联企业，以判断这一企业的盈利基础是否扎实、利润来源是否稳定。

如果企业的营业收入和利润主要来源于关联企业，会计信息使用者就应特别关注关联交易的定价政策，分析企业是否以不等价交换的方式与关联方发生交易进行财务报表粉饰。

关联交易剔除法的延伸运用，是将企业的财务报表与其母公司编制的合并财务报表进行对比分析。如果母公司合并财务报表的利润总额（应剔除企业的利润总额）大大低于企业的利润总额，就可能意味着母公司通过关联交易将利润"包装注入"该企业。

（七）财务报表附注分析法

财务报表附注分析法主要是分析报表附注的主要内容，以此来辨别报表信息的真伪。

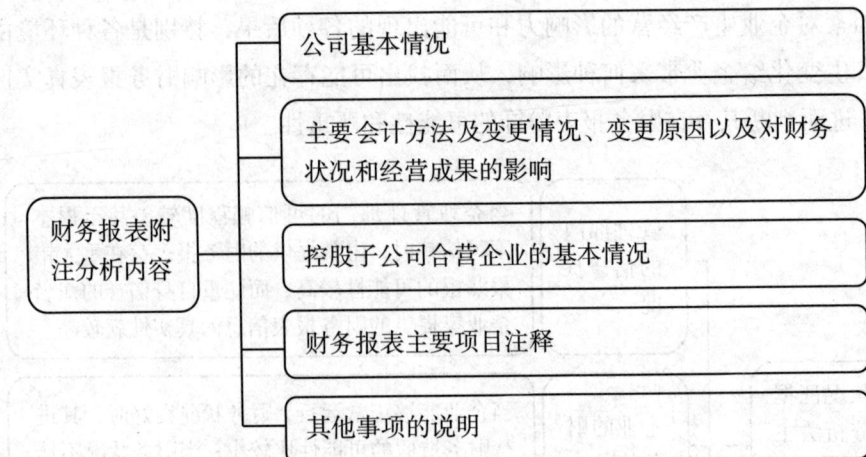

参考文献

[1] 李莉. 财务报表阅读与分析（第二版）[M]. 北京：清华大学出版社，2015.

[2] 宋传联，吕程远，范旭君. 财务报表分析 [M]. 北京：机械工业出版社，2015.

[3] 钟小灵. 财务会计简易入门 [M]. 北京：机械工业出版社，2015.

[4] 武晓玲，田高良. 企业财务分析 [M]. 北京：北京大学出版社，2013.

[5] 鲁爱民. 财务分析（第 3 版）[M]. 北京：机械工业出版社，2015.

[6] 董金豹. 编制财务报表易犯的 105 个错误 [M]. 北京：中国电力出版社，2015.